A 13 ans… la vie commence

Publié par Bamboo Sinfonia
Bangkok Thailand

Site Web: www.bamboosinfonia.com
Email: a13anslavie@yahoo.com

Textes et photos Copyright
Julia Manzanares et Derek Kent
Traduction Roland Sumem

Couverture par Suthirak Kamjai

ISBN : 978-0-9772841-2-2

Imprimé en Thaïlande par
Fong Tong Enterprise Co., Ltd
33/1450 Moo Baan T. Ruamchoke, Chokechai 4, Soi 54
Ladprao Soi 53, Bangkok 10230 Thailand

A 13 ans… la vie commence

« L'abus des femmes et des enfants est un problème de fond dans la société thaïe.
Les gens inférieurs seront toujours les victimes des gens supérieurs. C'est notre responsabilité à tous de garder les yeux grands ouverts et d'empêcher la moindre forme
de discrimination, de brutalité physique, tout abus que ce soit envers les faibles, principalement les - enfants et les femmes – qui sont considérés comme vulnérables dans la société thaïe ».

Paveena Hongsakul
Paveena Foundation

Paveena est ma guide
Lon

A 13 ans… la vie commence

A 13 ans…

la vie commence.

Julia Manzanares et Derek Kent
Traduit de l'américain par Roland Sumem

A 13 ans… la vie commence

Areerut Sudha la véritable histoire de Lon,
Racontée à Julia Manzanares et Derek Kent.

Dédicace

Je dédie ce livre à mes deux sœurs
Ying et Sai,
qui n'ont jamais eu, au contraire de moi,
à coucher avec des touristes sexuels,
et aussi à mon père,
le seul qui m'ait vraiment aimé.

Lon

A 13 ans… la vie commence

GOODWILL GROUP FOUNDATION

Quand j'ai pris le livre racontant l'histoire de la vie de Lon à la boutique de l'aéroport de Phuket au début de l'année, je l'ai fait dans le but découvrir quelque chose de la bouche d'une femme sur l'industrie du sexe en Thaïlande. En fait j'ai trouvé ce que je cherchais et plus encore. Ayant dirigé le Groupe Goodwill – une fondation thaïe pour les femmes désavantagées – et ce depuis plusieurs années, je pensais connaitre pas mal de choses concernant le bourbier dans lequel se trouvent les femmes de la campagne, ce qui les contraint à venir sur Bangkok pour chercher du travail, mais l'histoire de Lon m'a permit d'en apprendre beaucoup plus sur « ce que sont vraiment les choses » pour les femmes rurales dans ce beau pays, surprenant – et parfois – injuste.

Je me suis souvent demandé pourquoi les femmes nées dans les provinces reculées de la Thaïlande se trouvent face à une situation faussée au départ. À partir d'un très jeune âge, on attend des fillettes qu'elles prennent en main le poids de s'occuper de leurs parents, alors qu'on offre à leurs frères des possibilités d'étudier – selon les normes du pays. Un grand nombre de ces filles de la campagne abandonnent l'école tôt pour se marier ou pour tomber enceinte. Elles sont ensuite abandonnées par leurs époux puis arrivent sur Bangkok pour subvenir aux besoins de leurs enfants. D'autres viennent à la grande ville pour entretenir leurs parents et leurs frères et sœurs qui dans certains cas les obligent à travailler dans l'industrie du sexe alors qu'en fait elles pourraient faire beaucoup mieux. Bangkok est l'un des nombreux endroits en Thaïlande qui héberge une industrie du sexe florissante et qui de ce fait attire beaucoup de femmes de la campagne qui cherchent à gagner de l'argent qui semble facile.

Tous mes compliments vont à Lon pour avoir eu le courage de relater de façon aussi candide sa propre expérience et à Derek pour l'avoir coucher sur le papier de manière objective. J'espère sincèrement que cette histoire aidera à attirer encore plus l'attention sur le calvaire des femmes thaïes désavantagées.

Kurt Heck, Managing Director
GOODWILL GROUP FOUNDATION
Bangkok, Thaïlande
11 Octobre 2005

SAINAM FOUNDATION

20 Moo 7, Ban Naudom, Phai, Rattana Buri, Surin 32130 Thailand

E-mail: claudio@sainam.net

Ban Naudom, 15 Septembre 2005

Cher Derek,

J'aimerai vous remercier sincèrement pour avoir écrit l'histoire de Lon qui en fait a été une grande source d'inspiration pour moi.

J'ai lu le livre avec avidité en deux jours à peine, complètement captivé par l'histoire de cette jeune Isaan et de tous ses malheurs.

C'est un livre tellement sincère et honnête qu'il m'a donné un nouvel élan dans mes tentatives pour essayé d'éviter que beaucoup d'autres filles du Nord-est prennent le même chemin et suivent la même vie que Lon.

Un livre merveilleux, un livre à lire impérativement pour tous ceux, Thaïs ou farangs qui cherchent à améliorer le monde dans lequel nous vivons et qui souhaitent un meilleur traitement pour les jeunes et les sans ressources. Un livre qui ouvre les yeux de tous, un livre que chaque farang à Pattaya, Patong Beach ou Patpong devrait lire et sur lequel il devrait réfléchir.

Je commence en ce moment un nouveau projet au Népal, dirigé une fois de plus vers le bien être de ces jeunes filles et garçons désespérés. Le Népal est, comme le Nord-est de la Thaïlande, une grosse source d'approvisionnement de jeunes filles pauvres vers les métiers du sexe et j'espère vraiment pouvoir rapidement trouver quelqu'un qui pourra m'aider à faire la même chose pour l'Isaan. Heureusement votre livre amènera l'éveil sur ces problèmes dans le monde. Encore une fois, Chère Julia et Derek, merci beaucoup pour votre livre.

Claudio Romano*

*Claudio Romano est le Président et le fondateur de Sainam Foundation.

9

A 13 ans… la vie commence

Prologue

Dans les pages qui suivent je vais partager mon histoire avec vous. C'est aussi l'histoire de milliers de femmes et d'enfants. Tous ceux qui ont suivi le même chemin – sans avoir commis de faute. C'est la voie qu'on suivit les femmes de ma région depuis des siècles.

Je vais vous faire visiter mon pays. Je vous expliquerai la simplicité de l'économie thaïe et la complexité de la culture thaïe-Isaan. Cette dernière a imprégné les traditions, les coutumes et la pauvreté de la Thaïlande du Nord-est. Parce que s'il est vrai que ces conditions ont changé ma vie, elles continuent de changer la vie de toutes les jeunes filles pauvres de Thaïlande. Je partagerai avec vous les raisons de cette situation et aussi les raisons pour lesquelles je pense que cela ne changera jamais. Nous voyagerons ensemble du village très pauvre dans lequel je suis née jusqu'aux quartiers chauds de Thaïlande puis jusqu'à mes différentes tentatives de vie nouvelle en Europe d'où je partage cette histoire avec vous.

Ce n'est pas à proprement parler une belle histoire car j'explique le rôle essentiel que mon pays, « Le Pays du sourire » joue, en entretenant la misère humaine et le trafic humain. Tous deux dans le but d'entretenir un esclavage sexuel (où les pédophiles trouvent leur Paradis à Pattaya, Phuket et Chiangmai) et un travail forcé où les enfants sont tenus en otages. Vous verrez que j'utilise souvent le terme « tragique » dans ce livre parce qu'il n'y a pas d'autre mots pour décrire les souffrances que nous devons endurer. Nous devons vivre avec le handicap d'être nées femmes dans des familles frappées par la pauvreté dans cette partie du Tiers Monde.

Il y aura toujours ceux qui utiliseront leur richesse, leur statut et/ou leur pouvoir aux dépens des pauvres, des sans-grades. C'est ce principe qui veut que dans mon pays la majorité des jeunes femmes qui viennent d'Isaan ne peuvent pas s'élever à cause de leur naissance et des politiques de notre gouvernement.

A 13 ans… la vie commence

Mais j'ai réussi bien qu'il m'ait fallu plus d'une décade. Je veux que tous ceux qui ont touché le fond des abîmes de la vie sachent qu'ils peuvent eux aussi réussir à s'en sortir. Il nous faut arriver jusqu'à la vérité qui se terre dans le fond de nos âmes : nous sommes de précieux trésors humains même quand nous ne le ressentons pas ou qu'il n'y parait pas. Nous avons de la valeur et sommes capable de nous améliorer avec le reste du monde autour. Si nous avons de la chance même si l'on a qu'un seul coup de chance dans sa vie et si nous l'ajoutons à notre propre perception de nous-mêmes (pas ce que les autres pensent de nous), nous pouvons tout changer. Nous gagnerons ou perdrons au jeu de la vie. J'ai été une de celle qui a eu de la chance, une sacrée chance en fait !

Lon

A 13 ans… la vie commence

Lon à dix sept ans

Table des matières

A 13 ans… la vie commence

Glossaire

Il faut lire le glossaire car la partie argot est importante pour comprendre le livre.

ATM : (Automatic Teller Machine) Distributeur automatique de billets.

Bangkok Post : L'un des grands quotidiens de Thaïlande. BP suivi de la date fait référence à des articles qui sont parus dans le Bangkok Post à cette date.

Bar-fine : le montant à payer au bar ($3 - $12) pour sortir la fille du bar pour une passe (short time) ou pour la nuit.

Bar-girl : une prostituée (fille de bar) qui travaille dans un bar ou elle rencontre des hommes.

BOI : (Board of Investment) groupement qui permet à des sociétés Thaï ou étrangères qui exportent d'avoir des avantages fiscaux.

Isaan : région du Nord-est de la Thaïlande c'est aussi une personne de l'Isaan ou encore le dialecte du Nord-est de la Thaïlande (aussi connu comme Laotien ou Lao).

Face : le degré selon lequel vos paroles et vos actions sont proches des principes de Confucius sur le langage et votre comportement vis-à-vis des membres de votre groupe social. Ce langage ou ce comportement détermine la position à laquelle vous êtes perçus à l'intérieur de ce groupe. La perception des autres de votre standing est la « Face ». Ou plus simplement le respect que l'on vous porte.

Farang : ce mot peut avoir été emprunté au Persan. Dans cette langue le mot Farang veut dire Français. La France fut l'une des premières nations européenne à nouer des liens avec la Thaïlande au 17° siècle. Tous les Européens (gens d'occident) ont ensuite été crédités de farangs.

Freelancer : une prostituée qui n'est pas employée par un bar ou un Gogo mais qui trouve ses clients/hommes dans les bars, les discos, les centres commerciaux ou n'importe où ailleurs.

A 13 ans… la vie commence

Gogo : un bar à strip-tease où les danseuses peuvent retirer, le haut, le bas ou conserver leur bikini et dansent en se contorsionnant autour de piliers en acier inox.

Gogo-girl : une fille qui travaille comme danseuse/strip-teaseuse dans un Gogo.

ICFTU : Confédération Internationale des syndicats libres (International Confederation of Free Trade Unions).

Mamasan : la femme qui dirige les filles dans un bordel, un bar ou un Gogo club.

Nous : les filles de bars (ou bargirls) et Gogo danseuses dans l'Asie du Sud-est : les filles pauvres d'Asie du Sud-est.

L'occident : Les USA, L'Europe, l'Australie, la Nouvelle-Zélande. Les pays d'où les farangs viennent.

Patpong : un quartier chaud de Bangkok plein de bars, de Gogos pour le tourisme sexuel.

Pattaya : un centre balnéaire de Thaïlande, le plus important endroit pour la vente du sexe dans le monde.

Short-time : le fait pour une prostituée d'aller avec un client pour environ une heure : faire une passe.

TAT : Sorte de Ministère du Tourisme Thaïlandais. (Tourism Authority of Thailand).

Tout au long du livre vous trouverez une conversion du Thaï baht – Thb/Baht (monnaie locale) au Dollar US – US$. Le taux de conversion a varié depuis 1997 donc j'ai fait varier le taux de change au moment de chaque épisode dans le livre.

Pour simplifier, quel que soit la façon dont vous le regardiez :
les filles Isaan sont pauvres,
les touristes sont riches,
j'ai comblé le fossé entre les deux.

A 13 ans… la vie commence

Introduction

L'arbre généalogique de la famille de Boontah.

Le Grand-père

Le grand-père maternel de Boontah est né à Chiangmai, la plus grande ville du Nord de la Thaïlande, dans une famille de classe moyenne qui possédait une grande surface de terre et des buffles. Ses parents avaient une grande famille et son père avait plusieurs femmes. Quand le partage des richesses se fit entre les nombreux enfants – chacun ne reçu qu'une petite part. Après que son grand père eut touché son héritage, il déménagea à Ubon et épousa une femme pauvre et illettrée, elle devint la grand-mère de Boontah. Ils eurent neuf enfants. L'entretien de ces neufs enfants a encore réduit le peu de bien qu'il avait, et il est lui aussi devenu pauvre. Bien qu'il sache un peu lire et écrire, il a passé sa vie d'adulte dans une pièce à parler avec les Dieux des Karens.

La Grand-mère

Boontah parle peu de sa grand-mère maternelle parce que c'est elle qui, pendant les dix premières années de sa vie, l'a battue avec une canne, ou encore celle qui l'a dénoncée à ceux qui l'ont battue. On sait peu de choses sur elle si ce n'est que c'était une femme détestable, qui cherchait tous les moyens de s'en prendre verbalement ou physiquement à ses grands enfants, de leur empêcher d'être heureux - surtout Boontah.

La mère: Bootsah Sudha

Il se peut fort bien que la raison pour laquelle Boutsah n'ait pas su donner d'amour fut, parce qu'elle n'a jamais reçu d'amour elle-même. A sa naissance son père n'avait déjà plus de bien. On ne pouvait plus trouver ni l'amour ni l'argent nulle part. Elle était la première fille. Comme il est de tradition dans la culture thaïe, l'éducation des cadettes est la responsabilité de la fille aînée, comme l'est aussi l'entretien des parents quand ils deviennent âgés. Quand elle a eu quinze ans elle a épousé Somphan qu'elle connaissait à peine. Elle ne l'aimait pas. Elle s'occupa tôt de l'enfant de sa sœur, Sai, formant ainsi son instinct maternel avec sa propre fille et sa nièce.

Le père: Somphan

Un homme du genre responsable, aimant et agréable. Il semble qu'il ait été le seul à aimer, comprendre et prendre soin de sa fille aînée. Il acceptait n'importe quelle proposition de travail, quelle que soit la difficulté ou la distance, pourvu qu'il puisse subvenir aux besoins de sa famille. Quand il travaillait à Bangkok, il écrivait souvent à Boontah, sachant bien à quel point elle avait besoin de lui pour être heureuse.

L'oncle: Sakda

Le plus jeune des enfants de sa grand-mère. Quand Boontah eut onze ans ce fut lui qui s'aperçut qu'elle volait fréquemment son frère Banya, et il commença donc à la frapper avec une canne. Après chaque punition, Boontah savait qu'elle se rapprochait d'un futur départ, qui lui permettrait de retrouver son père à Bangkok.

Les frères et sœurs

Ses deux sœurs, jumelles, Ulah – nom thaï, (diminutif : Ying) et Lampoon (diminutif : Sai ou Joy) avaient quatre ans de moins qu'elle. Son frère Banya avait deux ans de plus.

Ying

En Thaï Ying veut dire "Dame". Il n'est pas possible d'avoir trouvé un meilleur nom Thaï. Ying a toujours été une enfant futile, et déjà dès six ans, elle craignait de grossir. Quand par la suite, ils eurent une salle de bain dans la maison, elle y passait son temps à danser. Il devait y avoir les gènes de la danse dans la famille car ensuite Boontah est devenue danseuse. Sai et Boontah regardaient souvent Ying danser par le trou de la serrure de la salle de bain. Ying voulait aussi avoir de beaux longs cheveux. Elle entourait ses cheveux courts avec une serviette éponge pour les faire paraître plus longs et prétendait qu'elle était une Princesse. Elle préférait lire des livres

19

plutôt que d'aller jouer dehors. Elle n'a jamais beaucoup aimé les animaux non plus. Pour elle, ils étaient beaucoup trop sales et elle reculait rien qu'à l'idée de les toucher.

Ying parlait peu quand elle était jeune. Quand il lui arrivait de prononcer quelque chose tout le monde riait. Sa jumelle Sai par contre était bavarde – une aptitude qui mettait Ying très en colère. Le plus gros défaut de caractère de Ying se manifestait quand elle n'avait pas ce qu'elle voulait comme elle le voulait. Un défaut qui semblait être un trait commun à toute la famille. Quand elles jouaient ensembles, Ying voulait toujours être la princesse. Elle refusait d'être la méchante, le rôle qui incombait toujours à Sai. Bien qu'elle ne soit jamais encore allée au cinéma, l'influence culturelle était forte dans les contes de fées. Le folklore et le mythe Thaï représentent traditionnellement un bon et un mauvais – on retrouve d'ailleurs ces caractères dans la réalité des villages et souvent aussi dans les familles.

Ying faisait encore pipi dans ses pantalons à six ans, et elle avait droit à une correction à la canne de la part de sa mère à chaque fois. Quoi qu'ayant elle aussi été battue, bien que moins jeune et moins souvent que Boontah, son désir d'apprendre était évident. A seulement cinq ans, l'année avant ses débuts officiels à l'école, elle allait en classe avec sa sœur.

Ying était très bonne danseuse dotée d'un don naturel. Elle affectait la grâce et les bonnes poses malgré son jeune âge. Boontah lui apprit à chanter et Ying apprit rapidement. Son talent lui permit bientôt de chanter et danser dans les fêtes du village, pour y gagner de la nourriture et des bonbons. Elle aimait porter des jupes et empruntait tous les artifices qu'elle pouvait à sa mère ou à sa grand-mère. Elle pensait ainsi pouvoir couvrir, de façon agréable à l'œil, ses vêtements élimés. Au contraire de Sai elle adorait jouer à la poupée et elle détestait la grande majorité des sports, sauf le volley et la course. Et plus étrange encore par rapport à ses sœurs, elle tenait à son bisou le soir avant de dormir.

Ying a eu des prix à l'école pour l'écriture, la peinture, la course, le volley-ball, le chant et la danse thaïe. Ses professeurs reconnaissaient ses capacités, ses talents, ses réussites et son excellente participation tant en classe que dans les activités extra scolaires. Elle réussissait bien à l'école, ce qui rendait fière sa famille, pas comme Boontah ou Sai.

Comme sa sœur aînée Boontah, Ying préférait son père à sa mère, elle conservait toujours sur elle une photo de lui. Quand leur père revint de Bangkok à Ubon, il vendait des bonbons dans une carriole à bras. Le soir après l'école elle allait le voir pour soit disant l'aider. Mais lui savait qu'elle ne voulait que des friandises. Elle était une petite enfant gracieuse. A tous les petits cadeaux de son père, lui disait: « merveilleux » et « magnifique » - bien que ce ne soit pas sincère. Sa façon d'être était très différente de celle de ses autres sœurs.

Sai (Joy)

La mère biologique de Sai était la sœur de Bootsah. Sai avait été abandonnée sur le pas de la porte de Bootsah alors qu'elle n'avait que trois mois. Comme elle n'avait que trois mois de moins que Ying elle a été allaitée et élevée comme la jumelle de Ying. La mère de Sai est revenue un an après l'avoir abandonnée pour la tuer. Sa mère ne l'aimait pas car elle n'a jamais aimé son père. Par chance Bootsah est arrivée, juste au moment, pour l'arrêter. Personne n'a jamais su vraiment pourquoi, la mère de Sai avait essayé de commettre un crime aussi impensable.

Sai aimait beaucoup parler, s'arrêtant peu juste pour reprendre un peu d'air. Elle était très différente de Ying, c'était un garçon manqué. Sai aimait beaucoup jouer avec les garçons pour attraper des grenouilles, des poissons, des crevettes, et des crabes d'eau douce. Elle aimait le Kung-fu et jouer au football. Elle a appris à nager et à conduire une mobylette avant Ying. Elle aimait beaucoup la compétition et prenait un grand plaisir à battre son frère et ses sœurs dans les activités sportives. Elle n'aimait pas l'école, mais préférait de beaucoup s'amuser. Elle se plaignait aussi avec vigueur du fait que, les neufs membres de la famille aient à partager le même taudis – la norme dans les villages pauvres. Elle voulait avoir sa chambre – un rêve impossible dans les circonstances de son enfance.

A 13 ans… la vie commence

Au fur et à mesure que Sai grandissait elle partait souvent le matin, au réveil, avec Boontah à la pompe pour la corvée d'eau. Certains soirs elle partait aussi avec sa sœur pour faire paître le buffle, marchant parfois plus de cinq kilomètres en toute direction – suivant le gré du buffle. Elle était aussi une très jalouse petite fille. Elle enviait l'intérêt que l'on portait à Banya à la maison et à Ying à l'école. Elle voulait comme Boontah être reconnue. Aucune des deux n'eut jamais cette chance dans cette famille.

Quand Sai eut dix ans, sa mère est revenue pour la reprendre, mais la mère de Boontah a refusé de la rendre. Elle n'avait pas confiance dans sa sœur pour s'occuper de l'enfant qu'elle avait élevé pendant dix ans. C'était la première fois que Sai et ses sœurs, ont su qu'elles n'étaient pas du même sang, mais cousines. D'apprendre que sa mère ne l'aimait pas assez pour l'élever et qu'elle avait préféré l'abandonner a été pour Sai un véritable désastre. Son attitude normale de bébé rusé a changé immédiatement. Elle est devenue hostile et intraitable. Ces changements l'ont menée jusqu'à la délinquance durant ces dix dernières années.

**Une voisine avec Sai, âgée de six ans,
et Boontah âgée de dix ans.**

A 13 ans... la vie commence

Banya

En Thaï, Banya veut dire "cerveau", et c'est loin de décrire ce qu'était son frère. Les seules fois où il aidait dans la maison c'était pour éviter la menace de la canne que brandissait sa grand-mère. En dehors de ces moments, il ne faisait rien à la maison. Il n'a jamais blessé intentionnellement Boontah, mais elle, par contre lui causait beaucoup d'ennuis. En fait Boontah, Sai et Ying se mettaient toujours ensemble pour s'opposer à lui. Ce n'est pas par hasard si sa description vient en dernier dans la liste. Il était toujours le destinataire des petites générosités de la famille quand elle pouvait se le permettre (ce qui était rare). Ces avantages pour lui étaient toujours au détriment de ses trois sœurs. A treize ans sa mère lui a donné un vélo alors que les filles continuaient à marcher. On le lui demandait jamais de partager avec ses sœurs.

De toute façon ça ne lui serait jamais venu à l'idée. Bien que grâce à sa bicyclette il ait la possibilité de ramener plus facilement les fruits et les raisins qui bordaient la route, il ne pensait pas à ramener quelque chose pour faire plaisir à ses sœurs.

Banya aimait, comme Boontah emmener le buffle paître, attraper des grenouilles et des poissons dans la mare, ramasser des piments dans les champs. Il n'a jamais été bon à l'école, mais c'était un enfant heureux. Quand il eut treize ans ses grands-parents voulaient qu'il continue l'école, mais il avait d'autres idées en tête. Ils ont réussi à le garder en classe jusqu'en troisième. A quinze ans il a quitté l'école. Il est parti à Chiangmai pour retrouver ses grands parents paternels. Il y est resté plusieurs mois et a rencontré une jeune Karen. Elle avait à peine seize ans, son aînée d'un an. Peu de temps après leur rencontre, ils se sont mariés. Et c'est très rapidement aussi qu'ils sont retournés dans le taudis de Baan Jonejalurn. Même après sont mariage, sa mère continuait à satisfaire toutes ses envies, sans se soucier des besoins essentiels du reste de la famille, y compris l'éducation des filles.

Le chien de Boontah

Le chien de Boontah était son meilleur ami, et elle pouvait toujours compter sur lui pour la défendre quand elle s'échappait de la maison. Un jour sa mère a pensé que le chien avait la rage. Elle a appliqué un vieux remède de bonne femme, qui consistait à lui couper les oreilles avec un couteau, pour traiter la maladie. C'est un acte que Boontah n'a jamais pardonné ni oublié.

A 13 ans… la vie commence

Carte de Thaïlande
Ma province : Ubon Ratchathani est en gris.

Chapitre 1

La Thaïlande et mon village Isaan.
C'est là que tout a commencé.

Boontah Sudha est née dans une famille très pauvre vivant dans un petit village, humble et endormi du Nord-est de la Thaïlande. Plus précisément : Baan (village) Jonejalurn, Tamboon (district) Nongsanooh, Amphur (canton) Boontalik, Province de Ubon Ratchathani. Dans l'Ouest on ne considérerait pas sa maison comme seulement miteuse, mais aussi basique. Elle n'avait guère plus que quatre murs, un plancher pourri, et un toit délabré ; il y avait dans chacun des trous suffisant pour voir les étoiles quand elles brillaient, et recevoir la pluie pendant les orages. Ce taudis d'une pièce avec ses murs branlants, rien de plus qu'une grange, protégeait à peine du soleil brûlant, de l'humidité étouffante et des averses tropicales.

Le mobilier ne se composait que de quelques objets en rotin cassés, et de coussins usés jusqu'à la corde. Les toilettes étaient un trou dans la terre derrière la maison, entouré de quelques planches brutes. La « douche » était une bassine d'eau avec une coupelle pour s'arroser. Comme tous les villages pauvres dans cette partie du monde, Baan Jonejalurn avait des routes en terre, très peu d'infrastructures, un système scolaire inadapté, et pas d'activités, ni de lieu réservé aux enfants pour jouer, ou être simplement des enfants. Son village était comme ça et beaucoup plus encore, car son village était situé dans l'une des plus pauvres provinces rurales du Nord Est de la Thaïlande, mieux connue sous le nom d'Isaan.

L'une des différences entre Baan Jonejalurn et le reste de la Thaïlande tient au fait que tout l'Isaan est généralement plus sec, qu'il y a beaucoup moins de verdure, et que les cultures sont appauvries. Il y a soit trop de pluies qui se transforment en inondations, ou pas assez de pluies qui créent la sécheresse. Mais bien que les rues des villages du Nord-est soient souvent des rideaux de poussière brune, les habitants sont assiégés par la chaleur étouffante du soleil tropical et baignés dans l'humidité tropicale. En opposition, les villages thaïs situés dans la région du centre du pays sont situés dans un environnement luxuriant, avec une abondante flore d'un beau vert qui couvre le paysage aussi loin que le regard peut se porter. Le feuillage au sommet des arbres brille d'une lueur dorée, comme s'il était embrasé par le soleil et les branches qui s'étendent en dessous - d'un beau vert émeraude sont arrosées par les pluies d'été.

Peu de choses ont changé en Isaan, depuis que pour la première fois Boontah a ouvert ses grands yeux marron encadrés de longs cils noirs, pleuré ses premières larmes, et goulûment aspiré sa première bouffée d'air, il y a plus de vingt ans. Les garçons de dix ans continuent à monter des mobylettes deux fois plus vieilles qu'eux – des engins qui sont maintenus par des fils de fer rouillés et du chatterton et dont certaines parties de rechange récupérées sur des mobylettes encore plus vieilles. Leurs cadets perchés devant ou derrière eux qui s'agrippent à tout ce que leurs petites mains peuvent attraper. On est abasourdi par le tumulte des motos, qui portent souvent une famille complète et leur chien, trois ou quatre personnes à cheval sur la moto, avec la fumée qui s'échappe en tournoyant du pot d'échappement. Un autre bruit permanent, mais plus subtil est le cliquetis du « Tuk-Tuk » du fermier, un véhicule à long nez sur quatre roues avec une remorque attachée au dessus des roues arrières. Cette version moderne du transport par buffle, « pout pout » sur les routes dont la majorité est non pavée. Cet ensemble moitié famille moitié tracteur sert à transporter le riz et les produits des champs jusqu'au marché et sert aussi de véhicule d'agrément quand le travail est fini.

L'humble buffle, symbole du Nord-est, a été pendant longtemps le plus précieux des animaux de la ferme, on peut encore le voir avancer de sa démarche pesante le long des routes nationales, brouter l'herbe verte au sommet des passages entre les rizières. Il ne fait plus partie d'un troupeau, il est seul maintenant pour travailler. Cette créature puissante qui fut le pivot de notre industrie agricole a été remplacée par les machines. Les relents de gasoil mélangés à la puanteur des animaux de la ferme remplissant l'air ambiant.

A 13 ans… la vie commence

Le vénérable tuk-tuk.

Les premières années de Boontah.

Il était (et reste encore) fréquent, que le père et/ou la mère campagnard quitte le village et le reste de la famille, pour aller travailler à la «ville», Bangkok ou Chiangmai. Leurs enfants restant avec la famille - souvent une grand-mère. Les parents de Boontah ont suivi ce chemin. Ils sont partis travailler à Bangkok, laissant les enfants avec leurs grands-parents maternels, dans la maison, cabane d'une pièce, qu'ils partageaient tous. Son père n'avait pas d'autre choix, il y avait très peu de travail dans le village et alentours, et il avait contracté pas mal de dettes. L'année précédente, leur première année de paysan, ils avaient eu beaucoup de succès avec une saison de pastèques. La saison suivante, il avait emprunté pour acheter des engrais et des insecticides, de façon à augmenter la récolte, mais ses plants ont été détruits et il a tout perdu. Les conditions climatiques imprévisibles dans le Nord-est, font que, souvent les fermiers ont des pertes importantes, qui les conduisent à des sacrifices de récoltes et aussi à des pertes financières qu'ils ont du mal à surmonter. Ces pertes les mènent souvent à la ruine.

Les parents de Boontah ont vécu et travaillé à Bangkok la plus grande partie de sa petite enfance, bien que ce soit quelque fois seulement son père qui soit absent. Elle ne les voyait pas souvent, à cause du coût et de la distance des 600 km qui les séparaient. Ils ne revenaient que pendant les vacances ou pour des urgences. Elle se sentait toujours rejetée et mal aimée par tous sauf son père. Ces impressions étaient très souvent confirmées par les mauvais traitements infligés par sa famille. Quand elle se sentait vraiment très malheureuse, elle lui écrivait encore et encore. C'était la seule personne avec qui elle pouvait partager ses sentiments. Le seul aussi qui soit fière d'elle et de ce qu'elle faisait.

Une fois Somphan est venu seul à Bangkok, il a dormi les premières nuits sur un banc à la gare de Hualomphong, alors qu'il cherchait un emploi. En quelques jours il a trouvé une place dans une usine métallurgique près du port de Saphan Krungthep. Après deux journées de travail il eut un accident dans lequel il a perdu un doigt alors qu'il travaillait avec des pièces lourdes. Il alla tout de suite à l'hôpital, mais ils n'ont rien pu faire pour lui recoudre le doigt, et même si les médecins avaient pu faire quelque chose, lui n'aurait pas pu payer les frais chirurgicaux. Après qu'il eut payé les soins pour recoudre la plaie, sa compagnie lui a dit qu'elle allait le rembourser. Ils ont aussi promis de lui payer sa journée perdue. Au lieu de ça il n'a jamais été remboursé des dépenses médicales, ni de sa journée passée à l'hôpital, - une pratique courante dans le monde du travail thaï.

A cause de la pauvreté noire de Somphan et des besoins importants en argent de sa famille, il sentait qu'il n'avait pas d'autre option que de retourner travailler à l'usine de métaux. Son histoire tragique n'est pas différente de celles de millions d'hommes et femmes, de filles et de garçons – certains à peine âgés de douze ans, qui laissent leur famille sans argent dans leur village pour chercher une vie meilleure. Ils cherchent un emploi loin de leur famille pour améliorer leurs conditions de vie et celles de leur famille. Bangkok « ramasse » les ouvriers de la campagne, plus que Chiangmai ou les lieux de villégiature enchanteurs, parce qu'il y a plus de possibilité d'emploi dans la capitale. Somphan restait en contact avec sa famille en écrivant des lettres, car il n'y avait pas un seul téléphone au village. Même s'il y avait eu un téléphone, le manque d'argent l'aurait empêché de l'utiliser, comme le manque d'argent l'aurait empêché de se payer la chirurgie pour remettre son doigt, si tant est qu'une telle opération eut été possible.

Le père de Boontah était un homme gentil qui aimait beaucoup sa famille et ne refusait jamais un emploi. La première fois qu'il est parti à Bangkok, Boontah a pleuré comme si son jeune cœur devait se rompre. Qu'elle soit née comme une enfant difficile ou qu'elle le soit devenue à force d'être battue, le fait est qu'elle n'était sûrement pas une enfant désirée. Elle n'était pas aimée non plus. Elle était en tout cas la première et parfois la seule à tâter de la grande canne sur son corps fragile quand quelque chose n'allait pas.

Le travail commence tôt et ne s'arrête jamais.

Tous les matins elle se levait à cinq heures au chant du coq. Ce n'est certainement pas très différent de la façon dont beaucoup d'enfant de fermiers américains se réveillent mais c'est là que s'arrête la similitude. Sa maison qui était sur pilotis avait un plancher cassé, avec des trous entre les lattes, à travers lesquels elle pouvait voir et entendre les poules caqueter juste en dessous d'où elle, son frère et ses sœurs dormaient. Juste après son réveil, elle partait au travail, souvent même avant de partir pour l'école.

Quelque fois elle partait à la chasse avec son grand père dans les montagnes. Sa famille cultivait suffisamment de riz pour leurs besoins, élevait des poules, et possédait aussi un buffle. Boontah travaillait dur, sans beaucoup d'aide de son frère. Ses tâches journalières consistaient à s'occuper de la ferme et des animaux. Comme la majorité des enfants thaïs elle avait quelques jouets. Comme ils étaient relativement éloignés de la « Grande » ville et de la société moderne en général, ils n'avaient jamais vu beaucoup de jouets. Elle avait de toute façon peu de temps pour jouer, car il semble que la liste des travaux à effectuer était sans fin – des tâches qui étaient sa responsabilité en temps que sœur aînée.

A 13 ans… la vie commence

Les week-ends normaux, le ramassage du bois, du bambou, des piments, emmener le buffle au pâturage, revenaient à Boontah. Ses sœurs étaient trop jeunes pour aider, donc elle avait l'habitude d'y aller seule. Parfois, Sai ou Banya l'accompagnaient, mais jamais Ying qui voulait éviter tout ce qui pouvait lui salir les mains. La seule responsabilité que Banya n'ait jamais eue fut d'aider Boontah à conduire la brouette et la citerne à eau jusqu'à la pompe, pour avoir de l'eau pour la famille. A l'aller Boontah poussait la brouette et Banya était sur son vélo. Au retour quand le réservoir était plein d'eau c'était Banya qui poussait et Boontah qui était sur le vélo. Un jour ils ont cassé la cuve d'eau et leur grand-mère les a pourchassés avec la canne. Ils n'ont jamais eu de remerciements pour leur travail éreintant. Mais le jour ou le vieux réservoir s'est cassé, ce fût de leur faute. C'était toujours Boontah qui était punie le plus durement.

Impossible de rester en dehors des mauvais coups.

Boontah avait toujours quelque chose à faire, elle ne pouvait pas supporter de rester inactive. Elle allait souvent avec des amis au Temple pour y récupérer des mangues dans les arbres – un larcin qu'elle commettait le plus souvent possible. Comme toujours et parce qu'elle était la plus agile, elle était volontaire pour monter à l'arbre pendant que les autres faisaient le guet, au cas où les moines viendraient. Une fois, alors qu'elle avait atteint le sommet de l'arbre, près des fruits convoités, le moine arriva avec son bâton et chassa ses amis. Heureusement il ne la vit pas. Elle était si haut, que s'il avait voulu la voir il aurait du regarder au ciel. Elle a attendu longtemps avec son cœur qui battait de plus en plus vite à chaque seconde. Peu de temps après, il est rentré au Temple. Elle a récupéré son trésor « mal acquis » et rentra à la maison. Elle n'allait pas rentrer les mains vides après avoir risqué sa vie, ses os et peut être même une correction. Ces mangues vertes, comme les pommes « Granny-smith », une spécialité du Nord-est sont délicieuses – surtout quand on les mange avec un mélange de piment, de sel et de sucre.

L'un des nombreux jours où elle était seule, Boontah alla voir le moine avec la tortue de son père, pour la faire bénir. Peu de villageois gardaient une tortue et encore moins allaient la faire bénir, mais il lui a semblé que c'était une bonne idée ce jour là. Donc elle prit la tortue et se mit en chemin joyeusement jusqu'au Temple, pour voir le moine. Après la bénédiction, elle mit la tortue dans le caniveau qui entourait le Temple, elle pensait qu'elle serait heureuse de jouer dans l'eau. Quand elle revint, la tortue ne bougeait plus. Elle prit un bâton pour taper la carapace pensant qu'elle allait nager. Quand elle ramassa la tortue, elle réalisa qu'elle était morte. Elle pensa : « c'était bien la peine de l'amener vers le moine, l'eau était si sale que ça a du la tuer ». Ensuite elle a laissé sa famille croire que la tortue était simplement partie un jour de la maison pour ne jamais revenir.

Boontah avait six ans quand elle commença à aller à l'école. Les jours de semaine, elle marchait environ trois kilomètres – pratiquement quarante minutes pour aller à l'école. Après l'école elle jouait un peu avec ses copains, et puis elle rentrait à la maison. Le bus d'école ne venait pas jusque chez elle car la route n'était pas goudronnée. Les enfants des familles les plus pauvres, ceux qui vivent sur ces chemins n'avaient pas droit au bus de l'école. Il est fréquent, que l'école soit située à sept ou huit kilomètres du village. Sur le chemin en revenant de l'école, sous le soleil torride ou les pluies tropicales torrentielles, elle ramenait une mangue, une banane ou une papaye qu'elle ramassait sur les arbres pour ses sœurs, pour qu'elles aient quelque chose à grignoter, comme sa famille n'avait pas d'argent pour aller faire des courses dans le magasin. Bien qu'elles n'aient que trois ans, elles couraient depuis le fond du jardin en criant « Boontah, Boontah » sachant très bien que j'avais une gâterie pour elles. Elles se régalaient alors que le jus sucré des fruits, coulait du coin de leurs petites bouches.

Boontah aimait beaucoup l'école et elle y était bien notée, même quand les ennuis commencèrent pour elle. Son professeur lui a dit un jour qu'il fallait qu'elle continue l'école, parce qu'elle pensait que Boontah réussirait bien par la suite. Malheureusement sa mère avait d'autres plans pour elle. Son frère seul aurait droit à l'éducation. Ses sœurs et elle n'auraient pas cette chance jusqu'à ce qu'elle travaille, pas seulement pour entretenir sa mère mais aussi pour que ses sœurs puissent poursuivre leurs études. C'est un fait dans « les Valeurs de La Famille Isaan» qui est toujours persistant dans les provinces rurales de la Thaïlande du Nord-est. Les garçons sont toujours les premiers servis. S'il y a un investissement à faire, par exemple dans le domaine de l'éducation ou pour des cadeaux, les garçons en sont le plus souvent les seuls bénéficiaires – comme ce fut le cas pour le vélo de Banya. On refuse aux filles les bénéfices de toutes sortes. C'est un « simple » fait dans la société thaïe - et il est particulièrement vivace dans les campagnes.

Boontah avait environ huit ans quand elle dit à sa mère qu'elle avait besoin de nouvelles chaussures. Sa seule paire était trop petite, trouée et lui faisait mal. La réponse de sa mère fut : ''ce n'est pas mon problème''. Elle trouvait de l'argent pour acheter des chaussures à son frère mais pas pour elle. Elle était bien trop jeune pour comprendre que comme fille, elle était de peu de valeur pour sa mère.

Quant à l'école les garçons s'en prenaient aux filles en général, Boontah se battait avec eux et partait ensuite en courant aussi vite qu'elle pouvait. On pouvait toujours compter sur elle pour défendre les faibles. Ses interventions musclées ne lui procuraient aucune amie particulière, bien que les filles soient toujours contentes de la voir arriver pour les défendre. Ses professeurs savaient qu'elle était une source de problème, non- maîtrisée. Ce qu'ils ne comprenaient pas c'est pourquoi elle avait ces problèmes. Ils n'avaient pas non plus la moindre idée sur la façon de la contrôler, ou de l'aider.

Elle allait avoir dix ans quand ses parents partirent pour Bangkok. Elle avait été une bonne élève, mais son père absent, elle devait faire face aux adultes de la famille sans sa protection. Sa toute jeune existence, déjà assez difficile à cause du manque d'argent, s'est rapidement détériorée. Ses problèmes en classes étaient très clairement le reflet de la douleur et de l'angoisse qu'elle ressentait à la maison.

L'oncle de Boontah, la battait pour la plus petite bêtise. Les adultes de sa famille semblaient prendre un malin plaisir à la maltraiter et les coups de bâton étaient fréquents. Au plus on la punissait et au plus elle en rajoutait. Elle aimait voler et détruire ce qui appartenait à Banya. Elle était très jalouse de son frère. En temps que seul garçon, il était le premier et souvent le seul à recevoir les jouets de l'enfance.

A 13 ans... la vie commence

Boontah était née "esprit libre", mais il n'y avait pas de place pour un « esprit libre » dans sa famille. En fait, il n'y a jamais eu de place pour la jeune Boontah dans sa famille – même si elle avait fait tout ce qu'on attendait d'elle. Ce n'est pas faute d'avoir essayer de plaire, au moins au début. Pour tenter de trouver la solution à ses problèmes de colère et de désespoir, elle s'en est prise à la proie la plus facile, la fille de son professeur. Boontah prenait ses livres, abîmait ses dessins, et se mettait en travers des réussites de cette autre enfant chaque fois qu'elle le pouvait. Elle voulait trouver quelqu'un, n'importe qui, qui puisse ressentir et souffrir les angoisses avec lesquelles elle devait vivre – à tout moment de sa vie.

Le professeur de musique.

Boontah avait seulement onze ans, quand elle commença à écouter Apeechaet, un professeur de son école, chanter en jouant de la guitare. Tous les soirs à huit heures, alors que ses parents travaillaient à Bangkok, que sa grand-mère dormait et que son grand-père parlait aux Dieux Karen, Boontah sortait en silence de la maison. Apeechaet vivait au rez-de-chaussée de la maison des professeurs. Les maisons étaient en bois avec des grands jours entre les planches, donc elle pouvait lui parler et le voir tout en restant en dehors de la pièce. Il savait qu'il valait mieux ne pas ouvrir la porte, pour éviter que les mauvaises langues se mettent en marche. Elle était vraiment heureuse de l'écouter chanter et de le regarder à travers les jours du bois. Elle est sortie comme ça, rien que pour l'écouter pendant de nombreux mois, jusqu'au jour où elle n'a plus pu garder son secret.

Par une belle soirée, Boontah a emmené une de ses amies pour écouter les douces mélodies d'Apeechaet. Le lendemain, son amie avait prévenu tout le monde. Boontah fut très en colère, elle savait qu'à cause de cette révélation, elle allait encore avoir des problèmes chez elle. C'était son secret avec son amie, un secret « à la vie à la mort » dans son jeune esprit. Quand le principal de l'école appris l'existence de ces rendez-vous, Boontah fut renvoyée. Apeechaet, quant a lui, fut renvoyé ou muté, Boontah n'a jamais su quel châtiment lui avait été réservé, et elle ne l'a jamais plus entendu chanter. En fait, il a été renvoyé car certains villageois ont affirmé qu'il avait eu des rapports sexuels avec elle. Aucune question ne fut posée, il n'y eut même pas d'enquête. Il fut purement et simplement renvoyé. L'ignorance et l'esprit étroit, sont les symboles du comportement des gens sans éducation dans la Thaïlande profonde.

Tout de suite après qu'elle eut appris le renvoi d'Apeechaet, elle se rendit à la maison délabrée des professeurs. Elle regarda à travers les trous du mur et le vit en train de boire et de jouer aux cartes avec d'autres professeurs. Ce fut la dernière fois qu'elle le vit.

La moitié des professeurs de l'école de Boontah, pensait que c'était elle, la cause du problème et l'autre moitié pensait qu'Apeechaet était le responsable. Personne n'a jamais pensé qu'il ne s'était rien passé, ni que les rencontres étaient innocentes. Personne n'aurait pu penser, qu'une petite fille attirée par les arts, soit heureuse d'entendre la belle voix du professeur de musique. Si par bonheur quelqu'un avait eu cette pensée, il ne l'aurait même pas mentionné de peur d'être ridicule aux yeux des autres. Pratiquement tous pensaient qu'elle était vraiment une sale petite fille – avec pour seul horizon une vie de débauche. Elle était la mauvaise dans sa communauté, celle qu'on mettait au ban du groupe, comme les sorcières – un thème courant dans les films thaïs. Quand Boontah allait dans le magasin, le commerçant et les autres lui criaient : « Tu n'as que onze ans, et déjà tu cherches un petit copain pour faire l'amour ! Tu n'es qu'une petite pute ».

Boontah perdit ainsi le peu de copines qu'elle avait, car les parents, demandaient à leurs enfants de ne pas s'approcher d'elle. Les villageois peuvent être mesquins, une cruauté qui vient de l'ignorance et de la superstition. Elle continue encore à entendre leurs railleries dans ses cauchemars. Mais quand elle ferme les yeux, et que ses pensées dérivent, elles la ramènent vers un des rares endroits agréable de son enfance : elle entend la voix mélodieuse d'Apeechaet. Elle se souvient, quand elle le regardait à travers les trous du mur, alors qu'il chantait de douces mélodies thaïes en caressant sa guitare.

Renvoyée.

Après qu'elle fut renvoyée de l'école, son grand-père en eut finalement assez. Il écrivit à ses parents à Bangkok, se plaignant qu'il était fatigué de tous les problèmes qu'elle créait. Il refusait d'endosser la responsabilité de ses bêtises. Son père savait qu'elle était la bête noire de la famille. Il savait aussi qu'il était le seul à pouvoir la protéger. Il s'arrangea pour la faire venir à Bangkok, où lui et Bootsah travaillaient. Elle était avec ses parents seulement depuis quelques mois quand il lui apparut que sa vie pouvait changer. Qu'elle avait peut être enfin la chance d'aller dans le sens d'une véritable enfance – de pouvoir être enfin une petite fille. Son ancien Principal était d'accord pour la reprendre à l'école. Elle revint dans son village et à l'école où elle apprit à danser – un présage de sa future carrière.

Le retour à l'école.

Quand Boontah revint à Ubon, elle commença à danser avec d'autres jeunes filles dans des spectacles qui allaient de villages en villages. Elle gagnait entre 30 et 50 Bahts (1.20 à 2.00 US$) pour environ deux heures de spectacle chaque fois et ce deux ou trois nuits par semaine. C'était beaucoup d'argent pour une fillette de onze ans – argent qu'elle partageait avec ses sœurs. Pendant une courte période elle fut très heureuse de travailler et de pouvoir ainsi satisfaire à ses besoins. Elle apprit même à sa sœur Ying comment danser le « Luk Tung », le standard local. Leur grand-mère n'appréciait pas que Boontah et Ying dansent, car elles étaient sur scène avec une jupe très courte – deux actions considérées comme très provocantes dans la Thaïlande des campagnes.

C'est vers cette époque que l'eau courante et l'électricité sont arrivées au village. Son grand-père pensait que ces merveilleuses améliorations étaient magiques et envoyées par les esprits. Ils ne pouvaient pas croire qu'une chose aussi magnifique puisse venir jusqu'à leur village pauvre et abandonné. Bien que sa grand-mère réalise la chance d'avoir ces éléments du modernisme, elle n'en comprenait pas bien l'usage, ni la valeur. Elle décida que la musique n'avait pas sa place dans la maison car c'était de l'électricité perdue. Donc les filles apprirent à danser en silence. Il y a maintenant sur le marché une vidéo musicale qui raconte un peu la même histoire. Une fille de quatorze ans, qui danse dans des spectacles locaux et que son professeur ignore, jusqu'au jour ou il trouve la danse et le costume acceptables pour les mœurs. Boontah n'a pas eu cette chance il y a quatorze ans.

Dessin de la maison des rêves de Boontah.

A dix ans Boontah a peint la jolie maison de ses rêves.

Boontah fit un marché avec sa grand-mère. Puisqu'elle ne pouvait pas gagner d'argent en dansant (ce que sa grand-mère ne voulait pas), elle gagnerait de l'argent en nettoyant la ville de Dae Udom – à côté de son village. Il fallait à peine vingt minutes pour aller à Dae Udom dans un vieux pick-up bringuebalant. Sa grand-mère accepta. Peu de temps après qu'elle ait commencée à travailler, elle annonça à sa grand-mère qu'elle voulait aussi reprendre ses études et rentrer en secondaire à Dae Udom. Elle n'avait besoin de personne pour payer les coûts « illégaux » demandés par l'école publique, elle pouvait maintenant les payer toute seule. Sa grand-mère refusa tout net, prétextant qu'elle n'avait pas à reprendre l'école, pas plus qu'elle n'avait à retourner travailler à Dae Udom.

Boontah était déconcertée et furieuse. Elle ne pouvait pas comprendre pourquoi sa grand-mère était contre toutes ses demandes, qui auraient pu lui rapporter de l'argent, l'éducation, l'indépendance et plus encore le bonheur. Son grand-père l'avait chassée, l'école l'avait renvoyée. Quand elle était revenue à l'école, sa grand-mère avait refusée qu'elle danse avec les autres filles pour gagner de l'argent. Ensuite après avoir travailler peu de temps, pour faire des ménages dans un village proche, sa grand-mère lui avait aussi interdit de continuer à travailler ou de reprendre ses cours, même si elle pouvait elle-même payer les frais d'école. Sa grand-mère lui refusait tout ce qui aurait pu lui permettre de vivre la vie heureuse d'une enfant normale. La vie de Boontah avec sa grand-mère devenait insupportable, elle était la prisonnière et sa grand-mère était la geôlière. Boontah fit que la majorité des prisonniers tente de faire, elle s'enfuit.

La fuite.

A onze ans, Boontah s'enfuit pour la première fois, et elle commença un long voyage de huit cents kilomètres à pieds jusqu'à la capitale de la Thaïlande : Bangkok. En chemin elle rencontra une fille de dix sept ans, Loong, qui la mis en garde sur les dangers de la fugue, et qui amena chez elle cette enfant si déterminée de onze ans. Trois jours plus tard, quand Boontah se réveilla dans la maison de Loong, elle vit la mère de sa protectrice parler avec sa famille. Les parents de Loong ramenèrent Boontah chez elle. Comme elle s'y attendait, son oncle Sakda se mit à la corriger sans relâche dès son retour. Elle refusa de parler à quiconque et d'aller à l'école. La seule activité que cette enfant triste et tourmentée s'autorisait, c'était d'écrire de longues lettres à son père. A partir du moment où elle avait acceptée de retourner à l'école elle était devenue un implacable fauteur de trouble. C'était une enfant dérangée, remplie d'une rage incontrôlable et d'une douleur insupportable, dont elle n'avait ni compréhension ni contrôle.

A l'école personne ne l'aimait ni ses maîtres, ni ses condisciples. Un jour peu de temps après qu'elle ait repris l'école, son

A 13 ans… la vie commence

maître se rendit chez elle pour dire à son grand-père qu'elle ne pouvait plus retourner à l'école, elle était trop impossible. Une nouvelle fois, Boontah fut renvoyée.

La deuxième fugue.

Boontah était encore dans sa onzième année quand elle partie pour Chiangmai dans le Nord de la Thaïlande. Elle n'avait que l'argent qu'elle avait économisé sur ses gains comme danseuse et femme de ménage – mais de toute façon c'était assez pour s'éloigner de sa famille – le plus loin possible. Quand elle arriva à Chiangmai, elle vit qu'on cherchait une serveuse dans un restaurant. Elle rencontra le patron, qui la trouva très jeune et se rendit compte qu'elle était sans famille. Plutôt que de lui donner l'emploi, il appela un policier pour venir la chercher. Ils vinrent à trois policiers. Ils lui posèrent beaucoup de questions, mais elle ne donna jamais son vrai nom, ni d'explication sur la vie chez elle. Ils essayèrent aussi de savoir ce qu'elle avait dans son sac, mais elle résista. Après vingt minutes de questions, ils l'emmenèrent dans un hôpital psychiatrique avant de l'envoyer à Bangkok. A l'hôpital elle parla avec l'assistante sociale et lui expliqua qu'elle ne voulait jamais retourner chez elle. Cette dernière lui promit de l'aider à trouver un nouvel endroit pour vivre.

Un mois avait passé et Boontah était toujours à Chiangmai. On ne lui avait pas donné de nouvel endroit pour vivre comme promis. Elle détestait être à l'hôpital, l'environnement n'était pas agréable, les patients se battaient et la nourriture était immangeable. A l'hôpital, elle se faisait appeler Kumai. Quand elle réalisa que l'assistante sociale ne l'aiderait pas, elle décida d'envoyer une lettre à l'infirmière pour lui donner sa véritable identité et l'histoire avec sa famille. A la réception de la lettre, l'infirmière appela son père à Bangkok. Quand il arriva à l'hôpital Boontah l'étreignit et pleura sans retenue. Il lui dit que bien qu'il comprenne la gravité des problèmes à la maison, il l'implorait de ne plus jamais fuguer. Ils retournèrent ensemble dans la petite maison que la famille partageait au village.

Juste après leur arrivée elle fut confrontée à nouveau à la colère de la famille entière. Tous criaient et l'accusaient d'être la cause de leurs problèmes et de l'embarras qu'ils éprouvaient vis-à-vis des autres dans le village. Son père réalisa qu'elle n'était pas en sécurité quand il n'était pas là pour la protéger. De façon à lui éviter de nouveaux ennuis, il fallait qu'il cesse son travail à Bangkok et qu'il revienne au village, quel qu'en soit le coût. Il ne pouvait pas non plus l'envoyer à l'école, à cause des frais qu'il ne pouvait pas assumer. Il essaya de trouver un travail à Ubon sur un chantier de construction, mais le salaire n'était pas suffisant pour faire vivre la famille. Au lieu de cela il emprunta de l'argent à des voisins pour commencer sa propre affaire – une carriole à bras pour vendre des bonbons, alors que la mère de Boontah vendait des nouilles – transportant les produits sur un balancier d'épaule. Ils louèrent une chambre à Ubon pour 680 Bahts (27 US$) par mois. Toute la famille, y compris les grands parents restait dans cette pièce. Il n'y avait ni électricité, ni eau courante. Ils tiraient l'eau au puits commun, vivaient avec la lumière du soleil pendant la journée et des bougies le soir. Avec ce déménagement, la famille avait fait un pas en arrière, ils étaient revenus dans une pièce sans le confort moderne de l'eau et de l'électricité – un recul que tout le monde reprochait à Boontah.

La mère de Boontah criait toujours après son mari ou ses enfants. Son père parlait doucement, il ne voulait que la paix dans sa famille, et aussi gagner suffisamment d'argent pour subvenir aux besoins de ceux qu'il aimait. Boontah ne supportait pas que son père soit aussi maltraité par sa mère et sa grand-mère. C'était une douleur et un tohu-bohu trop dur à supporter pour une enfant de onze ans. Elle décida qu'il lui fallait partir une fois de plus. Elle vola 200 Bahts dans la tirelire de Ying – de l'argent pour les bonbons, que Ying avait économisé depuis plus d'un an sur ce que son père lui donnait. Ses deux jeunes sœurs avaient été capables d'économiser tout leur argent, parce que Boontah dépensait son argent pour elles.

A nouveau une fugue.

Cette fois, quand Boontah partit, elle se dirigea vers Bangkok à nouveau. Elle avait douze ans quand elle marcha en direction de la gare d'Ubon. Elle revoyait toujours le visage de son père, quand il lui disait de faire la chose juste. Elle avait envie d'une nouvelle vie et elle ferait tout pour réussir cette fois. Elle avait 200 Bahts, l'équivalent de

A 13 ans... la vie commence

8 US$. Elle misait tout là-dessus. Dans le bus elle se répétait qu'il fallait qu'elle soit forte.

En venant à Bangkok elle raconta son histoire à l'homme qui était à ses côtés. Il lui dit qu'il connaissait un travail pour elle, vendre de la nourriture et des produits dans une boutique chinoise. Elle s'empressa d'accepter. Son salaire était de 1 500 Bahts (60 US$) par mois. Elle travaillait de cinq heures du matin à sept heures du soir, quatorze heures par jour, sept jours sur sept. A la fin de la journée elle ne pouvait pas quitter son lieu de travail, et son patron chinois ne lui a jamais payé la totalité de son salaire. Une fois de plus elle s'est sentie emprisonnée. Elle était devenue la proie de l'exploitation sans merci des enfants mineurs et illégaux, ce qui est encore une pratique courante de nos jours, en Thaïlande. A l'âge tendre de douze ans, elle décida d'abandonner. Elle était passée d'une situation intolérable à une autre tout aussi intolérable.

Boontah avait économisé environ 400 Bahts pendant qu'elle travaillait dans la boutique du Chinois, mais maintenant elle ne savait pas où aller, ni quoi faire. Alors qu'elle errait dans la cité, elle se sentit fatiguée et affamée. Elle vit une carriole à nouilles, dans le poste de Police de Patawun, près de la gare routière et elle s'y arrêta pour manger. Nit, la propriétaire du restaurant ambulant, s'aperçut qu'elle portait un sac plastique qui semblait contenir toutes ses possessions. Curieuse de cette petite fille, elle lui demanda si elle cherchait un travail, et elle lui offrit de l'aider à vendre les nouilles. Cette offre fut acceptée sans discussion. Quand ce soir là, Boontah rentra avec Nit chez elle, le mari de Nit, un policier, refusa qu'elle travaille pour eux. Au lieu de cela, il la mit dans une cellule au poste de Police, et appela les services sociaux pour qu'ils viennent la chercher.

Boontah fut emmenée dans un orphelinat où elle fut confrontée une fois de plus à des bagarres. Il n'y avait pas de changement par rapport à sa famille à la maison, si ce n'est que l'orphelinat offrait des formations pour : faire des fleurs en papier, couper les cheveux, coudre des vêtements et d'autres métiers qui donnaient aux filles les possibilités d'un emploi. Un jour, une des filles brimait les autres. Boontah la frappa. Elle avait tellement vécu dans la violence, dans son enfance qu'elle faisait maintenant tout ce qu'elle pouvait pour l'empêcher. Mais elle ne connaissait pas d'autre moyen pour arrêter la violence que d'en générer encore plus.

On demanda des explications à Boontah au sujet de l'altercation, car elle était toujours accusée de commencer les bagarres. Elle avait l'habitude de raconter des histoires pour cacher la vérité. La vérité, c'est qu'elle ne pouvait pas supporter de voir les autres se battre, mais elle n'était pas non plus la dernière pour commencer une bataille. Il fut décidé qu'elle serait envoyée à Baan Kunwitiying à Pratumtani. Cet endroit était spécialisé pour les femmes de tous âges qu'on avait diagnostiqués avec des maladies psychiatriques. Si personne ne venait les chercher, elles restaient là jusqu'à leur mort. Son transfert eut lieu le 7 Septembre 1993, les équipes sociales ne le savaient pas, mais c'était le treizième anniversaire de Boontah.

Dans ce nouvel endroit, Boontah était très aimable et coopérait avec les autres malades et les gardes. Pour la première fois de sa vie, beaucoup de gens l'aimaient. Elle parlait et faisait rire les autres. L'une des gardes lui permit même de rester dans une jolie chambre avec elle. La chambre avait beaucoup d'aménagements que ne possédait pas le dortoir de Boontah – un matelas, un ventilateur, des draps et des oreillers. Un soir où la garde était endormie, Boontah vola les clefs et s'enfuit de l'hôpital. Mais quand elle arriva aux murs d'enceinte, elle s'aperçut qu'ils étaient trop hauts pour elle. A ce moment toutes les lumières furent braqués sur son petit visage et l'alarme se mit à hurler. Elle avait été prise, ce n'est pas ce soir qu'elle allait trouver la liberté.

Pour la punir d'avoir voulu s'enfuir Boontah fut placée au cachot, enchaînée et entravée, sans nourriture. Elle a encore sur les chevilles les marques que ses entraves ont laissées dans ses chairs. Après quelques jours elle fut sortie du cachot, on lui enleva les chaînes. Elle fut prévenue que si elle devait faire une nouvelle tentative d'évasion, la punition serait pire.

Enfin Boontah put dormir. Plusieurs heures plus tard quand elle se réveilla, elle fut surprise de voir beaucoup d'autres pensionnaires qui regardaient à l'intérieur d'une pièce voisine.

A 13 ans... la vie commence

Curieuse, elle voulait voir aussi, pour savoir ce qui intéressait tant les autres. Elle vit une vieille femme, allongée sur son lit, elle était morte la nuit précédente. Quand Boontah eut atteint la porte de la chambre de la vieille femme, elle entendit Pookum, la chef du service demander l'aide de quatre personnes pour emmener le corps, jusqu'au véhicule qui emmènerait la morte. Beaucoup de gens se portèrent volontaire pour cette tâche y compris Boontah.

Après que la dépouille fut emmenée, Boontah pria pour que l'âme de la vieille dame trouve un meilleur endroit. Elle espérait aussi que s'il y avait un fantôme, il puisse l'aider à s'échapper de son emprisonnement involontaire.

Elle fut libérée du bâtiment sécurisé quelques jours plus tard et retrouva la population normale de l'hôpital. Elle participa à toutes les activités sans faire semblant. Un jour alors qu'il y avait une réunion, Boontah vola des vêtements civils à une des employées. En remontant les manches, on aurait dit qu'ils étaient à sa taille. Le garde de l'entrée, sans un mot ni un regard lui ouvrit la porte. Elle sortit tranquillement et ne regarda surtout pas en arrière.

Boontah avait conservée sa rancœur contre Boontah, le policier qui avait été responsable de son départ pour l'hôpital psychiatrique. Elle était très entière à 13 ans et ne réfléchit pas à deux fois quand elle décida d'aller le trouver au Poste de Police. Elle voulait savoir pourquoi il l'avait envoyée là bas. Pendant qu'elle l'attendait, Kak un autre policier lui demanda si elle avait faim, elle répondit que oui et il l'emmena chez lui pour qu'elle mange. Kak était musulman, il avait deux femmes. L'une des femmes lui demanda qui était cette petite fille. Il suggéra qu'elle pouvait aider à vendre de la nourriture. Boontah pensait qu'elle avait trouvé une nouvelle maison et que Kak était venu pour la sauver. Elle n'avait travaillé chez lui que depuis un mois, quand une nuit alors qu'elle dormait il vint dans sa chambre et essaya de la violer. Une de ses femmes entendit les cris et intervint pour l'arrêter. Immédiatement les deux femmes décidèrent de la renvoyer, en l'accusant d'avoir provoqué la tentative de viol. Elles lui donnèrent 1 000 Bahts pour survivre dans la rue. Bien qu'elles ne souhaitent pas que Boontah reste, elles se faisaient du souci pour elle.

A 13 ans... la vie commence

Elles voulaient qu'il ne lui arrive rien, mais en même temps elles voulaient qu'elle quitte leur maison, et surtout leur mari.

Boontah n'avait parcouru que quelques centaines de mètres quand Kak arriva sur sa moto. Il lui dit qu'il l'aimait beaucoup et qu'il lui trouverait un endroit pour vivre. Bêtement Boontah le cru et grimpa sur son engin. Il l'emmena dans un hôtel. La jeune Boontah pensait que ça allait devenir sa nouvelle maison. Au moment même où elle entrait dans la chambre Kak essaya de la violer à nouveau. Elle cria aussi fort qu'elle le put. Heureusement, le réceptionniste accouru dans la direction des cris et Kak partit en courant.

Le réceptionniste dit à Boontah que ces choses là arrivaient souvent aux filles qui fuguaient. Tout le monde à l'hôtel lui conseilla de rentrer chez elle, ils pensaient qu'elle avait une famille qui l'aimait et qui s'inquiétait pour elle. Ils lui ont tous donné un peu d'argent pour qu'elle rentre chez elle. Ce qu'elle fit – en rechignant.

Il y avait maintenant trois mois que Boontah s'était enfuie pour la dernière fois. Quand elle arriva à la maison, elle n'était pas la bienvenue. Ce n'était pas une surprise pour elle. Mais quand elle apprit que son père était mort dans un accident de voiture en la cherchant, elle en eut le cœur brisé. Elle était envahie de chagrin et de culpabilité. Sa douleur et son angoisse trouvèrent leur paroxysme, quand elle se rendit compte que sa famille la rendait coupable de cette mort. Elle sût dans son jeune cœur que c'était le moment de partir une nouvelle fois, et de retourner à Bangkok lui semblât la seule option. Elle avait toujours su qu'elle n'était pas la bienvenue, mais cette fois sa famille ne pouvait pas être plus claire. Boontah demanda de l'argent à sa mère. Elle lui donna 300 Bahts (8 US$) en lui disant de ne plus jamais revenir, Bootsah ne voulait plus jamais voire sa fille. C'est le plus gros « cadeau » en termes d'argent que Boontah se souvienne d'avoir reçu de sa mère. Ses sœurs qui avaient été les seules à l'accueillir furent aussi les seules à lui dire « au revoir ».

Maintenant, Boontah étaient vraiment orpheline, dans tous les sens du terme. Son père était mort en recherchant la petite fille qu'il aimait, et sa mère l'avait chassée de la maison. Elle ne pourrait pas revenir avant d'avoir fait quelque chose pour se racheter d'avoir causé la mort de son père. Il lui fallait trouver le moyen de reprendre sa

A 13 ans... la vie commence

place dans sa famille, même si c'était une famille ignoble. Les Thaïs ne sont pas comme les Américains ou les Européens qui peuvent être à l'aise même quand ils sont seuls, et même parfois recherchent la solitude. Les Thaïs vivent en fonction de la famille et ils ont besoin d'avoir quelqu'un en permanence autour d'eux. Pour les Thaïs, la solitude c'est l'isolement et la douleur.

La mort de l'enfance de Boontah intervint, quand elle fut bannie de sa maison, et rendue responsable de la mort de son père. Elle voyagea jusqu'à Bangkok pour trouver une vie meilleure. Elle avait fugué, déjà de nombreuses fois, pour chercher une vie sans les coups et les charges non méritées. Maintenant, elle savait qu'il lui fallait aussi trouver le moyen de gagner, l'amour de sa mère, quitte, à en oublier le coût pour sa propre vie, si elle voulait pouvoir retourner à la maison. Les paradis du tourisme sexuel l'attendaient les bras ouverts. Sa vie, en temps que Lon, avait commencé. ELLE N'AVAIT QUE TREIZE ANS.

Chapitre 2

Bangkok, ma nouvelle maison.
Mon arrivée.

Á treize ans mon expérience se bornait aux travaux de la maison et de la ferme. Je n'avais aucune idée de ce que j'allais faire à Bangkok et j'étais effrayée, très effrayée. Bien que ne sachant pas ce que la vie me réservait j'avais déjà décidé que ce ne serait pas encore de la pauvreté.

Bien que je sois jeune je n'allais pas laisser l'ignorance et les préjugés de ma mère ralentir mes projets. Je savais au plus profond de moi que j'avais un potentiel à exprimer. Je savais que je pouvais prétendre à une vie meilleure que celle qui m'était destinée en restant dans ce village de pauvres paysans. Sa vision était orientée seulement sur la possibilité de donner à mon frère toutes les chances de réussite, tout en nous demandant à mes sœurs et à moi de rester à la maison, de s'occuper des animaux et de travailler le petit lopin de terre que nous avions. Le travail fatiguant et la contrainte physique et émotionnelle constituaient une impulsion plus que suffisante pour que je quitte la maison une dernière fois. Je n'allais pas rester une petite fille défavorisée et maltraitée toute ma vie à Ubon. Je n'étais pas née pour vivre à la ferme, pas plus que pour être battue et opprimée. *Mais plus important encore, je n'étais pas née pour être pauvre.*

J'ai acheté le billet le moins cher possible à 95 Bahts (4 US$), sur un bus à ventilation, pour le trajet de dix heures. Il m'en aurait coûté l'équivalent de trois jours de travail à Bangkok d'acheter une place sur un bus à air conditionné. De toute façon, je n'avais senti l'air conditionné qu'en de rares occasions, dans quelques magasins où je ne pouvais rien acheter. J'avais très peu d'argent sur moi, et je considérais chaque Baht comme de l'or pur.

A 13 ans... la vie commence

Ma mère m'avait donnée 300 Bahts (12 US$) en me disant de ne jamais revenir.

Comme tout le monde m'accusait de la mort de mon père, je n'avais aucune envie de revenir. – au moins pas pour retrouver le terrible environnement qui m'avait fait partir plusieurs fois déjà. A mes yeux, cette maigre somme me revenait – j'aurai même dû en avoir beaucoup plus. J'avais commencé à travailler avant d'aller à l'école. Je ne peux pas me rappeler, rester sans travailler. J'avais décidé, je ne voulais rester toute ma vie à Ubon... Personne n'a un futur intéressant à Ubon. *Le plus important, je n'avais pas de futur à Ubon.*

Je suis arrivée à Bangkok le soir. Il ne me restait plus que 205 Bahts (8 US$) entre moi et la faim. Je ne pouvais pas dépenser le peu d'argent que j'avais pour prendre une chambre, (quelle qu'en soit la qualité). Cette première nuit, je l'ai passée dans la gare routière, avec pour seuls amis les moustiques qui volaient alentour. J'ai mangé des restes – des poubelles et bu l'eau qui restait dans les bouteilles. Je n'avais aucun endroit où aller et je ne connaissais personne. J'étais une toute petite fille, seule et perdue, dans la très grande cité de Bangkok, cosmopolite et bruyante – une ville qui je l'apprendrais bientôt était la première capitale du sexe dans le monde. Cette ville allait aussi devenir bientôt ma maison.

Jusqu'à mon arrivée à Bangkok, je n'étais jamais montée dans un ascenseur ni pris un escalator. Les grands magasins et les immeubles de bureaux étaient les seules grandes constructions que j'avais connues. Les rues étaient très embouteillées par des milliers de voitures, des pickups, des bus rouges ventilés bringuebalants et des bus bleus à air conditionné rutilants, tous entassés pare-chocs contre pare-chocs créant la confusion de partout. Des fumées grises et noires qui polluaient l'air pendant que le vacarme assourdissant de milliers de klaxons donnait mal aux oreilles. Des douzaines de motocyclistes en tête du trafic à chaque carrefour, alors que la multitude des piétons avançait avec courage un pied devant l'autre en évitant rapidement le trafic, qui avançait et celui qui était stoppé, pour arriver à traverser la rue. Ni les voitures ni les piétons ne prêtent attention aux feux de circulation. On dirait que les Thaïs avancent avec des œillères sans se soucier de la sécurité.

Je n'avais jamais vu autant de monde en un seul endroit, pas plus que je n'avais vu des gens de culture aussi différentes. Il y avait des femmes africaines habillées en boubous décorés de fleurs colorées, avec les coiffures assorties, des femmes indiennes de l'est avec le sari de leurs origines, les pantalons serrés aux chevilles et le ventre dénudé, les Indiens sikhs dans leurs turbans blancs traditionnels, les hommes arabes dans leur djellaba boutonnée jusqu'en bas et des touristes américains et européens dans leur vêtements décontractés : short en jean et débardeur. Et puis il y avait moi dans ma chemise et mon pantalon large de provinciale, l'air de débarquer de ma campagne du fin fond de la Thaïlande – ce qui était le cas.

Je n'avais jamais vu non plus autant de gens marcher aussi vite dans les rues commerçantes encombrées, pas plus que je n'avais jamais entendu autant de langues différentes. Rien de la vie calme, mais travailleuse, de la ferme dans un village thaï ne m'avait préparé à cette nouvelle vie pleine d'inconnus qui se trouvait devant moi maintenant. J'avais vu Bangkok à la télévision, mais c'était différent de la télévision à Ubon et j'avais vu la banlieue de Bangkok avec mes parents. Mais là, c'était la vraie vie j'étais beaucoup trop jeune pour me rendre compte que je me tenais au seuil de ma nouvelle vie, au beau milieu de cette ville exotique où régnait l'agitation et le remue - ménage. Mon anxiété et mes sentiments à ce moment précis ne peuvent être bien compris que par quelqu'un qui comme moi est originaire, d'un pauvre village arriéré dans un pays du Tiers-Monde, et qui vient juste d'entrer pour la première fois au cœur d'une métropole. *J'étais anxieuse, excitée, fatiguée, et affamée tout en même temps. Mais par-dessus tout j'avais peur.*

Comme je n'avais ni argent, ni amis, ni famille et nulle part où aller, j'ai commencé à mendier. J'étais une enfant de 13 ans qui mendiait dans la rue, et j'ai vite appris qu'il y avait beaucoup plus d'argent à gagner auprès des touristes qu'à aller travailler.

A 13 ans… la vie commence

Boontah, âgée de 13 ans

A 13 ans... la vie commence

Alors que je dormais dans les rues, j'ai rencontré une femme qui m'a trouvé un travail comme bonne d'enfant chez un policier de haut grade, qui possédait aussi un bar à Patpong – le quartier chaud le plus important de Bangkok. J'ai commencé à aider au bar quand je n'étais pas dans sa maison. Il insistait pour que je choisisse entre être la bonne de ses enfants ou travailler au bar. Je gagnais plus d'argent en nettoyant le bar et en lavant les sols qu'en m'occupant de sa fille. J'ai choisi de travailler au bar. J'étais à Bangkok pour gagner suffisamment d'argent pour obtenir le pardon de ma famille pour avoir causé la mort de mon père. Ici je n'étais plus Boontah, j'étais devenue Lon. *Je trouverais bien un moyen de racheter Boontah aux yeux de sa famille, celle qui avait causé la mort de son père ! Alors, et alors seulement elle et moi pourrions retourner à la maison.*

Le Club Cockatoo.

J'ai commencé à travailler, comme femme de ménage, à plein temps, au Club Cockatoo – un Gogo très en vogue et un point de rencontre pour les hommes Farangs. Il y avait aussi plein de filles Isaan qui parlaient mon dialecte. Je balayais et nettoyais derrière les touristes sexuels, je gagnais environ 1 500 Bahts (60 US$), plus une part des pourboires 1 000 Bahts (40 US$) pour mes vingt huit jours de travail chaque mois. C'était beaucoup plus que je n'avais jamais gagné à Ubon. J'étais capable d'envoyer 1 000 Bahts ou plus par mois à ma famille. C'était la première raison pour laquelle j'étais venue à Bangkok.

Les Thaïs comme beaucoup d'Asiatiques ne pensent pas à eux en termes d'individu mais plus comme des membres de leur famille. Cet attachement est une partie de notre individualité, ou son manque pour cette raison. Nous ne sommes pas que les membres de notre famille, nous sommes partie intégrante les uns des autres. C'est seulement en temps que membre d'une famille que nous pouvons être des individus. *Nous sommes individuels ensembles, nous ne pouvons survivre qu'en termes de famille.*

Au total, je gagnais 2 500 Bahts (100 US$) par mois en salaire et pourboire – c'était un bon début mais ma famille était désespérément pauvre. Mon père était mort et j'avais deux sœurs cadettes que je voulais aider. Je voulais qu'elles puissent aller à l'école. Je voulais qu'elles aient une meilleure vie que la mienne. Il fallait que je gagne plus d'argent.

Au Club Cockatoo.

Âgée de quatorze ans.

A 13 ans... la vie commence

Les autres employés de Patpong.

Patpong, le quartier chaud le plus connu de Bangkok, est en fait difficile à décrire au non-initié. Ce sont deux très longs blocs d'immeubles, « Patpong 1 » fait environ 200 mètres de long et « Patpong 2 » fait environ 100 mètres. Les deux sont bordés de chaque côté de bars ouverts, des Gogos bars à strip-tease, des discos et des spectacles sexuels. Dans ces deux rues de « sexe à vendre » il y a environ 3 000 jeunes femmes qui attendent de rencontrer un homme pour une heure, une soirée – ou comme certaines en rêvent pour toujours. *Une fille de Patpong épouse un étranger chaque semaine[1].*

La taille des Gogos et des bars varie en fonction du nombre de filles qui peut aller de 10 à 100. Dans chaque Gogo, il y a aussi d'autres employés. C'est là que j'ai commencé ma nouvelle vie. Beaucoup de filles sont comme moi, personnel d'entretien, barmaid, serveuse où accueillent les clients à la porte. *Officiellement nous n'ALLONS PAS ENCORE avec les clients. Mais de façon « non officielle », à la fermeture des bars, quelques filles ont innocemment commencé à marcher sur ce chemin d'auto- destruction, mais heureusement pas toutes.* Nous survivons sur le salaire de 60 US$ par mois et les 40 US$ de pourboires. Nous ne faisons pas partie du « Miracle Economique Asiatique ».

Pour certaine d'entre nous le jour commençait à deux heures de l'après-midi et se terminait à minuit. D'autres commençaient à sept heures et finissaient à trois heures du matin. En arrivant au travail, nous commencions le nettoyage des activités de la veille. Il nous fallait souvent une heure ou deux pour nettoyer les restes de bières renversées de la nuit précédente. Ensuite il fallait faire les lits dans les chambres pour le « short time », et nettoyer les salles de bains. Après nous allions dans le bar pour trimballer des centaines de bouteilles de bière, couper les ananas et les citrons, laver les plats et tous les petits travaux désagréables mais nécessaires pour la bonne marche du bar. Les clients se saoulaient, renversaient de la bière et vomissaient partout. Mon boulot était de nettoyer après leur passage. Je n'aurais pas rechigné de nettoyer n'importe quelle saleté normale mais là c'était un travail dégoûtant – au point d'avoir souvent des nausées. Les danseuses gagnaient beaucoup d'argent, parfois vingt fois plus que ce que je gagnais. Elles ne devaient pas nettoyer quoi que ce soit. Il ne m'a pas fallu longtemps pour comprendre que les « gros » billets ne se gagnaient pas dans mon métier. Je savais aussi que je voulais gagner le même argent que les danseuses et j'étais prête à faire tout ce qu'il fallait, pour le gagner.

J'étais à peine adolescente, issue d'un village de campagne rustique, et je ne pouvais pas en croire mes yeux. Des filles sexy en bikini – ou sans, dansant de manière à séduire autour de la piste et qui se comportaient d'une façon que je n'avais jamais vue auparavant - même à la télévision. Personne à Ubon ne s'habillerait, ou se déshabillerait comme ça. Personne à Ubon ne portait de maillot de bain au bord de la rivière. Au lieu de cela nous portions des shorts en jean et des chemises pour aller nous baigner. Personne à Ubon n'ondulerait nue contre un pilier en se caressant doucement avec. Je ne comprenais pas comment ces filles pouvaient se déshabiller à la vue de tous ces clients males et danser d'une façon aussi provocante. J'étais choquée ! Je ne pouvais pas croire que des filles de mon village, de ma province – mes « sœurs » Isaan, puissent se conduire de cette manière dépravée et interdite. Mais c'est bien ce qu'elles faisaient, tournoyant leurs beaux corps bronzés autour d'un pilier, titillant les sens des clients avec des mouvements bien rodés, s'asseyant sur leurs genoux, le tout en faisant beaucoup d'argent. Les « Gogos girls » travaillent en général sept heures par jour et ont un jour de congé par semaine. Elles dansent pendant quinze à vingt minutes chaque heure, elles passent le reste de l'heure à discuter avec les clients, essayant de se faire emmener chez eux ou à leur hôtel. Pour celles qui n'y arrivaient pas ce soir-là, elles allaient au Thermae à la fermeture du Gogo ou du bar.

Il y a plus de 30 000 filles thaïes à Bangkok, Pattaya et Phuket, qui sortent avec des touristes pour l'argent. Il y en a des dizaines de milliers encore, aux Philippines, en Indonésie et au Cambodge. Nous faisons partie de celles qui ont eu « la chance » de rencontrer des étrangers par rapport à celles qui doivent voir les locaux. Il y a au moins 400 000 prostituées en Thaïlande et des millions dans les autres pays d'Asie du Sud-est qui voient des hommes de leur pays pour de l'argent de poche, ou plus simplement pour payer les dettes de la famille, avec les intérêts exorbitants qui y sont attachés. Leurs parents ont peut être encaissé 20 ou 200 US$ en échange de leur fille, pour qu'elle puisse travailler comme prostituée pendant plusieurs mois, ou plus. Quelquefois c'est pour toute leur courte vie tragique et je me considère très chanceuse d'avoir échappé à ce destin.

Le Thermae

Le Thermae ressemble à un bar de cinéma. Ce n'est pas à proprement parlé un bar comme ceux que l'on trouve aux USA ou en Europe. C'est très, très différent. L'une des différences est que le plafond est très bas. Il n'est qu'à 2,60 m. Avec mon mètre quarante sept, ce n'était pas un problème pour moi, mais le plafond bas retenait la fumée plus encore que dans le Gogo où je travaillais. Les touristes et les filles de bar fument, tous les deux, beaucoup. La fumée me rendait malade. A Ubon les filles ne fumaient pas, mais les filles Isaan fumaient ici. Le Thermae était rempli de jeunes filles, sexys et attirantes, la plus part d'Isaan – des filles qui venaient ici ans le seul but de rencontrer des touristes mâles.

On parle du Thermae comme d'un bar ouvert « après les autres ». Le salon de massage, à l'étage, est ouvert l'après midi et ferme à minuit. Quand il ferme le bar commence à s'animer. Plus tard vers deux heures du matin, quand les Gogos ferment à leur tour, beaucoup des danseuses y viennent pour rencontrer un touriste ou un expatrié pour la nuit. C'est le chemin qu'on prit mes copines. Elles travaillaient toutes dans les Gogos de sept heures du soir à deux heures du matin, et si elles n'avaient pas trouvé un client dans leurs bars, elles allaient au Thermae pour en trouver un.

Lors de ma première nuit, j'ai observé mes amies faire leur manège, comment elles attiraient le regard d'un homme, lui adressant un sourire timide, se déplaçant doucement mais délibérément vers lui, se blottissant contre lui, croisant leur jambes pour révéler leurs très jolies jambes, afin de l'entraîner à les emmener chez lui. J'avais déjà vu des filles développer le même schéma de séduction au Gogo bar auquel je travaillais. La différence au Thermae c'est que je ne travaillais pas, au moins comme femme de ménage. J'étais venu pour m'amuser et attirer l'attention des hommes de la même façon qu'elles.

A 13 ans... la vie commence

Mais je ne marcherai pas dans les traces de mes sœurs Isaan. Je ne pouvais souvent pas attendre d'avoir fini mon travail au Gogo bar afin d'aller plus vite au Thermae. Il n'y avait définitivement pas d'endroit comme celui là à Ubon.

Pourquoi est-ce qu'une jeune fille mignonne et douce veut aller au Thermae ? La réponse est très simple c'est parce que elle est le résultat de la Pauvreté en Asie – et elle n'est pas la seule. Sa conduite est le résultat du peu de valeur placé sur les femmes en Thaïlande et en Asie du Sud-est. Même de nos jours : *'six bébés filles, par jour, sont abandonnés dans Bangkok'*. Dans mon cas, la pauvreté de ma famille et mon envie de regagner leur amour étaient mes seules motivations.

Qui peut être intéressé par une fille de 1.47 m, 37 kg et de quatorze ans?
Mon Premier Client, la vente de ma Virginité.

Après avoir travaillé comme femme de ménage dans le Gogo pendant un mois, un homme entra cherchant une jeune vierge. Son objectif avoué était : *Une femme jeune et immaculée*, et sa proposition financière était plus que je n'aurai jamais imaginé J'ai appris que ce n'était pas le seul à venir en Thaïlande pour trouver des enfants. J'ai su aussi que c'était fréquent que les « Touristes Sexuels » demandent des filles comme moi. La Mamasan a demandée si j'étais intéressée. La rencontre allait me rapporter 1 200 US$. C'était plus d'argent que ce dont je n'avais jamais rêvé, je n'ai pas réfléchi à deux fois avant d'accepter son offre. Elle a négocié la vente de ma virginité avec cet homme. J'avais à peine quatorze ans. Il s'appelait Hans et il a dit qu'il avait trente cinq ans et était Suisse, bien qu'en regardant la photo qu'il m'a donnée il semblait plus proche des cinquante.

Environ une demi-heure après que le prix fut négocié avec la Mamasan et que j'ai donné mon accord, Hans est revenu au Gogo bar avec l'argent. Je ne parlais pratiquement pas anglais et je n'ai donc pas participé dans ma propre vente. Je n'ai fait que dire « Kha » (Oui en Thaï). Il a ensuite donné à la Mamasan le prix de mon innocence. C'était plus d'argent que je n'en n'avais jamais vu de toute ma jeune vie, et cette somme allait bientôt revenir à ma famille.

A 13 ans... la vie commence

Mon cœur battait la chamade en pensant à l'argent que j'allais recevoir et à la peur de ce que j'allais devoir faire pour le gagner. Je n'avais jamais tenu la main d'un garçon. C'est un acte réprouvé dans les villages de Thaïlande. En fait il est même arrivé qu'un garçon et une fille soient obligés de se marier si on les avait vu s'effleurer innocemment l'un l'autre. Et, maintenant à quatorze ans j'étais sur le point de faire l'amour avec un Farang que je n'avais jamais vu avant son arrivée dans le bar. Il mesurait environ 1,80 m, une tête de plus que moi. J'étais terrifiée, mais d'un autre côté *j'aurais fait n'importe quoi pour cet argent.*

Nous avons quitté le Gogo dans Patpong et nous avons pris un taxi pour aller à son hôtel, sur Sukhumvit Road au Soi 26. Le chauffeur de taxi n'a pas eu l'air surpris, de voir un Farang adulte main dans la main avec une petite gamine de quatorze ans qui en paraissait encore moins. Il savait exactement pourquoi nous étions ensemble – et ce que nous allions faire. Mais nous faisions quand même un drôle de couple, ce grand Européen blanc de peau et cette petite fille à la peau couleur de bronze. Hans me parlait lentement en Anglais, il utilisait aussi les quelques mots de Thaï qu'il connaissait pendant notre court trajet jusqu'à l'hôtel. Je continuais à sourire sans m'occuper de la terreur que je ressentais dans toutes les cellules de mon corps. Il n'aurait jamais pu savoir ce qu'il y avait dans mon cœur. On apprend aux Thaïs très jeune à toujours sourire, à ne pas montrer de colère, et à contenir leur douleur. « Jai yen » (Garde un cœur serein). J'étais experte dans ce domaine.

Nous sommes arrivés en face de son hôtel. Il a rapidement payé le taxi, et m'a emmené avec lui. Il était très pressé. Je me suis assise dans le hall pendant qu'il allait récupérer ses clefs. La fille à la réception m'a regardé, puis elle l'a regardé lui pour revenir à moi, mais elle n'a rien dit. Une très jeune fille, presque une enfant avec un homme adulte devait être une scène habituelle pour elle. J'ai marché à côté de lui jusqu'à l'ascenseur et nous sommes montés à sa chambre. C'était la première fois que j'allais dans un bel hôtel.

Quand après quelques minutes nous avons atteint sa chambre, mon cœur s'est mis à battre de plus en plus vite. La réalité de ce qui allait se passer commençait à prendre vie. C'est à ce moment là que

A 13 ans... la vie commence

j'ai commencé à réaliser vraiment dans quelle histoire je m'étais engagée. J'aurai tellement voulu faire demi-tour et courir pour m'éloigner de cet endroit. MAIS je voulais encore plus les 30 000 Bahts. Nous sommes entrés dans sa chambre et avons marché jusqu'au lit. Je me suis assise sur la chaise la plus éloignée du lit. Il m'a fait signe d'aller prendre une douche. Comme je ne répondais pas il est allé prendre sa douche. J'étais assise sur cette chaise en pensant à ce qui allait arriver. Je souhaitais qu'il soit sous la douche pour toujours, mais je savais bien aussi qu'il allait revenir.

J'ai pensé à partir. J'avais suffisamment de temps pour partir et retourner au bar. Je voulais si fort ces 30 000 Bahts, mais je me doutais aussi que la Mamasan ne me les donnerait pas si je revenais aussi vite au bar. A ce moment là j'ai même pensé à retourner à Ubon comme une perdante, une fille incapable d'envoyer de l'argent à sa mère. Les idées se bousculaient tellement que j'étais sur le point de me trouver mal. Hans est ressorti de la salle de bain, portant seulement sa serviette de toilette. J'ai cessé de penser à comment m'échapper, et j'ai vraiment commencé à m'affoler. Il fallait que je trouve le moyen de faire face à la situation plutôt que de chercher à m'en échapper.

Il a marché vers moi sans se douter de la terreur qui m'habitait, et il a fait un signe en direction de la salle de bain. J'y suis allée et j'ai pris la plus longue douche de toute ma vie. C'était la première douche chaude que je prenais de ma vie. J'avais l'habitude de me renverser une bassine d'eau tiède sur le corps en guise de douche. J'aurais aimé profiter de l'eau chaude, mais je ne pouvais pas. J'avais d'autres idées en tête.

Après environ vingt minutes, Hans a frappé à la porte. Je l'avais verrouillée. Je suis à peu près sûre d'avoir compris qu'il me demandait de sortir ; mais je n'étais pas prête, pas encore. En Thaï je lui ai demandé d'attendre. Peu de temps après j'ai quitté ce havre de sécurité qu'était la salle de bain, pour entrer dans la chambre. Je m'étais complètement rhabillée. Il a ensuite parlé de serviette, mais je n'allais sûrement pas en porter une comme lui le faisait. Il parlait anglais, il n'avait pas l'air d'être intéressé à savoir si je le comprenais ou pas. Je lui ai juste rendu un sourire, les yeux sans expression. Puis il s'est approché de moi pour me retirer mes vêtements.

A 13 ans... la vie commence

J'étais très nerveuse et je commençais à avoir des difficultés à respirer. Il a marché vers moi, pris ma main, et m'a conduite vers le lit. Il a commencé à enlever ma chemise. Je me sentais humiliée, assise à côté d'un Farang sans ma chemise. Honteuse, j'utilisais mes mains pour me couvrir. Il avait l'air de trouver ça drôle. Je ne pouvais pas comprendre pourquoi il m'avait choisie, et payée aussi cher, alors qu'il y avait beaucoup d'autres filles bien plus jolies et plus développées que moi.

Il m'a ensuite fait signe de retirer mon pantalon. Je voulais m'enfuir de la chambre, et ne plus jamais revoir un Farang. Il a commencé à doucement déboutonner mon pantalon. J'étais trop paniquée pour bouger. J'ai choisi d'oublier tout ce qui s'est passé ensuite.

Après qu'il eut fini, je suis allée dans la salle de bain et j'ai vomi. Nous sommes retournés au Gogo bar et j'ai récupéré mon argent. Je l'avais gagné, et bien gagné. J'avais maintenant de la valeur pour ma famille et je m'étais rachetée de la mort de mon père. Ma mère serait si heureuse en recevant cet argent. Elle ne pouvait pas se douter de l'argent que je pouvais gagner à Bangkok. Elle pourrait maintenant relever la tête face à tout le village, avec de l'argent à montrer aux voisins et à ses amis. Cette petite fille terrible, celle qu'ils avaient affublée de noms si méchants était maintenant quelqu'un dont sa mère pût être fière. Mais cette même petite fille ne pourrait quant à elle jamais plus éprouver de la fierté pour elle-même. Alors qu'elle se ferait plaisir avec cet argent, moi je ne serai plus jamais la même. Le fait que sa fille ait perdu à jamais son honneur et sa dignité, n'aurait jamais la moindre importance pour elle. Tous les jours qui suivirent cet évènement qui avait changé ma vie, je me suis battue contre ce malaise qui avait embrumé mon esprit, noirci mon cœur et volé mon âme à tout jamais. Au début je n'avais aucune idée que mes sept prochaines années allaient être comme ce que je venais de vivre.

En moins d'une heure j'ai gagné plus que ce que j'aurais gagné en deux ans à nettoyer les cendriers et laver les sols. Des clients m'ont dit que les gens en Thaïlande sont pauvres parce qu'ils sont paresseux. A l'époque où ils jouaient au football chez les juniors, allaient aux matchs en spectateurs, ou bien avaient des « pollutions nocturnes » en rêvant à leurs copines, je couchais avec des clients de Gogo, pour que ma famille puisse vivre. Et par ce système j'ai payé le prix maximum, je me suis perdue.

En période de besoin, les femmes sont des pions.

Proverbe thaï

Les obligations des femmes thaïes.

Nous avons rempli une fonction importante, comme chef, et souvent le seul membre de la famille à gagner de l'argent dans nos familles campagnardes pauvres. J'ai rempli cette fonction plus tôt, et de façon plus satisfaisante que beaucoup d'autres. Le plus important est que nous sommes responsables du soutien financier de nos parents quand ils vieillissent. Nous avons des règles de conduite strictes à observer, en plus des responsabilités de la maisonnée que nous devons tenir, tout en perdant notre propre indépendance. La pauvreté des ruraux et les possibilités éducatives et économiques limitées, laissent peut d'autre option que les métiers du sexe, pour les filles qui assument l'entretien de leurs familles. Nous devons non seulement subvenir aux besoins de nos parents, mais nous devons aussi leur témoigner notre gratitude. L'industrie du sexe, que ce soit avec des étrangers ou des Thaïs est devenu un système de vie pour beaucoup de filles Isaan.

A mon retour au Gogo, mes collègues de travail, m'ont félicité et m'ont dit que ce n'était pas une « telle histoire » que de coucher avec un touriste. J'ai appris aussi qu'il y avait beaucoup de fille de quatorze ans qui vendaient leur virginité à des touristes et encore des milliers à le faire aussi avec des Thaïs mais pour une fraction du prix seulement, par rapport aux touristes. Tout le monde au bar pensait que ce que l'argent que je venais de gagner une heure plus tôt créait l'occasion de fêter ça. Elles le faisaient depuis des années, elles en avaient conçu une bonne source de revenu pour se faire une belle vie et mettre de l'argent de côté, grâce aux touristes. De travailler au Gogo leur avait permis d'aider leurs familles à se payer des nouvelles maisons ou de réparer leurs taudis. Elles avaient aussi pu acheter des nouvelles mobylettes à leurs frères, des costumes en soie sur mesure à leurs parents et beaucoup de nourriture et de boissons pour les fêtes organisées par la famille – fêtes auxquelles

elles n'étaient que très rarement présentes. Pour elles c'était des bijoux en or et des vêtements qu'elles avaient pu s'acheter. Il n'y avait pas d'autres options pour des filles comme nous. Mes amies disaient qu'il n'y avait rien de mal et qu'il ne fallait pas se faire de soucis à ce sujet. La possibilité de faire autant d'argent aussi vite était vraiment séduisante. *Elles ne pouvaient pas refuser et je ne le pouvais pas non plus.*

J'avais très peur, comme une petite enfant, quand j'ai commencé à aller avec des hommes. Mes amies que je considérais comme ma famille de Bangkok, m'aidaient beaucoup. Elles me servaient d'interprète et fixaient le prix pour que j'aille coucher avec un client. Elles me présentaient même à certains de leurs clients qui aimaient les jeunes filles. Elles s'occupaient de moi à cause de mon si jeune âge.

A quatorze ans j'étais très menue et je le suis encore, je ne pouvais pas travailler comme Gogo danseuse dans les clubs parce que j'étais trop jeune *j'avais même l'air beaucoup trop jeune.* Ce qui rendait les rencontres avec les clients potentiels moins faciles pour moi. Par contre, je commençais à aller au Thermae, comme « indépendante, free lance » pour trouver des clients. Quelque fois je restais à la maison et j'attendais le coup de téléphone d'un des hommes que j'avais déjà rencontré. Pour beaucoup de Gogo danseuses, le métier est seulement un prétexte pour rencontrer des hommes. Elles gagnent 150 US$ par mois pour danser, mais au moins 500 US$, voir beaucoup plus en sortant avec les clients. Pour que je puisse gagner de l'argent dans le métier du sexe, mes copines donnaient mon numéro de téléphone à des hommes qui demandaient plus spécialement des filles très jeunes. Pendant ma quatorzième année j'ai commencé à être juste assez formée pour aller dans les discos et rencontrer des hommes moi-même. J'étais devenu mon patron, bien que restant une simple prostituée. *Tout l'argent que me ramenaient mes efforts me revenait directement et intégralement.* Je ne perdais pas d'argent avec un intermédiaire, sur ce que je gagnais. La seule personne avec qui je devais partager mes revenus était ma mère. Elle 'brûlait' mon argent à gagner « la Face » dans notre village. Avec le temps, j'ai appris que ce n'était que le début.

A 13 ans... la vie commence

Mes trois années à Bangkok.

Définition de l'humilité : l'état d'être humble
    Ne pas être fier, hautain, arrogant ou assuré (de sa
propre dignité)
        Exprimer un sentiment de déférence ou de soumission
        Etre sans pouvoir, dépendant et peureux
C'était l'état dans lequel je devais être quand j'étais au Gogo bar.

Nous sommes par nature une population soumise. Il semble que nous n'ayons pas d'idées par nous même. Nous respectons les gens riches et le prestige, le pouvoir et les paillettes qui viennent avec leur richesse. Il n'y a pas de souffrance trop grande si l'argent est là et avec lui la possibilité de « Faire la Face » pour la famille.

En Amérique les filles rêvent d'être sur une scène et d'avoir une audience pour applaudir leur talent et leur beauté. Beaucoup d'entre elles veulent être chanteuse à succès ou artiste fameuse. Le plus proche de ce rêve qu'une fille Isaan ne pourra jamais approcher c'est en se produisant en bikini ou sans, en dansant de façon provocante sur scène, en attendant qu'un homme lui paie un verre et le 'Bar Fine' pour nous emmener chez lui pour faire l'amour. A chaque pays ses rêves pour les filles. Ce n'a jamais été nos rêves d'enfant, mais c'est devenu notre réalité. En venant d'Isaan c'est à peu près tout ce que nous pouvons attendre.

Toutes les filles qui comme moi travaillent dans les Gogos, sont des sœurs, des mères, des filles et même parfois des épouses. Mes sœurs ont été reconnaissantes de chaque Baht que je leur ai envoyé. Elles ont pu aller à l'école, avoir de bons repas et porter de jolis vêtements. J'avais un frère qui ne se souciait de ma santé que pour qu'elle soit suffisante, pour que je puisse continuer d'envoyer de l'argent à ma mère dont il a toujours grandement bénéficié. Avec le temps l'intérêt de Sai pour moi a diminué, mais il a toujours été plus fort que celui que me portait Ying.

A 13 ans… la vie commence

Le travail dans l'équipe de nuit.

Âgée de quatorze ans.

A 13 ans... la vie commence

Les filles avec lesquelles je travaillais étaient du même environnement que le mien. Elles aidaient leurs pères et mères, frères et sœurs, les enfants et beaucoup d'autres membres de la famille. Dans les provinces, il n'y a pas de distinguo entre la famille proche et la famille étendue. La famille étendue est la famille proche. Toute personne même éloignée d'une « prostituée » profite de ses efforts et sacrifices, - en un mot de ses largesses. La taille de la famille étendue devient plus importante quand l'argent commence à apparaître. Il y a quand même toujours au moins, une personne dans cette famille, généralement quelqu'un de plus jeune qui apprécie ces efforts pour aider la famille entière et toute autre personne qui est située à la distance d'un jet de pierre. Nous aidons aussi souvent les membres de la famille qui sont malades à cause du manque de médicaments ou de vaccin dans nos communautés, qui ont subi des accidents de la route ou du travail. Trop souvent les vaccins sont vendus par les administrateurs locaux du gouvernement, plutôt que distribués aux personnes de la communauté.

Danser dans les discothèques.

J'accueillais les touristes sexuels avec un regard réservé et un doux sourire de bienvenue, dans l'une des plus importantes capitales du sexe dans le monde, la cité haute en couleur et cosmopolite de Bangkok. Mes années d'adolescente ont été loin de ce qu'elles peuvent être pour la majorité des jeunes filles de quatorze ans, qui vivent dans une société civilisée. Une société où la pauvreté n'est pas un mode de vie. Alors que les adolescentes aux USA ou en Europe dansent en écoutant les rythmes à la mode, vont dans des parties où personne ne dort, jusqu'au matin, là où tout le monde dévore des pizzas remplies de mozzarella et de poivrons. Qu'elles gloussent en attrapant la dernière aile de poulet grillée. Pendant ce temps, je cherchais des hommes gros, sales, vieux, pas rasés, qui empestaient la sueur, les cigarettes et l'alcool, et ce pour gagner suffisamment d'argent pour que ma mère ait de l'or et que mes sœurs puissent aller à l'école. Ma mère voyant l'argent que je pouvais rapporter a choisi de porter des œillères quant à sa provenance, mais ses demandes sont devenues de plus en plus importantes. J'ai compris très rapidement que c'était ma responsabilité non seulement de compenser financièrement pour avoir causé la mort de mon père, mais que c'était

A 13 ans… la vie commence

aussi devenu une obligation pour moi de venir en aide à ma mère, mes sœurs et la famille au complet. Pendant que les autres filles de mon âge voyaient le dernier film de Mel Gibson ou de Julia Roberts, se pâmaient devant Ben Affleck, en mangeant du pop-corn beurré et en faisant les magasins pour les dernières nouveautés, je commettais les actes sexuels obscènes que l'on ne voit que dans les films XXX. J'avais seulement quatorze ans, j'étais seule et j'étais désespérée.

A l'âge considéré comme celui de l'innocence dans l'Ouest, et certainement aussi dans d'autres coins du globe, je n'avais que moi. J'étais sans éducation et sans qualification. Je ne connaissais pas d'autre moyen de gagner de l'argent qu'en vendant mon corps. Il ne fallait pas seulement que je m'occupe de moi, mais on attendait chez moi que j'envoie de l'argent. J'étais gênée et j'avais honte, je me sentais sale – encore plus sale que les hommes repoussants avec lesquels je couchais. Avec chaque *Kak* (client) je me méprisais encore un peu plus comme si j'infligeais une nouvelle blessure à mon âme. Bien que je ne l'aie pas réalisé au début, j'avais commencé à me détester. Si un jour j'avais pu placer une quelconque valeur sur ma personne en temps qu'être humain, cette valeur avait été détruite avant même que j'ai pu comprendre qu'elle existait. Avant que ma propre estime ait eu la possibilité de s'enraciner, de grandir et de s'épanouir, elle fut enterrée comme un sentiment d'incapacité dans les plus profonds recoins de mon âme. J'étais une putain. Même si j'étais au tout début de mon adolescence. Je comprenais la peine de cœur et la révulsion et j'étais envahie de ces sentiments. Je ne pouvais pas nettoyer la saleté, qui je le sentais recouvrais tous mes pores.

Attention au retour de bâton :
Une fille de bar qui a été diagnostiquée VIH positive, il y a dix ans, a été interviewée à la télévision Thaïe récemment. L'animateur de l'émission lui a demandé pourquoi elle continuait à se prostituer, sachant qu'elle était positive au VIH. Sa réponse fut : « Je veux me venger du *farang* qui m'a donné cette maladie. »

A 13 ans… la vie commence

Une pose au Peppermint Disco.

Âgée de quinze ans.

Chapitre 3

Les valeurs de la famille en Isaan, une contradiction dans les termes.
Les demandes de la famille.

Ma vie était à peine différente de celle des autres jeunes filles qui sont dans l'industrie du « sexe pour touriste ». Une fois que l'on commence à voyager vers les « grandes villes » ou les coins de vacances pour touristes, nos familles font des demandes incessantes d'argent. Ma mère vidait mon compte en banque tous les jours. Quand elle m'appelait elle ne me demandait jamais de mes nouvelles. Au lieu de cela c'était des appels pour avoir plus d'argent. Elle voulait un nouveau canapé, une table, une télé, un frigo. Elle donnait à mon frère tout ce qu'elle pouvait – acheté sur mes gains. En Thaïlande, il est fréquent pour des filles de l'âge de quatorze ans de se prostituer pour que leur frère puisse avoir un magnétoscope et une mobylette. Quand elle a donné à mon frère le magnétoscope que j'avais acheté pour elle, elle s'attendait au remplacement. Ma mère m'a demandé une carriole afin de pouvoir ouvrir un restaurant de nouilles mobile. Après une brève tentative pour être son patron, elle a décidé que c'était trop d'efforts. Elle n'a jamais pensé combien d'efforts il m'a fallu pour me vendre à dix clients âgés, à 40 US$ la passe, pour lui acheter sa cuisine mobile – équipement dont elle s'est si facilement désintéressée.

Ma mère organisait des fêtes généreuses pour ses amis, et pour des gens qu'elle ne connaissait même pas, avec l'argent que j'avais gagné en accomplissant les actes sexuels les plus dégradants et les plus humiliants. J'ai donné à ma mère tout l'or que mes clients m'ont offert – c'est ce qu'on attend d'une « bonne fille ». Je n'aurai jamais pensé à moins. En donnant ces fêtes, arborée de ses ors, ma mère avait la « Face ». « Avoir la Face » a non seulement plus de valeur que l'honneur et la dignité d'une fille mais cela a plus de valeur que la vie de cette fille. Nous, les femmes de Thaïlande, en particulier les filles de l'Isaan, avons eu le cerveau lavé par notre culture, pour accepter de nous déshonorer pour le bien de nos familles. Nous n'avons jamais appris le sens des mots « estime de soi », pas plus que de nous mettre en valeur. Alors que nous sommes au vingt et unième siècle, nos femmes vivent encore comme au quatorzième. Il y a un proverbe qui dit : « Les femmes sont des buffles, les hommes sont des humains ». En d'autres termes, notre seule valeur est basée sur notre travail – nous ne valons rien d'autre. Il me fallait encore de nombreuses années et quantités de rencontres pour comprendre totalement – et pour accepter la vérité, que ma seule valeur pour ma mère était représentée par l'argent que j'envoyais à la maison.

Les « valeurs de la famille » Isaan telles qu'on les connaît dans les campagnes sont hypocrites. Les filles ne « valent pas assez » pour qu'on les envoie à l'école. Par contre, on s'attend à ce que ce soient elles qui rapportent le plus, pour subvenir aux besoins essentiels de la famille. Si nous gagnons beaucoup d'argent, quel que soit le moyen, nous occultons le stigmate de sa provenance, qui dans mon cas était la prostitution enfantine. Malheureusement ceci est, et reste le cas pour des millions de jeunes femmes en Asie du Sud-est. Bien que nos gains atténuent notre humiliation – pendant la période où ils arrivent, la souffrance émotionnelle peut désintégrer chez nous le côté psychologique et physique. Notre esprit se fragmente pendant que notre corps se détériore. Nous avons de sérieux problèmes de santé, même jeune, à cause des mauvais traitements que nous faisons subir à notre corps. Je n'ai jamais rencontré une seule femme qui soit complètement remise de sa vie passée dans les métiers du « Sexe à vendre ».

Les garçons, selon le Theravada (Bouddhisme de la Thaïlande), gagnent des « mérites », en devenant moine pendant trois mois, et en vivant dans un temple. Ils n'ont que cette obligation, vis-à-vis de leur famille. De l'autre côté une fille est reconnue si elle s'occupe de ses parents. Ce n'est certainement pas la recette pour une famille heureuse, ni pour assurer la prospérité, comme la Thaïlande l'a prouvé. Les familles Isaan ne s'occupent pas de leurs femmes, mais il est tout à fait accepté que les hommes vivent sans retenue des revenus de leur femme. Si elle gagne suffisamment d'argent, en d'autres termes permet à sa famille de gagner beaucoup de « Face » elle peut être réincarnée en homme dans sa prochaine vie.

J'espère, non seulement, être réincarnée en homme
Mais surtout, en homme occidental!

Les hommes sont d'or, les femmes de tissus.
L'homme a l'aspect de l'or.
Quand il tombe dans la boue on peut le nettoyer
Mais la femme a l'aspect du tissu blanc
Quand elle tombe dans la boue
Même en la nettoyant on ne peut jamais retrouver sa blancheur
initiale.

Proverbe Khmer

On apprend cette histoire aux filles Isaan dès leur plus jeune âge. « Une famille devait de l'argent à un vieux mendiant sale et repoussant. Au lieu de rembourser la dette, les parents ont envoyé leur fille vivre avec le mendiant, pour partager son lit jusqu'à ce que la dette soit payée ». La « morale » de cette histoire : une fille obéissante doit faire n'importe quoi pour ses parents.

Après avoir entendu cette histoire, les filles sont souvent, et en toute connaissance de cause envoyées dans les usines pour y faire un travail d'esclave, ou dans les bordels à travers le pays, ou à Bangkok, Pattaya, Chiangmai, Kho Samui pour rejoindre les rangs des travailleurs du « tourisme sexuel ». Les filles Isaan ont envers leur famille une responsabilité que les garçons n'ont pas. Les garçons restent souvent à la maison avec leurs parents à boire, improductifs. Ils vivent des revenus de la prostitution de leurs sœurs. Cette situation n'est pas seulement tolérée mais en plus elle est très bien acceptée, dans les régions pauvres de Thaïlande – bien qu'elle ne soit jamais vraiment débattue.

Quand je retourne dans mon village, et que je vis dans une maison qui reflète les grosses sommes d'argent qui sont arrivées, personne ne demande d'où vient cet argent. Mon « métier » inavouable n'est pas mentionné. En fait, j'ai acheté de la « Face ». De l'autre côté si je n'avais pas économisé autant ou envoyé de telles sommes à la maison, je serais une putain ! Ce n'est pas qui je suis ou ce que je fais mais beaucoup plus combien « D'ARGENT » rentre à la maison qui détermine mon statut. *L'argent achète tout en Thaïlande, même l'amour de sa famille.*

Certaines filles thaïes après avoir économisé suffisamment d'argent, en travaillant avec les touristes rentrent chez elles et se marient. Malheureusement après le mariage, que le marié voit souvent comme une bonne opportunité d'accéder à une somme rondelette, le divorce intervient, après que l'époux ait bien profité des économies de sa femme. Il se peut même qu'il lui suggère de retourner travailler dans les bars. Mais après avoir travaillé dans le domaine du tourisme sexuel, beaucoup de filles ne voudront plus jamais voir d'hommes thaïs. Elles ont appris à regarder les hommes comme étant des sources de revenus plutôt que des gouffres de dépense.

La Thaïlande est différente du Nord au Sud et de l'Est à l'Ouest. Le Nord-est (Isaan) produit 80% des filles qui travaillent dans l'industrie du sexe. La majorité d'entre elles sont allées à l'école primaire pendant quatre ans, et 25 % atteignent la fin du primaire. D'autres n'ont aucune éducation. Dans le commerce local du sexe, les statistiques montrent que 40% des filles, sont volontaires, alors que les 60% restant sont forcées, contraintes, ou trompées sur le vrai métier proposé[2].

Il y a bien quelques filles, qui travaillent dans les bars et Gogos, qui viennent de Bangkok, du centre et du Sud mais en gros la langue des bars est l'Isaan, qui est parlé par les filles du Nord-est. Il y a même des filles qui ne parlent pas le dialecte Isaan, comme langue maternelle, qui l'apprennent pour comprendre ce que toutes les autres filles se disent.

J'ai toujours dit à mes clients que ma mère ne savait pas ce que je faisais pour gagner autant d'argent. Ils ont chaque fois eue beaucoup de mal à me croire. Mais je leur rappelais que la Thaïlande est « Le pays du Faire-Croire ». Mes clients me demandaient : « Comment, une jeune fille, à peine plus âgée qu'une enfant, presque sans éducation, vient à Bangkok et commence à envoyer 30 000 Bahts (1 250 US$) par mois ? Ta mère ne peut pas ne pas savoir. C'est ta culture qui refuse la vérité ». Ils disaient que ma société Isaan était « *culturellement handicapée* ». Bien sur qu'ils avaient raison. Je vis dans une société culturellement handicapée où « *Avoir la Face* » a plus de valeur qu'une fille, et c'est cette société, ma société, qui m'a conduit au développement de ces idées à cette époque et ensuite au reniement de ces propres idées sept ans plus tard.

Mes clients me disaient que ma mère n'était qu'un vampire qui me suçait la vie de façon à organiser des fêtes et « avoir la Face » avec ses amies. Ils me disaient que les mères américaines préféreraient mourir de faim avant de manger de la nourriture qui proviendrait du fruit de la prostitution de leurs propres filles. Je leur répondais, « je n'ai qu'une mère et je l'aime ». C'est seulement une manifestation de la « Face ». Ma mère ne pouvait pas dire qu'elle connaissait la source de mes revenus. Je ne pouvais pas, à l'époque, et pas plus maintenant reconnaître mon dédain pour la valeur qu'elle affecte à « la Face » et aux biens de consommation – qui dépassent de loin la valeur qu'elle met en moi. Quoi qu'il en soit, j'aime et j'aimerai toujours ma mère. *Je le dois car je suis une fille Isaan.*

Maintenir la « façade ». Que personne dans le village ne soit au courant des activités à Bangkok ou Pattaya, qui permettent aux jeunes filles d'envoyer beaucoup d'argent à la maison, est une pratique acceptée. C'est un des aspects de la valeur de la femme dans la société Thaï – et plus spécialement chez les femmes Isaan. La culture Isaan est un cas d'école en misogynie – « la haine de la femme ». Tout commence à leur naissance et les poursuit tout au long de leur vie. La Thaïlande est le parfait exemple qu'une société ne peut pas se développer, quand seulement la moitié de sa population a de la valeur. Le moins la femme a de valeur dans une société, plus cette société sera pauvre. L'Afghanistan est encore un meilleur exemple, là où les femmes sont maintenues au niveau le plus bas de tous les pays du Monde. C'est aussi l'un des pays les plus pauvres du Monde. Le statut des femmes, le développement d'une société, et son niveau de vie marchent ensemble. Quand les femmes sont reconnues elles peuvent développer la société, en y participant librement.

La vie des Thaïs et des Asiatiques du Sud-est est axée sur « La Face ». Elle détermine notre comportement, ce que nous espérons être, et comment nous percevons et répondons aux réalités. Nous investissons dans « La Face », plus que dans de meilleures conditions de vie, la valeur humaine des gens, ou une société plus développée. Beaucoup d'enfants en Asie du Sud-est, souvent entre quatre et sept dans une famille, envoient de l'argent à la maison pour aider leurs parents. Des clients japonais avaient l'habitude de dire à ma copine Nan « Au Japon l'argent coule des parents vers les enfants (bien que « La Face » soit aussi un point vital de la culture japonaise), en Thaïlande l'argent coule dans l'autre sens ». Les Etats-Unis et l'Europe ne sont pas différents du Japon dans ce cas. C'est l'une des raisons qui fait que l'Ouest est riche, que le Japon est riche et que nous sommes pauvres.

Dans le monde sous-développé, les enfants sont capables de subvenir à leurs besoins en moyenne à l'âge de douze ans. Pour des raisons évidentes, leurs revenus sont situés au bas de l'échelle des salaires. A l'Ouest, les enfants ne sont pas indépendants avant dix huit, vingt deux ans ou plus. Mais leur niveau d'autonomie est bien supérieur. Je suis devenu autonome à l'âge de treize ans, quand je suis arrivée à Bangkok. J'étais la fantaisie des touristes du sexe, et le rêve de toute mère Isaan – une fille qui peut lui rapporter beaucoup d'argent afin de l'aider à « Avoir la Face » dans le village.

Il n'a jamais été dans les plans de mon enfance de devenir free-lance à Bangkok. Il y a des dizaines de milliers de filles comme moi dans mon pays et encore des millions moins avantagées dans les pays voisins- toutes sont nées dans des conditions de pauvreté sordides. Nous ne connaissons pas d'autre moyen de gagner de l'argent qui puisse nous dispenser de la vie d'humiliation sans espoir qui nous attend. *L'humiliation que subit nos familles, à cause de la pauvreté, est bien pire que celle que nous devons connaître en vendant nos corps.* Le système socio-économique Isaan n'offre pas d'autre moyen de gagner « la Face ». Sans possibilité d'éducation, nous voyons ce choix malheureux comme notre seule porte de sortie – une façon bien meilleure que de vivre des vies désespérées.

Chapitre 4

La vie dans les villages.

Comprendre la Thaïlande n'est pas chose aisée pour les étrangers
Dans les chapitres suivants
Je vais tenter de vous faire connaître l'hypocrisie de mon pays
En partageant avec vous des détails intimes
Qui sont délibérément cachés aux yeux des visiteurs.

Travailler - ou ne pas travailler.

Les pauvres villageois des provinces travaillent dur s'il y a du travail, s'ils n'ont pas la chance d'avoir une fille qui peut se vendre dans les métiers du sexe. C'est le meilleur moyen de définir mon père - qui était un homme courageux au travail et dédié à sa famille. Il y en a aussi qui choisissent de ne pas travailler même s'il y a des possibilités. C'est le meilleur moyen de définir mon grand-père. Il y a presque toujours, dans les familles, au moins une personne qui sait de façon intuitive et ce souvent dès son plus jeune âge qu'Elle est l'élue. Elle sera responsable de l'amélioration des conditions de vie de la famille, pour la sortir de cette pauvreté sans espoir, alors que le reste de la famille vivra des revenus « qu'Elle » obtiendra. J'ai délibérément choisi le pronom « Elle », pas seulement parce que j'ai été cette « Elue » dans ma famille, mais pour quiconque connaît un peu la culture Isaan, c'est un fait établi que ce sont les premières filles à qui incombe cette responsabilité. « Elle » essaie de sauver sa famille. En vérité dans la majorité des cas, « Elle » n'a rien fait de plus que subvenir aux nécessités de base, alors que les garçons sont libérés de ce genre d'obligation. Cette réalité perdure toujours dans la vie de la majorité des villages Thaïs.

Dans un village, on peut souvent voir un mari, filant sur sa mobylette pour faire un tour du marché ou du village, alors que sa

A 13 ans… la vie commence

femme qui a déjà beaucoup contribué est celle qui fera littéralement « tourner la boutique », s'occupera des enfants, ses sentiments d'impuissance et de désespoir clairement visibles sur son visage marqué. Les hommes de tous âges sont souvent installés, regardant la télévision et jetant un œil sur les bambins, dans cet ordre, alors que leurs femmes et leurs jeunes filles, vendent des marchandises ou des soupes de nouilles. Mon père était l'exception.

La vie à la campagne est peu onéreuse. 10 Bahts (25 cts US$) permettent d'acheter une heure au magasin de jeu qui fait Internet/computer –tout en sachant que c'est une aventure que seulement très peu de jeunes peuvent s'offrir. Pour 20 Bahts (50 cts US$) on peut s'offrir un délicieux repas (pour adulte) avec une soupe comprise, ou 20 desserts thaïs de la taille d'une bouchée – assez pour servir 10 personnes. Pour 30 Bahts (75 cts US$) un homme peut aller chez son barbier favori, ou visiter le bordel local pour y rencontrer des filles d'autres régions. Pour 40 Bahts (1 US$), une femme peut s'offrir un traitement complet manucure pédicure. Un passage chez le coiffeur ou un massage thaï relaxant d'une heure coûtera 50 Bahts (1.20 US$), ou bien on peut aussi chercher un vrai massage traditionnel chez un spécialiste pour 100 Bahts (2.50 US$), et le client pensera avoir trouvé le Nirvana en sortant. Aussi pauvre que ces paysans soient, les femmes arrivent souvent à récupérer les sommes nécessaires pour rendre visite à leur salon de beauté favori, de façon régulière, d'autres seulement pour les grandes occasions. *La pauvreté ne diminuera jamais le désir des femmes d'être belles.*

Le Jeu.

Les villageois, en temps que population, jouent aussi beaucoup- dépensant jusqu'à leur dernier baht à la loterie ou en Whisky, qu'ils peuvent acheter souvent pour environ 1.50 US$ le litre. Ils adorent boire et le font aussi souvent que possible. En ce qui concerne le jeu, c'est « du Gros Business » dans toute la Thaïlande, bien qu'illégal, sauf la loterie d'état. Mais de toute façon les loteries clandestines et les casinos prolifèrent dans les villes comme dans les campagnes. La Police touche des pots de vin pour laisser faire ces opérations, même si elle touche déjà un pourcentage sur les jeux. Dans les provinces c'est un mode de vie. La « loterie clandestine » est la forme la plus populaire de jouer. Elle offre une 'lueur d'espoir' aux pauvres, car on peut y jouer pour 1 ou 2 Bahts (2.5 à 5 cents $) par pari – des paris aussi petits sont impossibles avec le Loto d'Etat où la mise minimum est de 45 Bahts (1.10 US$). Il y a peu à perdre et beaucoup à gagner, si l'on gagne. Un pari dans cette bourse au Loto, quelle que soit la taille, de 6 à 1 000 Bahts, le joueur peut gagner de 500 à 83 000 Bahts (125 à 2 075 US$) avec des chances de 83 contre 1 – le type de paris des loteries illégales.

Le « Jeu des Funérailles » est aussi un des passe-temps favori des joueurs, car ils voyagent la nuit d'une funérailles à l'autre. Ils connaissent rarement le mort quand ils pénètrent dans sa maison, juste après que les moines aient finis leurs prières. Dix pour cent de ceux qui participent sont des professionnels et ceci est leur seul moyen d'existence. D'une certaine façon, ils ne sont pas différents de nous qui vendons nos corps. Nous sommes tous, sans éducation ni expérience. Bien que nos paris soient différents, les enjeux sont importants. Les joueurs professionnels allongent leurs paris, nous nous allongeons. Alors que le jeu est considéré comme un dérivatif pour la majorité du monde, c'est le seul moyen d'existence de beaucoup de villageois pauvres et sans éducation. Le commerce des charmes, bien que considéré immoral et illégal dans la plus grande partie du monde est aussi le seul gagne-pain possible pour les jeunes filles nées dans la Thaïlande pauvre des campagnes – un gagne-pain qui offre les apparences de la sécurité financière.

Les combats de coqs sont une autre forme de jeu dans laquelle les pauvres tentent leur chance. Le jeu a toujours été la forme la plus populaire de récréation pour ceux qui vivent dans la campagne, pour alléger leur ennui et leur mécontentement. « Es-tu heureux ? » est la question que l'on entend souvent.

Chaque manifestation qu'elle soit religieuse, comme un mariage, des funérailles, ou comme le premier anniversaire d'un bébé est une invitation ouverte à tous. On se retrouve pour boire et danser jusqu'à ce qu'on ne puisse plus tenir debout. Les villageois ne ratent jamais une occasion de danser et les hommes sont aussi gracieux que les femmes sont enchanteresses. Ils ne manquent pas non plus la possibilité de faire des parades, où les camionnettes pick-up servent de chariots et les jeunes habillés en version simplifiées des costumes Thaïs traditionnels, montent des chevaux presque vrais fixés sur des remorques de tracteurs.

Une parade Isaan.

Les beautés de la province se pavanent.

Les traits de caractère.

Les gens de la province sont aussi rudes en apparence qu'ils sont solides et souples à l'intérieur. Les hommes utilisent des urinoirs extérieurs, situés au dos des stations-service, et on peut voir les femmes décapsuler des canettes de bière avec les dents. Tous, aussi bien hommes que femmes crachent, où et quand ils veulent, y compris de la fenêtre d'un deuxième étage, ou au sol pendant le repas dans un restaurant en plein air. En province, il est rare de trouver un restaurant qui ne soit pas en plein air sauf dans les grandes villes.

Un exemple de la résistance des villageois : une femme de trente deux ans a récemment été hospitalisée, dans le coma pendant deux jours – pour avoir pris le dernier médicament à la mode pour maigrir – son état était incertain. Le troisième jour de sa maladie elle est sortie du coma et elle est retournée travailler comme esthéticienne. Pendant qu'elle était malade, son mari qui ne savait pas si elle allait vivre ou non, participait avec joie à un festival de Song Kran (le Nouvel-An thaï), la plus grande fête de l'année. Ceci est un comportement typique pour ceux qui sont nés, et restent dans les provinces. Ils ne connaissent et ne connaîtront que cette vie. Une chose qui reste inchangée dans tous les villages pauvres du Nord-est, c'est ce sentiment de désespoir, une sensation qui n'est pas différente maintenant de ce qu'elle était il y a plus de vingt ans – quand Boontah est née.

Dans les villages on boit autant d'alcool que d'eau, c'est une façon de vivre pour pratiquement tous les villageois. Les peines sont ainsi estompées et ils peuvent ainsi oublier leur condition sans espoir-conditions dans lesquels ils sont nés et qu'ils n'ont rien fait pour créer. Des fêtes débridées, où les hommes, sont bizarrement habillés avec des costumes aux connotations sexuelles, combinées de façon ironique avec des croyances dans les concepts du bouddhisme, rendent leur vie supportable. C'est par la boisson, le jeu, la fête et la prière du Bouddha que les gens qui souffrent en Isaan continuent d'arborer un visage optimiste en dépit de la grande pauvreté et de l'injustice qui les entoure.

La façon de voir les choses des villageois peut être considérée comme « campagnarde ». Il est assez fréquent pour les femmes de 40 ans, un âge considéré comme avancé dans les villages, de marcher dans la rue et de s'éventer ou de sécher la sueur sur leur visage à l'aide de leur chemise, les soulevant au dessus de leur soutien-gorge. On peut souvent les voir dans leurs maisons avec comme seul habit leur soutien-gorge et un pantalon ou un sarong, entourées de plusieurs générations masculines. Cet accoutrement est le même quand elles sont en train de papoter dans leur jardin. Lors des grosses chaleurs on peut voir des femmes plus âgées sans chemises en train de vendre sur le marché. Et pourtant il est inconcevable, pour ces mêmes femmes de montrer le décolleté ou de dévoiler la moindre partie de leurs jambes au-dessus de la cheville ou du demi-mollet. Le contraste entre ce qui est acceptable et ce qui ne l'est pas, peut sembler contradictoire à l'étranger, mais les valeurs pour les Isaan sont simples. Vendre au marché en soutien gorge et sarong est simplement une question d'aisance. Il fait trop chaud pour qu'une femme mûre, bien en chair, porte une chemise. Du moment qu'elle n'est plus vue comme un objet sexuel, le fait qu'elle n'ait pas de chemise est tout à fait acceptable. Leurs idées les maintiennent en vie. La moindre situation, qui dérange leur existence ou leur capacité à continuer de vivre est perçue comme une menace et de ce fait est éliminée.

L'avidité et le meurtre.

Les histoires bizarres mais néanmoins bien réelles d'un village lointain peuvent à souhait être transportées et déposées dans un autre avec une facilité déconcertante. Au printemps 2003, un policier marié a tué brutalement sa riche maîtresse âgée de 18 ans, peut de temps après qu'il se soit séparé d'elle. Elle ne voulait pas que leur histoire se termine. La femme du policier par contre lui avait offert une nouvelle voiture pour qu'il quitte sa maîtresse, bien qu'elle et ses enfants aient largement profité pendant vingt ans de l'argent procuré par la relation qu'avait son mari avec sa maîtresse. Il a déguisé son meurtre en homicide, provoqué par un voleur qui serait entré par le toit de la maison. Il avait pris tout l'or, les bijoux et l'argent de la maison. Il ne restait plus rien de valeur pour le pillard de passage.

Lors de l'enquête, la police a profité de l'innocence de la fille du meurtrier pour apprendre, que son père ne se trouvait pas à la maison à l'heure du crime. Il avait quitté sa maison peu de temps avant que le meurtre ne fut commis et n'était revenu que plusieurs heures après. Aidés de beaucoup d'autres preuves de ce style, ses collègues officiers savaient qu'il avait commis ce crime horrible, comme le savait la majorité des gens qui les connaissaient. *Il n'y a pas de secrets dans un village.* La Police a décidé d'abandonner l'affaire. Une décision fréquente quand le crime a été commis par un policier, un ami, un membre de la famille, un partenaire en affaires, un politicien, un riche. Il n'y a pas de différence que le crime ait été commis dans un petit village ou même dans la grande cité de Bangkok, les personnes en vue, les riches, ceux qui ont le pouvoir, ne seront jamais inquiétés.

A 13 ans… la vie commence

Quelques semaines auparavant, dans le même village, un autre policier avait tué sa femme alors qu'elle le provoquait en parlant de ses amants précédents. On lui reprocha *seulement* d'avoir eu une « crise de jalousie ». Son cas s'est transformé en « Crime Passionnel » *accidentel*. Il reprit son travail, quelque jours après qu'on ait exhumé le corps de sa femme, qu'il avait enterré sous la maison. La tante de la morte plaida, pour demander qu'il reprenne son travail, car sinon il n'y aurait personne pour lui payer l'entretien qu'elle apportait aux trois enfants du couple. Sa *seule* punition : il croit que l'esprit de sa femme hante la maison où elle fut tuée et il ne veut pas y retourner. *Nous, les Thaïs sommes extrêmement superstitieux.*

Les verdicts rendus dans les deux cas ci-dessus
représentent seulement deux exemples
mais ils reflètent bien le peu de valeur
qu'ont les femmes dans mon pays
Les femmes sont tuées et leurs assassins sont libres

Le suicide et la superstition.

Durant le même printemps, un fermier, (père de trois jeunes garçons), travaillait ses champs avec l'aide d'autres paysans, encore plus pauvres que lui, ce qui lui permettait de les employer. Il a perdu sa terre, suite au suicide d'un ouvrier agricole alcoolique désespéré de vingt cinq ans. Un jeune couple, qui cherchait de l'intimité pour ses ébats amoureux avait retrouvé son corps. Il s'était pendu à l'une des poutres de la hutte couverte de paille qu'utilisent les journaliers. Ce fermier vivait dans la province, où les frais d'éducation pour des enfants sont moindres. Sa femme travaillait à Bangkok en s'occupant de leur bambin âgé de deux ans. Aussitôt que les autres journaliers ont appris la mort du jeune commis, ils ont quitté les champs. Ce pauvre fermier, encore plus pauvre après cette histoire, regarde maintenant sa ferme se faire dévorer par la jungle environnante. Personne ne veut s'approcher de ses champs. Un autre exemple qui montre que la superstition peut accélérer la chute des pauvres.

Ce ne sont quelques histoires, mais elles font penser au reste du monde, que nous sommes mêmes en dessous de ce que le terme « Tiers Monde » laisse entendre.

A 13 ans... la vie commence

La Police et l'extorsion.

Chaque communauté a ses quelques riches résidents, qui ont généralement fait leur argent de façon illégale, en acceptant des « graissages de pattes » de ceux qui opèrent illégalement eux aussi – ou en volant les pauvres. *Les rares exceptions à ce principe sont encore plus rares dans les villages de campagne.* La Police arrive à se créer un second revenu, tout simplement, en le demandant. Chaque jour que Dieu fait, des pots de vins prennent discrètement le chemin de leurs mains, apparemment closes. Mais de ces sommes, ils n'en conservent qu'une petite partie. La plus grosse partie est prise par leurs supérieurs, ces derniers donnent aux jeunes subalternes un quota qu'ils doivent obtenir à la fin de chaque journée. En général le Chef de la Police dans chaque village, vie beaucoup mieux que celui qui a un salaire équivalent, mais, n'est pas connecté aux services de Police. Le Chef habite le plus souvent dans l'une des plus belles maisons de la communauté et conduit une voiture de prix. Et ceci est à la vue de tout le monde.

Sur les routes nationales provinciales, un agent de police fera garer des voitures sur le côté, au hasard, disant au chauffeur qu'il a fait un excès de vitesse 50 ou 100 mètres plus tôt (alors qu'il n'y a pas de radar à cet endroit). Il glissera son poing fermé à l'intérieur du véhicule. Le conducteur malchanceux a deux possibilités : la première et de loin la plus pratique, est de payer un bakchich au policier, en général 100 Bahts. La deuxième est de donner son permis de conduire, d'aller au tribunal, payer 400 Bahts et retourner ensuite voir le policier qui a porté l'accusation pour récupérer son permis de conduire. En choisissant cette solution on peut perdre des heures, voir même une journée de travail ou plus. La majorité préfère poser 100 Bahts, dans le poing avide qui est à l'intérieur de la voiture. En refusant de glisser l'argent dans le poing de l'agent le conducteur risque aussi d'affronter sa colère. Ce subordonné est seulement en train de faire ce que son supérieur lui a ordonné, et il a un objectif qu'il doit atteindre, mais c'est aussi la raison pour laquelle il est rentré dans la Police. Ce scénario se répète des milliers de fois chaque jours dans toute la Thaïlande, que ce soit dans les provinces profondes, les plages avec les sexy baigneuses, ou Bangkok l'agitée.

A 13 ans... la vie commence

Attraper les rats.

Dans l'ensemble, les villages du Nord-est de la Thaïlande sont remplis de pauvres, souvent des gens « sans terre », qui subsistent comme ils peuvent, en fonction de la saison de production. Dans l'Isaan, de Novembre à Février, les laboureurs travaillent très dur dans les champs à récolter le riz. Ceux qui possèdent des terres embauchent des « partageurs de récolte » pour faire ces taches éreintantes. La récolte est partagée 50/50. Ceux qui n'ont pas de terre utilisent leurs parts pour nourrir leurs familles et pour vendre au marché afin de s'acheter les produits de première nécessité.

La période de récolte du riz, coïncide avec celle de la capture des rats, car ils sont occupés à manger et à grossir sur notre nouvelle récolte. Dans le but d'apporter un complément de viande à la nourriture de leurs enfants, les paysans recherchent dans les forets et les jardins, les rats et serpents. Ils pêchent aussi pour se nourrir. Ils ramassent tous les rats qu'ils peuvent trouver. Un rat pèse entre 300 à 500 g. La chair du rat est particulièrement goûteuse à cette période de l'année. Si la chasse est bonne ils sont vendus à travers le village. On entend alors ce cri: « *Ow noo baugh?* » *Qui veut des rats?* Ce cri est l'équivalent du tintement de la cloche du marchand de glace dans l'Ouest Américain. Il y en a qui choisissent de ne pas vendre leurs rats. Ils gagent des mérites en les offrant aux voisins et amis.

Les rats sont écorchés et cuits au barbecue jusqu'à ce que leur queue soit d'un joli doré. Comme les Isaan ne peuvent acheter de la viande qu'une fois par semaine, les rats sont un bon produit de remplacement. Si vous avez de la chance, vous pouvez tomber sur un nid souterrain de petits rats roses, sans les poils avec les yeux encore fermés. On les met sur une brochette et ensuite au grill. Le Cambodge, le Laos et le Vietnam utilisent aussi les rats des rizières. Ces rats sont très différents de ceux des rues, qui se nourrissent des poubelles. Le rat est maigre, mais il a le même goût que le porc. Les nouvelles menaces de la mortelle grippe aviaire en Thaïlande, au Vietnam et en Chine, qui a tué 31 éleveurs de poulets - ont rendu beaucoup de cuisiniers asiatiques méfiant pour toucher des volailles crues. Le résultat, une reprise des plats à base de rat dans la région – au moins pour le moment.

A 13 ans... la vie commence

Dans le Nord-est, on utilise des insectes grillés, des criquets, des sauterelles, des larves de vers qui ont un goût de hamburger trop grillé. Ils sont populaires et à la portée de toutes les bourses. Ces bons en cas se trouvent facilement dans les carrioles au bord des rues, comme dans les boutiques des grands centres commerciaux, dans toute la Thaïlande. On mange aussi des crapauds et des lézards (tukgah) dont le goût est comme celui des calamars. Ces derniers ne sont pas chers du tout, on les a même gratuitement si on a la chance de les trouver dans les rizières ou dans les jardins. Dans ma famille, nous n'avons jamais mangé du chien ou du chat, mais d'autres le font. Quand on tuait un buffle, on faisait sécher la viande au soleil, car il n'y avait pas toujours d'électricité pour la réfrigération.

Miam, Miam ... C'est bon.

Des en-cas Isaan, à s'en lécher les babines.

En juin et juillet, les deux premiers mois de la saison des pluies, crapauds et grenouilles sont de sortie en quantité. Leur cri d'amour « Ope, ope, ope » est une musique douce pour nos oreilles. Dans trois semaines on va pouvoir récupérer des milliers de têtards en un après midi. On les vide, on rajoute du sel, des piments et du basilic, ensuite on les met par 200 ou 300 dans une feuille de bananier qu'on

81

replie, et on fait cuire sur la braise. Les têtards sont faciles à trouver et à attraper. En Juin, Juillet et Août les poissons se reproduisent et les alevins font leur apparition. C'est aussi la saison des champignons. En Mars, Avril, c'est la saison sèche, les poissons sont faciles à attraper car il y a si peu d'eau, qu'ils se regroupent dans des flaques.

Les revenus et leur utilisation.

Le salaire moyen dans un village est de 83 Bahts (2.08 US$) par jour, (de 9 à 12 h+ par jour, 7 jours par semaine), ou de 2 500 Bahts (62.50 US$) par mois, à travailler sous un soleil de plomb. Les bonnes et autres travailleurs moins chanceux gagnent encore moins : 50 Bahts (1.25 US$) par jour (de 8 à 12 heures par jours / 7 jours par semaine), ou 1 500 Bahts (37.50 US$) par mois. *C'est pour cette simple raison que de jeunes élèves – garçons ou filles, accompagnent leurs professeurs (Thaïs ou Farangs) pour une session de plaisir sexuel. Le professeur peut payer pour cette session jusqu'à l'équivalent de 15 jours du salaire mensuel des parents, salaire qu'ils auraient obtenus en travaillant durement.* Un commerçant ne gagne souvent pas plus de 4 000 à 8 000 Bahts (100 à 200 US$) par mois. Un jeune professeur de lycée, diplômé et maîtrisant l'ordinateur, capable d'enseigner la musique, l'art, la photographie et l'aérobic gagne 6 000 Bahts (150 US$) par mois, alors qu'un professeur confirmé avec 20 ans d'expérience gagne 20 000 Bahts (500 US$) par mois.

Les rares qui ont atteint un certain niveau de bien-être, peuvent faire faire des vêtements sur mesure chez le tailleur du village. Un costume deux pièces qui coûtera au pauvre fermier, au chauffeur de tuk-tuk, au ramasseur de bois ou au jardinier, autant que ce qu'il pourrait gagner en deux ou trois mois de dur labeur. Cette grande démonstration de richesse fera un passage en machine à laver - et ne retrouvera plus jamais la vapeur anti-plis, ni le repassage des faux plis au fer. Bien que les gens à l'aise puissent acheter des articles de prix, ils n'ont aucune notion de leur entretien. La seule raison de cet achat est de « Faire Bonne Figure ».

A 13 ans... la vie commence

Chapitre 5

L'éducation : Garçons seulement, filles pas la peine d'approcher.

Je suis née, dans ce village très pauvre de « pèquenaud » Thaï sans instruction. Comme la majorité des filles, je n'ai pas pu aller à l'école après l'âge de douze ans – fin du primaire. A la maison, on ne pouvait payer que pour l'instruction de mon frère. « L'éducation seulement pour les garçons » est, depuis les débuts de la civilisation thaïe, la politique générale du pays. Cette attitude machiste, place les filles, dans une situation qui les empêche de trouver des emplois intéressants. Cette situation augmente aussi les chances que les filles se tournent vers la prostitution, pour abandonner leur pauvreté. La décision que j'ai prise il y a bien longtemps, est prise journellement par des milliers de filles – principalement de pays du Tiers-Monde – plus particulièrement des pays du Sud-est Asiatique.

Dans les villes, cette différence dans les possibilités d'éducation, se traduit par un illettrisme de 17% pour les filles et de 6% pour les garçons. Dans les campagnes, il y a toujours eu une pénurie d'écoles gouvernementales et d'enseignants. Les moines bouddhistes ont tenté de corriger cette anomalie en créant un système d'éducation parallèle – pour garçons uniquement. Le résultat est que le nombre d'analphabètes est encore plus important chez les filles. Les jeunes filles comme moi qui quittent leur foyer sont sans expérience, ni éducation. Nous n'avons donc pas de moyen de gagner notre vie – sauf – avec nos corps nubiles. Notre innocence pas encore éprouvée, est à vendre au premier offrant.

Dans les provinces rurales, en 2003, environ 6 000 000 d'étudiants (plus de 80% de la population scolaire) abandonnent l'école et ne rentre jamais dans la première classe du secondaire. Ils cherchent du travail ou restent à la maison. Leurs parents ne peuvent pas payer les frais, pour l'uniforme, les chaussures, les accessoires scolaires et le bus. Les garçons travaillent dans les champs ou les ateliers. Les filles travaillent dans les champs, à récolter le riz, les patates douces, la canne à sucre ou font paître les buffles.

Une autre option pour les jeunes filles, rejoindre à Bangkok une sœur aînée, qui travaille comme nounou et bonne en même temps. Elles peuvent aussi travailler dans les ateliers « illégaux ». Il y a encore très peu de temps, les usines dépendant du gouvernement, ne pouvaient pas employer une fille sans vérifier ses papiers. La carte d'identité s'obtient à quinze ans. Mais il y a quand même beaucoup de société qui embauchent des jeunes sans leur carte, pour payer des salaires inférieurs aux taux du marché de l'emploi. L'âge légal, pour travailler en usine est maintenant de dix huit ans. Bien que cette loi ait été faite pour protéger les jeunes, sans éducation, le fait de ne pas pouvoir travailler, *légalement*, avant dix huit ans, restreint les possibilités de travail des jeunes filles. Il ne leur reste plus que les emplois illégaux. « L'Establishment » des affaires y gagne, parce que les jeunes défavorisés acceptent des métiers illégaux, dans des conditions de travail anormales et souvent horribles, pour dire d'avoir un emploi, n'importe quel emploi.

Il y a d'autres voies que celles citées ci-dessus. Le principal chemin, mène dans les bordels, où les jeunes femmes se vendent aux clients locaux. D'autres mènent à Bangkok, Pattaya, Phuket, Kho Samui ou d'autres destinations touristiques, pour voir et coucher avec des touristes sexuels. C'est la direction que j'ai prise – sans le vouloir, quand j'avais *seulement treize ans.*

C'est à cet âge qu'une fille, à peine adolescente, commencera à porter du rouge à lèvre et ira au cinéma en plein air avec ses copines. Quand le « camion cinéma » vient au village, il annonce son arrivée par haut-parleurs. Les films sont projetés dans le terrain de football, on tend une grande pièce de tissus, comme écran. Les jeunes arrivent avec leurs coussins souvent bourrés de paille. Si une fille a eu la chance de finir le primaire, c'est vers cette époque que sa vie va changer. C'est souvent la aussi que les filles et les garçons se rencontrent et bien souvent parlent de mariage. Les garçons paieront aux parents de la fille un « prix de la mariée » de 20 000 à 30 000 bahts. Elle aura rapidement des enfants et ce dès quatorze ans.

A 13 ans... la vie commence

Quand j'étais à l'école élémentaire, les écoles subventionnées par l'état, devaient être gratuites jusqu'au secondaire, mais ce n'était pas le cas. Dix ans plus tard, ce n'est toujours pas le cas. Il faut toujours de l'argent « sous la table », des « bakchichs », des donations, ou l'appartenance à des associations de parents, qui sont encore des charges obligatoires pour les parents, afin que les enfants soient sûrs d'avoir une place dans une école publique[3]. Les écoles publiques ont encore bien d'autres idées juteuses, pour extorquer de l'argent aux parents, qui veulent assurer l'éducation de leurs enfants,
- frais d'embauche de professeurs,
- le coût des cartes pour utiliser la cantine (pas pour la nourriture mais seulement les cartes qui permettent l'accès à la cantine),
- factures d'électricité (pour l'utilisation de l'air conditionné)
- nettoyage et entretien des parties communes
- inscription au cours d'ordinateur
- le cadeau « occasionnel » au professeur, qui assurera le passage dans la classe supérieur quels que soient les résultats.
Cette liste est loin d'être complète[4].

Dans les villes certaines écoles demandent 4 000 Bahts (100 US$) - par an – plus certaines surcharges – ce qui représente plus qu'un mois de salaire pour la majorité des Thaïs pauvres[5]. Après le primaire, ces frais *illégaux* augmentent tellement que l'éducation devient prohibitive pour des millions de familles – particulièrement dans les provinces. Dans les écoles publiques qui ne font pas ces demandes financières *illégales* aux parents, le coût obligatoire des uniformes, des cahiers, livres, et stylos rendent l'éducation des enfants une charge, souvent, impossible à assumer pour les pauvres campagnards. Sans ces accessoires indispensables les enfants ne peuvent pas se rendre à l'école. *J'étais l'une de ces 80% auxquels on refuse l'éducation, parce que j'étais pauvre.*

Une enquête de Mai 2004 indique que « plus de la moitié des parents d'enfants en âge scolaire dans le Grand Bangkok ont des difficultés pour trouver l'argent pour couvrir les coûts de la nouvelle rentrée scolaire ». Les parents en difficultés ont indiqué qu'ils cherchaient des prêts auprès de prêteurs non-officiels avec des taux de l'ordre de 20% par mois[6]. On peut donner en exemple de ce dilemme

A 13 ans… la vie commence

le cas de Orn Uma, une mère qui a eu le courage, de raconter son histoire aux journaux. Elle a du « acheter » une place pour sa fille de 12 ans dans une école gouvernementale provinciale, pour 30 000 Bahts (750 US$). Elle a utilisé ses économies pour partie, et a emprunté le reste. Le proviseur a refusé d'accepter moins et n'a pas voulu fournir de reçu de la somme. Notre Constitution de 1997 garantit une éducation gratuite de douze ans, mais la Loi doit encore être mise en application.

Remerciements pour cette photo au Pattaya Mail.

Une mère thaïe emprunte de l'argent au "Mont de Piété" pour payer l'éducation de ses enfants.

A 13 ans… la vie commence

Le préjugé contre l'éducation des moins riches à une longue histoire. Ce dernier est légalisé par le gouvernement, qui oblige les minorités ethniques à fournir des moyens impossibles à obtenir pour eux, ce qui les empêche de récolter les bienfaits d'une éducation, comme les enfants pauvres. Les enfants « Hmongs » (tribu des montagnes), n'ont le droit d'aller qu'à une seule école, et à cause de cela, elle est particulièrement surpeuplée. Il faut que les parents aient une autorisation de résidence leur permettant de quitter les zones restreintes. Même si un enfant des minorités a des bons résultats scolaires et parle le Thaï couramment, sans papiers d'identité officiels, il ne pourra pas obtenir un certificat de ses études et ne pourra pas non plus continuer ses études. Si son but est d'obtenir un diplôme, l'étudiant devra recommencer dans un système non officiel afin d'avoir un « Prathom 6 », diplôme de fin d'études secondaires. Sans papiers d'identité officiels il n'y a pas de futur. *En Thaïlande, si on est pauvre on n'a pas non plus accès aux de « Droits de l'Homme*[7].

Il était prévu qu'un cours sur les « Droits de l'homme » soit inclus dans le cursus. Ce cours devait aller du jardin d'enfants à la fin du secondaire et devait être mis en place en Automne 2003. La contradiction entre les « Droits de l'Homme » et leur absence, qui prévaut à l'heure actuelle dans mon pays, va certainement créer un dilemme pour les professeurs, beaucoup d'entre eux pensent que leurs étudiants ne les respectent plus depuis que le droit de fouetter en classe a été aboli[8].

Jusqu'à très récemment, la coupe de cheveux a fait partie des dépenses scolaires obligatoires dans mon pays, la coupe « au menton » pour les filles et « au bol » pour les garçons. C'était une loi nationale jusqu'en mai 2003 qui obligeait, beaucoup de parents, à une dépense qu'ils considéraient comme excessive et que peu pouvaient supporter. Un professeur obligeait ses étudiants à une coupe de cheveux mensuelle qui coûtait 40 Bahts et ce dans un salon de coiffure qui lui appartenait[9]. Les pinces à ongles et ciseaux ont été, eux aussi des accessoires de punitions. Un professeur avait le droit de décider de façon arbitraire que les cheveux d'un de ses étudiants étaient trop longs. Une mèche de cheveux, coupée n'importe où sur le crâne d'un étudiant, l'obligeant ensuite à aller chez le coiffeur était une pratique courante dans l'histoire du « système éducatif moderne » thaïlandais.

A 13 ans... la vie commence

L'humiliation et « *la perte de Face* » étaient les résultats du coup de ciseaux cruel du professeur. Il y a beaucoup à faire au niveau de l'enseignement des Droits de l'Homme dans notre système d'enseignement, à commencer par beaucoup de nos enseignants.

C'est un fait triste, mais indéniable, que de « refuser l'instruction aux pauvres, maintient un vivier de travailleurs sans éducation, pour les riches. Ils vont assembler leur électronique, confectionner leurs vêtements, et ramasser leurs fruits ». Il y a au moins 200 000 enfants en Thaïlande qui n'ont pas le droit à l'Instruction, parce qu'ils ne sont pas citoyens[10] bien qu'ils puissent être de culture thaïe. Leurs papiers ont été perdus ou arbitrairement rejetés. Sans la possibilité d'aller à l'école, les enfants pauvres de Thaïlande sont voués à une vie de pauvreté. J'étais destinée à cette vie, comme l'avait été ma mère et pratiquement toutes celles du village – pour toujours. *J'ai refusé d'épouser le destin sans espoir auquel j'étais destinée.*

L'éducation de mes sœurs.

Mes sœurs, comme la majorité des enfants thaïs voulaient aller à l'école. Je savais que j'allais tout faire pour qu'elles puissent y aller. Finir le premier cycle du secondaire est une réussite en Thaïlande. Celui qui arrive à ce niveau, peut obtenir un bon travail dans un 7/11 (commerce de proximité) ou dans un hôtel 3 étoiles, en gagnant entre 100 à 120 US$ par mois avec un jour de congé par semaine. C'est bien meilleur que de travailler sur un chantier, ou coudre des vêtements en usine, ce qui paye moins, et de plus est dangereux, ne donnant que deux jours de congé par mois. Pendant qu'il est à l'école un étudiant aura aussi appris les rudiments de l'anglais écrit et lu, bien qu'il n'ait pas appris à le parler correctement. Mon but quand je rencontrai des touristes et des expatriés, (mes clients), n'était pas par pur altruisme pour assurer l'éducation de mes sœurs, il y avait beaucoup plus. Avoir de l'argent en Thaïlande c'est comme avoir un fils ou une fille célèbre, la plus belle femme, une voiture de luxe ; ou bien encore pour un enfant le scooter plein de gadgets, ou encore le dernier jeu d'ordinateur. En Thaïlande « on est ce que qu'on a sur son compte en banque» et rien de plus.

C'est vrai à moins d'être un moine. Il arrive même que des moines distraient un peu d'argent – ou carrément des grosses sommes

---

A 13 ans… la vie commence

pour eux, provenant de leur congrégation. En 2003, un moine du Sud de la Thaïlande très connu et respecté a été assassiné. Durant l'enquête sur sa mort on s'est aperçu qu'il avait déposé, 119 millions de Bahts dans onze banques sous différents noms. Il avait aussi des biens immobiliers et une flotte de voitures de luxe[11].

Les valeurs thaïes tuent l'éducation.

« Les Valeurs » conduisent les Thaïs dans l'esprit « Suivez le mouton ». Celui que nos grands parents et leurs grands parents ont connu. C'est une des principales raisons qui fait que nous n'avons pas progressé, financièrement ou culturellement. Nos valeurs sont la conséquence du Confucianisme qui met en avant l'autorité et son respect : « Reste à ta place ». Les hommes qui dirigent l'Asie continuent la philosophie de Confucius qui laisse les nantis en place, alors que nous restons pauvre et sans pouvoir.

Croire dans une attitude de respect, vient de la culture pas des gènes. En Thaïlande et dans le reste de l'Asie du Sud-est, nous continuons à nous courber devant les élites ou les politiciens. La déférence envers l'autorité est enseignée dans nos écoles et demandée par notre Premier Ministre. Les étrangers n'ont pas le droit de dire du mal du gouvernement thaï en poursuivant les médias qui s'en font l'écho. Tout ceci amène de l'eau au moulin de ceux qui critiquent le fait qu'il veut écraser tous ceux qui s'opposent à sa politique. Notre déférence a permit, de créer et de conserver, l'état de pauvreté des masses.

J'ai rencontré beaucoup d'Asiatiques qui me ressemblent physiquement, mais agissent comme tous les « Farangs ». Ils ont grandi aux USA ou en Europe. Quand on regarde du petit bout de la lorgnette qu'est un village, tous les gens qui ont les caractéristiques physiques des Asiatiques doivent agir comme des Asiatiques ; et tous les « Farangs » doivent agir, penser et croire comme des « Farangs ». Mes voyages m'ont appris que ce n'était pas vrai. Les gens qui ont des gènes asiatiques peuvent agir comme des « Farangs », mais en général ce ne sont que ceux qui ont eu la possibilité de grandir en Occident. D'un autre côté les « Farangs » peuvent agir comme des Asiatiques, en voyant les femmes avec aussi peu d'intérêt que le font les hommes

A 13 ans… la vie commence

thaïs – sans être concerné ou respecté les femmes comme des individus, particulièrement ces « Farangs » que sont les touristes sexuels.

La Classe Dominante.

On a appelé la classe dominante, la « Culture du Pouvoir ». Le pouvoir a été placé dans les mains des Membres Elus du Parlement (MP's), et du Sénat qui sont LE Pouvoir. Ce sont les membres de ces institutions qui décident de ce qui est le mieux pour eux. Ces décisions sont ensuite mises en place par des directives, qui indiquent que c'est aussi ce qu'il y a de mieux pour les Thaïs, que ces derniers le veuillent ou non. Le gouvernement et ses officiels ignorent les gens du peuple. Ils utilisent le pouvoir et la loi martiale pour réduire au silence ceux qui ne sont pas d'accord avec eux. Les nantis et ceux qui possèdent les pouvoirs (souvent les mêmes) sont immunisés contre les poursuites. Le reste de la population n'a pas de droits civils - sauf en de rares occasions.

Aux USA et en Europe, les Farangs peuvent mettre en doute le Gouvernement et les grandes entreprises n'importe quand, sur n'importe quoi : en Asie c'est désapprouvé. En fait critiquer le Gouvernement est violemment réprimé. En Malaisie : « *le Canard qui fait coin-coin est fusillé* », au Japon « *le clou qui sort est martelé* ». En Thaïlande la police est farouchement hostile aux désirs du peuple, si à quelque moment que ce soit ces désirs sont différents de ceux des membres dirigeants de la société – ce qu'ils sont le plus souvent.

Les Thaïs ne remettent pas en question les actions du Gouvernement, pour la bonne raison que ces décisions sont mises en place par les plus puissants. Nous nous agenouillons devant les élites ou les politiciens, pour leur montrer notre respect. Un sentiment inspiré par la peur. Les Asiatiques ont la réputation de ne pas oublier leur passé. A l'opposé, on apprend aux Américains à penser pour eux et à aller de l'avant. Quelquefois, c'est une rébellion vis-à-vis des autorités. Ils ont vraiment la possibilité de s'exprimer sur les agissements de leur gouvernement.

A 13 ans... la vie commence

Les Occidentaux et les émigrés asiatiques dans ces régions ont la possibilité de créer de la richesse, ce que nous ne pouvons pas faire ici – du moins légalement. Notre système encourage l'esprit « pauvres fermiers », plutôt que de créer des consommateurs riches. La Thaïlande exporte des fruits, des vêtements, et des produits manufacturés vers l'Ouest. L'Ouest exporte son argent, ses touristes et ses technologies.

J'ai jugé nécessaire de rechercher la richesse moi-même, de la seule façon que je connaissais, comme je ne faisais pas partie de la moyenne ou haute société. L'élite thaïe est très souvent interconnectée par des liens familiaux et de business. Ils travaillent ensemble afin d'assurer leur suprématie. Les richesses de mon pays, sont accumulées par un petit nombre, alors que la masse vit dans une pauvreté noire. *Une pauvreté dans laquelle j'étais née et que j'ai rejetée quand j'ai eu treize ans.*

Chapitre 6

Exquise beauté, charme rustique, impensable corruption.
La vérité toute nue, sur la Thaïlande.

Afin de mieux comprendre le chemin que j'ai suivi,
il faut, mieux comprendre la société
dans laquelle je suis née.
Ce n'est pas seulement ma famille, mon village, ma province,
qui m'ont maintenue, moi et les autres femmes, dans l'idée de ne pas
avoir de valeur, c'était et c'est encore, mon gouvernement, mon pays
mais surtout ma culture, qui maintient non seulement les femmes
à un niveau inférieur, mais les rend utilisables à souhait !

Beaucoup seront surpris d'apprendre que mon pays,
« Etonnante Thaïlande », où les calmes danseuses folkloriques, aux
corps sveltes, sont parées de costumes de soie thaïe, aux couleurs
éclatantes, cousus de fils d'or. Pays, où des fruits frais, absolument
délicieux, sont sculptés en forme de fleurs exotiques, et où un touriste
qui a faim, trouvera parmi les meilleurs plats du monde, avec des
parfums relevés d'épices, gingembre, ail, basilic, herbe à citronnelle et
piments. Ce « Pays du Sourire », pays dans lequel je suis née, est aussi
le pays où sévit une corruption rarement égalée sur la planète.

Le marché, au village.

Les tentacules de la Mafia thaïe, s'allongent jusque dans les
entrailles des pauvres, des villages. Les villageois sont toujours en
manque d'argent, même pour les besoins les plus élémentaires de la
vie courante, réparer un toit qui fuit, acheter des médicaments,
souscrire une couverture maladie de meilleure qualité, que celle
sponsorisée par le gouvernement, avec son programme à 30 Bahts*,
ou pour faire entrer un enfant à l'école. Ils sont souvent à la recherche,
d'une rentrée d'argent immédiate, pour le besoin le plus urgent de

A 13 ans... la vie commence

tous, la nourriture pour leur famille. Il arrive aussi tout simplement, qu'ils aient besoin d'argent, pour payer des dettes de jeux. S'ils ne le font pas, ils vont s'exposer à la vengeance des prêteurs – vengeance qui peut venir avec la rapidité d'une balle.

---

*Le programme d'assurance-maladie à 30 Bahts.
C'est la mise en place, d'un nouveau programme d'assurance maladie, par lequel un ressortissant thaï, peut obtenir une assistance médicale, auprès d'une clinique ou d'un hôpital de sa province, en payant seulement 30 Bahts (75 cts US$). Le gouvernement, compensant la différence des frais, auprès du docteur ou de l'hôpital. Si un patient tombe malade, en dehors de sa province et se rend au centre médical, le plus proche pour y être soigné, le coût total des soins médicaux sera à sa charge. Le programme de soins à 30 Bahts ne fonctionnera pas, en dehors de la province.

Malheureusement, les docteurs, fuient les hôpitaux qui proposent cette forme populiste de soins – 950 dans les neuf premiers mois de la mise en place du programme. Plus de 2 000 médecins, ont quitté le système hospitalier d'état, en quatre ans. Au total, 77% (795) nouveaux médecins, ont abandonné les hôpitaux d'état en 2003. Avant la mise en place de ce programme, c'était un total de 200 docteurs, qui quittait la médecine hospitalière d'état, chaque année. En Juin 2005, sept docteurs sur dix, travaillant dans ces conditions, avaient soit quitté, soit étaient indécis sur leur avenir. Seulement trois docteurs sur dix avaient décidé de rester. Un chirurgien dans une clinique, gagne à peu près 20 000 Bahts par opération, soit le salaire mensuel d'un de ses confrères dans un hôpital d'état. Le programme à 30 Bahts, a amené 20 millions de personnes, normalement non couvertes, par une assurance santé. Les docteurs voient, en moyenne, cent patients par jour. Ils travaillent jusqu'à minuit, pour aider la médecine légale, en plus des gardes. Quand ils démissionnent, leur demande est souvent refusée, sans motifs et ils doivent rester en place.

Thaïlande Forum 15/06/05

Le marché du village, est le point central, du vacarme musical et de l'activité qui commence à deux heures trente du matin quand les camions, les voitures et les motos forment un flot ininterrompu et vident leur chargement. Des fruits et légumes succulents ramassés la veille dans les petites fermes, des poissons pêchés le soir dans les rivières locales, des porcs abattus récemment ou encore en vie, des poulets prêts à être grillés, de la bimbeloterie en plastique, des étagères en aluminium et des paniers tressés à la main. Ce monceau de marchandise remplit les étals abrités par des nylons délabrés et en lambeaux qui tentent d'assurer une protection pendant la saison des pluies. Parfois, dès cinq heures du matin les musiques thaïes contemporaines jaillissent des hauts parleurs pendant que les fermiers et les marchands, se préparent pour la journée. Les Thaïs, sont notoirement superstitieux. Les vendeurs ventilent avec les billets de leur première vente de la matinée, le reste de leur étalage pour appeler la « Bonne-Fortune ».

Chaque village a son aveugle, parfois deux, qui cherchent lentement, leur chemin à travers le marché. Ils tapent avec leur canne, la sébile à l'autre main. Des grands-mères usées, leurs dents maculées, d'avoir mâché du bétel pendant des années, le dos à l'équerre, la peau fripée par une vie entière d'exposition au soleil brûlant, dorment sur de grandes tables en bois couvertes d'échardes. La belle couleur de teck, à l'origine, a tournée au gris. Les capacités de résistance originales du bois, ont été affaiblies au fil des générations de pluies tropicales, torrentielles. On y voit des fillettes de deux ans, qui portent des paquets en trébuchant, suivant leurs grands-parents, des filles de quatre ans, qui plient des serviettes, et des adolescentes de 10 ans, qui poussent des chariots à bras, bien après le coucher du soleil. Les garçons du même âge, pendant ce temps là, passent leur temps à jouer.

La journée d'un vendeur, au marché, commence bien avant le lever du soleil et se termine bien après son coucher. Ceci sept jours par semaine, tous les jours que Dieu fait dans l'année. Dans ce genre de métier, il n'existe pas, de jour, et encore moins de semaine de repos, ni de congés payés, ni de couverture sociale, ni d'avantages pour les employés. Le soir, quand les marchands ont vendu leur dernier poisson chat, la dernière patte de porc, le dernier ramboutan ou mangoustan, la crème de courge, ou le kilo de riz, le panier pour riz gluant, ou l'étagère en aluminium - les prêteurs apparaissent. *En un clin d'œil*, le pauvre marchand ou colporteur, est plus riche de 2 000 Bahts – assez pour acheter la nourriture, les médicaments, ou payer pour les frais de scolarité de ses enfants – à un coût qu'il ne peut pas

A 13 ans… la vie commence

s'offrir. Les 2 000 Bahts, sont un prêt pour vingt quatre jours, remboursable tous les soirs à 100 Bahts (5% du montant du prêt). Il aura remboursé 2 400 Bahts – un taux impensable, de 20% d'intérêts, pour vingt quatre jours. Tous les soirs, le prêteur reviendra, armé d'un revolver, pour collecter son poids de chair. On entend souvent, ces petits voyous, menacer, vicieusement, les pauvres commerçants, qui se plaignent que les ventes de la journée n'ont pas été bonnes, de la façon suivante : « Est-ce que tu veux que j'envoie ton âme au Diable ? ». On peut aussi les voir, frapper sur le dos du pauvre débiteur, alors qu'il s'éloigne lentement, sur sa mobylette, avec ses enfants sur le porte-bagages.

Il n'y a que très peu de villageois, qui arrivent à se hisser au dessus du niveau de pauvreté dans lequel ils sont nés – ce qui explique leur vie de boissons et de jeux, vie pour laquelle les paysans sont bien connus.

Un marché Isaan.

Les vendeurs cherchent à se protéger du soleil brûlant sous une bâche délabrée.

Une grand-mère bouchère, fait une bonne sieste, au plus chaud de la journée.

Crime et Passion.

Pour celui qui a de l'influence, qu'il réside à Bangkok ou dans un village, même le meurtre est impuni. En Août 2003, un professeur, chargé de recherche, respecté, âgé de quarante cinq ans, qui enseigne à l'Institut National pour le Développement de l'Administration, a vu sa peine d'emprisonnement commuée. Il avait battu sa femme à mort, avec un club de golf, pendant une crise de jalousie. La peine originale, de trois ans de prison, a été transformée, en cinquante heures de travail communautaire. Son acte de colère avait été provoqué, par le retard de sa femme, à venir le chercher à la sortie de l'Université. Il supposait, qu'elle avait noué une relation avec un autre homme. Les trois juges ont indiqué que «cet homme aimable et bon mari», n'était pas diabolique, mais qu'il avait agit, sous le coup d'une crise de jalousie. L'accusation, n'a pas eu le droit de faire appel, sans l'autorisation des trois juges, ou bien encore celle d'une autre Cour[12]. Son statut personnel et professionnel, l'excusait du meurtre de sa femme. Les qualités de son épouse, mère de ses deux enfants, n'étaient même pas prises en considération.

Il faut réexaminer les valeurs sociales.

Il y a gros problème avec la société thaïe.
Que l'on soit très mauvais, que l'on soit très corrompu,
quel que soit le nombre de personne que l'on a tué,
si on a le pouvoir et l'argent, on est encore respecté.
Auteur : Siva   The Nation, le 18 Mai 2004

A l'occasion de la mort de Thanom Kittikachorn,
L'ennemi le plus farouche de la démocratie.

Le crime et les sans-pouvoirs.

Alors qu'un autre meurtrier est libéré, grâce à ses influences et son importance, les « sans-pouvoirs » continuent à payer le prix de leurs crimes.

1) Un meneur, du mouvement de protestation, de l'usine électrique, Bo Nok, a été jeté en prison, pour un an, parce qu'il avait jeté, à la mer, le téléphone mobile, d'un des dirigeants de la compagnie, suite à une échauffourée. La Cour a refusé de suspendre sa peine.

2) Un truand à la petite semaine, reconnu coupable, d'avoir assassiné un Maire populaire, a été condamné à mort, alors que le politicien fortuné, reconnu comme étant le cerveau de ce meurtre, a été libéré. Il avait annoncé qu'il se suiciderait, s'il était condamné. Il ne l'a pas été.

En 2003, la Thaïlande a démarré ses actions contre, « les influences sombres », principalement une « guerre contre la drogue ». De nombreux petits dealers furent tués par la police, alors que les « gros bonnets » ne furent même pas inquiétés. Seuls ceux qui furent tués, connaissaient les noms, de ces gros bénéficiaires. Il y eu plus de

A 13 ans… la vie commence

2 000 morts, hommes, femmes, et enfants, tués par les assassins payés par le gouvernement. Beaucoup des morts étaient innocents.

Je pense que l'on peut dire, que tous les jours que Dieu fait, on peut lire le récit documenté, des méfaits réalisés par la Police[13], les Membres du Parlement, ou d'autres officiels, qui ont tous été placés dans ces positions de pouvoir, par ces mêmes Membres du Parlement. Le plus souvent, plutôt que d'être forcé à démissionner, ces officiels corrompus, sont « promus » à un « poste inactif », d'où, ils continuent à recevoir un salaire, le plus souvent plus important, que dans leurs fonctions initiales. Seulement, maintenant, ces serviteurs du peuple, n'ont plus vraiment de fonction, jusqu'à leur retraite. En fait, ils ont été *récompensés* de leurs crimes.

La corruption, bien ancrée dans mon pays, commence, au sommet de l'appareil politique, et trouve ses racines, dans les abysses sans espoirs, qui sont le lot, des pauvres de ce pays. En Thaïlande, il y a beaucoup de mouvements contre les pauvres, c'est comme une tornade, pleine de corruption, dans notre système légal et nos politiques publiques. Ceux qui ont le pouvoir, peuvent briser toutes les règles et ne jamais être poursuivis. Notre système légal ne sert, que les riches. *J'étais née dans ces abysses, mais je n'y serai pas confinée.*

La Thaïlande: la capitale mondiale du sexe.
La prostitution : un des passe-temps favoris des Thaïlandais.

Il y aura toujours abondance de clients, qu'ils soient Thaïs ou Etrangers, pour acheter les services des prostituées thaïes, et ce, malgré les dangereuses conséquences, que cela implique. Pour les Thaïs, fréquenter les prostituées, c'est un moment de la vie. Ils le perçoivent, comme le plaisir du café du matin. C'est une des raisons, pour que la prostitution reste aussi élevée[14]. Les femmes thaïes pensent que, quand leurs maris vont voir des prostituées, c'est un moindre mal, comparé à entretenir une « Mia noï » (deuxième épouse). La deuxième épouse à droit, à une résidence séparée, l'entretien et tous les avantages d'une concubine[15] extra- conjugale. Tout ceci, engendrant, une sérieuse perte « du train de vie », pour l'épouse officielle et ses enfants.

A 13 ans… la vie commence

La dualité des standards sexistes en Thaïlande.

Bien que les Thaïs soient, des « hommes à femmes », les épouses thaïes, ne peuvent pas engager de poursuites pour adultère, contre leurs maris vagabonds, à moins de pouvoir prouver, que leur époux, a reconnu sa nouvelle compagne, comme étant sa femme. Au contraire, un mari infidèle, peut engager, des poursuites, contre sa femme adultère, mais il n'a pas à s'inquiéter du « poids de la preuve ». Les maris thaïs, sont aussi exempts de poursuites, pour viol d'épouse. Le viol est illégal en Thaïlande, mais pas le viol entre époux. Ce n'est considéré, que comme une « *violation sexuelle* ». Il en va de même, encore une fois, dans ma culture, les lois maritales et familiales, sont discriminatives pour les femmes.

Les standards moraux sont en chute libre, chez les hommes thaïs, principalement chez les riches, qui considèrent le sexe, comme le plus délicieux des plaisirs, surtout avec « les filles de joie ». Pour cette raison, il n'y a, que peu de rues à Bangkok, qui n'aient pas leur « refuge » du sexe. Beaucoup de males thaïs, paient pendant toute leur vie pour le sexe, même s'ils sont mariés où s'ils ont une compagne attitrée.

- *81% des Thaïs voient des prostituées[16].*
- *6 000 000 de Thaïs utilisent les services d'une prostituée chaque semaine. [17]*
- *100 000 Thaïs couchent avec 26 000 prostituées porteuses du VIH chaque nuit. [18]*
- *Seulement 5% des hommes qui vont voir les prostituées sont des étrangers*
- *400 000 à 600 000 des porteurs du VIH, vivent en Thaïlande, ce qui représente 1% de la population.[19]*
- *97% des conscrits militaires ont visité des prostituées. [20]*

Des représentations érotiques comme celles-ci-dessous sont fréquentes, elles font partie, de la cérémonie d'adieu des conscrits. Mais par le passé, il n'y a jamais eu de preuve, de ces représentations, parce que les caméras étaient interdites. La sécurité était « endormie », à cette cérémonie, ce qui a permit de faire cette vidéo.

Une strip-teaseuse sur une base militaire.

Les soldats prennent des photos, sans interruption, pendant qu'une strip-teaseuse danse. Cette image est tirée d'une vidéo, prise pendant une cérémonie annuelle d'adieu, pour les conscrits au camp de Phokun Phamuang, dans la province de Petchabun.

Les élites officielles du gouvernement ont des raisons d'avoir peur.

Les officiels devinrent paranoïaques, quand un Membre du Parlement, annonça aux reporters, qu'une ravissante prostituée de sa province du Nord (Chiang Rai), était morte du SIDA. Avant sa mort, elle avait remis une liste, aux services de santé de Chiang Rai. Cette liste, contenait les noms de vingt et un membres, importants, du gouvernement. Ils avaient tous utilisé ses services. *Ce n'était qu'une prostituée occasionnelle, qui ne traitait que les huiles officielles.*[21]

A 13 ans… la vie commence

Le trafic humain.
La connexion thaïe.

« …*la troisième, plus importante source de profit,*
pour le crime International organisé,
juste derrière la drogue et les armes. »

Madeleine K. Albright
Secrétaire d'état : administration de Clinton

Ma vie est loin, d'avoir été, un conte de fée
mais elle a été meilleure, que celle de centaines d'autres filles,
de mon village, et bien meilleure, que celle de dizaine de milliers
de filles, provenant de villages, frappés par la pauvreté, dans des
pays voisins, dont les vies se sont souvent arrêtées trop tôt,
pendant qu'elles n'étaient rien d'autre que des esclaves sexuelles,
pour les hommes de mon pays, la Thaïlande.

Quatre vingt pour cent des prostituées de Thaïlande, arrivent du Nord-est, l'endroit où je suis née. Elles viennent de mon village, ou de villages semblables, qui abondent en Thaïlande, en Asie du Sud-est et de partout dans le Tiers-Monde. Tragiquement, beaucoup trop de ces enfants et très jeunes femmes, sont pris dans les filets du trafic humain. Le pire des crimes contre l'humanité. C'est ici, le lieu, pour parler de ce fléau, même si nous ne pourrons pas développer le sujet. J'espère seulement, qu'en le faisant, je ne nuirai pas à ces millions de victimes. Le trafic humain, est un crime inqualifiable, qui ne mérite pas le pardon. J'aurai pu très facilement, en être une des victimes. J'ai eu de la chance ! J'ai évité le cauchemar de la vente en esclavage sexuel, alors que j'étais encore dans mon village, et j'ai réussi à échapper aux trafiquants en allant à Bangkok, alors que j'étais encore très jeune. J'ai vraiment eu beaucoup de chance.

La contrebande et le marché des humains,
génèrent environ 9.5 milliards de US$ de profits,
pour les organisations criminelles mondiales.

Estimations du Secrétariat du Seameo (6 juin 2000)

A 13 ans… la vie commence

L'esclavage sexuel

« Je n'ai jamais été vendue, seulement exploitée et épuisée »

C'est de toutes les provinces pauvres, et des bidonvilles d'Asie du Sud-est, que proviennent les très jeunes gens, qui deviendront les victimes de l'esclavagisme sexuel, et du travail. Cette activité est toujours bien vivante, et prospère, même en ce début de nouveau millénaire. Les dernières statistiques indiquent, que vingt sept millions de jeunes filles et garçons, jeunes femmes et hommes, sont maintenus en esclavage dans le monde (prostitution ou travail forcé), dont un million d'enfant en esclavagisme sexuel et prostitution en Asie[22].

Mon pays, la Thaïlande, est souvent au centre de cette impitoyable et cruelle mécanique. Les ligues des Droits de l'homme et de nombreuses ONG, citent mon pays, comme le premier lieu de transit pour les trafiquants[23], ce qui implique, que mon pays reçoit et envoie ses victimes. Les jeunes femmes et les enfants, de tous les pays du Tiers Monde, sont les plus vulnérables. Ils sont vendus, ou trompés, pour finir dans la prostitution, les jeunes garçons sont eux aussi exploités. Ma province d'Ubon, fait partie des régions, où les ligues de Droits de l'Homme, en accord avec des travailleurs sociaux, Thaïs, officiels ou non officiels, œuvrent pour sauver ces victimes d'un destin « pire que la mort ».

- 200 000 prostituées travaillent en Thaïlande – sans compter les prostituées étrangères[24] Les ONG sont d'accord, pour dire, que 25 à 30 % sont mineures.
- 700 000 à 1 000 000 de prostituées, y compris 200 000 prostituées thaïes travaillant à l'étranger, sont les chiffres les plus fréquents des ONG (comparés aux statistiques d'ECPAT plus haut)[25].
- 200 000 enfants, ont été trafiqués des contrées avoisinantes, en Thaïlande, pour la prostitution, les chantiers, les ateliers clandestins[26].

L'esclavage, les contrats "d'apprentissage" et le travail forcé, sont tous des crimes contre l'humanité, pour lesquels, les instigateurs gagnent des fortunes (40 milliards de US$ par an) [27], aux dépens des pauvres et des « sans pouvoir ». Ces crimes coûtent, trop souvent, leur vie aux trafiqués. Bien que l'engagement de la police en Thaïlande, soit sous documenté, c'est un fait bien connu des victimes, de ceux qui essaient de sauver ces jeunes filles, et de ceux qui sont engagés dans cette lutte. La police est coupable de trafic, d'accepter des pots de vins, de posséder des bordels, de viols et même de meurtres sur leurs victimes.

Ni la police thaïe, ni les officiers aux frontières, pas plus que les officiers d'immigration, aux nombreux points d'entrée et de sortie, qui entourent mon pays, n'ont jamais été reconnu coupables, de trafic humain sur les pauvres, ni de suspecter les immigrants illégaux, qui sont introduits en Thaïlande.

Grâce aux « protecteurs » de ces immigrants, payés, et aux officiers d'immigration, achetés, le trafic est une grande réussite, très lucrative. Tout ceci rend très difficile, voir impossible, l'arrêt de telles pratiques criminelles.

Quand les trafiquants, achètent des filles, qui sont récalcitrantes pour coopérer, les jeunes victimes sont battues, violées, et affamées jusqu'à ce qu'elles plient. Elles sont menacées de mort, sur elles, ou sur leurs familles, jusqu'à ce que leurs dettes soient payées. Beaucoup de filles sont mortes, durant la période « d'assouplissement ». Bien que ce soit un rituel, peu de filles y échappent. Le but est d'anéantir leur volonté, et de détruire leur propre respect d'elles-mêmes. Les agents recruteurs, et les patrons de bordels, préfèrent aller dans les tribus des montagnes, pour y trouver des jeunes filles qui n'ont que peu (ou pas du tout), d'expérience des métiers du sexe. Les patrons de bordels et leurs clients, veulent des filles qui ne soient pas éduquées et que l'ont peut facilement manipuler[28].

Bien que le trafic humain, ait été une tragédie, aux proportions gigantesques, depuis des centaines d'années, ce qu'ont subi les victimes ne vient pas assez souvent au plein jour. C'est seulement, lorsqu'une histoire aussi terrible que celle de Puongtong, vient à être connue, que nous nous souvenons, que le kidnapping ou la vente de jeunes filles, est encore un fait actuel, bien vivant et prospère. Ces tragédies n'arrivent pas seulement dans des pays du Tiers Monde, *mais aussi dans les pays industrialisés* – et ce au vingt et unième siècle. L'histoire de Puongtong Simaplee, une jeune femme thaïe de vingt sept ans, qui a été prise et vendue, à la prostitution à l'âge de douze ans, a fait la une des journaux du monde entier. Son cas était l'exception. Les horreurs, les coups, la torture, la famine que subissent journellement les filles, retenues dans les bordels et sous toute autre forme d'esclavage, sont souvent, seulement découverts, (et même pas toujours) par les organisations chargées d'aider et de sauver ces pauvres créatures. Souvent ces jeunes filles, n'ont ni la force, ni le courage, d'expliquer la terreur à laquelle elles ont été soumises, même après leur sauvetage.

Puongtong est morte, étouffée dans son vomi, alors qu'elle était retenue au Centre Pénitentiaire d'Immigration Villawood à Sydney, en Australie en 2001, où elle a passé les trois derniers jours de sa vie. Elle pesait seulement 31 kilos, elle souffrait de manque d'héroïne. Elle avait vomi pendant soixante cinq heures, dans le petit seau où elle conservait ses affaires de toilettes, elle n'avait reçu aucun soin médical. Tant que de telles tragédies seront permises et se renouvelleront, on ne pourra pas se considérer dans un monde civilisé. Elle avait été esclave pendant 15 ans. Suite à la sortie de son histoire, deux ans après sa mort, ses parents persistent à dire, qu'elle n'a jamais été « emmenée » ou vendue. C'est une réponse courante, de la part de parents de prostituées, et encore plus fréquente, pour ceux dont les enfants sont morts si tragiquement. Le fait d'admettre que, leur fille est morte comme prostituée, ferait perdre la « Face » aux parents. *Son échec en temps que prostituée, serait une plus grande humiliation que la tragédie de sa mort.*

A 13 ans… la vie commence

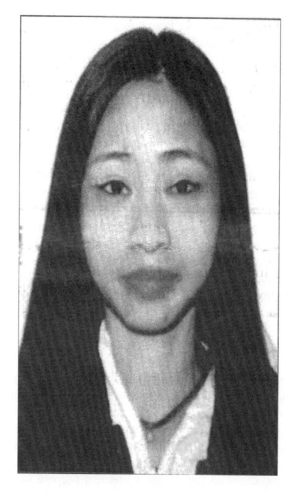

Puongtong Simaplee.

L'histoire, de la courte et tragique vie de Puongtong, n'est pas différente de celle de ces quatre millions, de femmes et d'enfants, dans le monde, qui ont été réduit à cet état de « chose ». Elle est importante, parce que son histoire est, celle de millions de jeunes femmes trafiquées, certaines ont survécu à ce terrible cauchemar, et beaucoup d'autres pas. Son histoire aurait pu être leur histoire, ou la mienne.

A 13 ans... la vie commence

Même si l'histoire de Puongtong, « emmenée », n'est jamais prouvée, il y a des milliers d'autres jeunes femmes, en Thaïlande et dans le reste de l'Asie du Sud-est, qui pourront partager leurs histoires. Etre forcées de travailler comme esclave sexuel, être tenues prisonnières dans des « maisons closes », en Australie et n'importe où, ailleurs dans le monde, est le lot commun de beaucoup d'entre elles. Plus récemment, des femmes ont raconté, s'être « occupé » de milliers d'hommes, gratuitement pour repayer les 810 000 à 1,35 million de Bahts (20 250 à 33 750 US$), de leur contrat de dettes. Si elles refusaient, elles étaient violées, battues, et droguées de force, comme l'a été Puongtong, selon son témoignage, avant sa mort. [29]

Deux ans après la mort de Puongtong, on a estimé que l'industrie du trafic en Australie, rapportait cent cinquante millions de US$ par an. Une augmentation, significative, de cinquante millions, par rapport aux mêmes estimations, cinq ans auparavant. Ce trafic, touchait environ mille cinq cent femmes. Quoi qu'il en soit, le gouvernement australien, a indiqué que l'esclavage sexuel, n'était pas un problème. En fait, en 2003, personne n'avait jamais été arrêté, ou poursuivi, pour avoir enfreint les lois sur l'esclavagisme sexuel.

Quand les officiers d'immigration font une descente dans les bordels, ils ne veulent pas écouter les histoires des femmes. Les victimes, sont emmenées dans des centres de détention, pour y attendre la déportation. Une jeune femme courageuse, a donné des informations à la police fédérale, après avoir aidé quelques filles à s'échapper, mais la réponse des autorités fut qu'ils n'allaient prendre la moindre mesure – en fait ils ont seulement préparé sa déportation. Quand les témoins sont déportés, il ne peut pas y avoir d'accusation. [30]

Les familles thaïes exploitent leurs enfants.

Pour la majorité des gens dans le monde, il est inconcevable, que des parents vendent leurs enfants. Mais en Thaïlande, cette pratique existe, surtout en Isaan, ou dans les tribus pauvres des montagnes – bien que ce soit maintenant devenu illégal. Il y en a, qui voient les pays du Tiers-Monde, d'un bon œil, et croient que la pauvreté abjecte est la *seule* raison, qui pousse les familles à vendre leurs enfants, pour en faire des esclaves sexuels, toute leur vie.

A 13 ans… la vie commence

Quelque fois, c'est vrai, les filles sont sacrifiées, pour permettre au reste de la famille de manger[31]. Mais ce n'est pas toujours le cas. Si c'était la seule raison, dans les pays, qui, comme la Thaïlande, sont récemment devenus industrialisés, on enregistrerait une baisse, du nombre des filles, qui viennent aux métiers du sexe. Au lieu de ça, il apparaît fortement, que l'envie – le besoin, qu'à la famille de posséder des biens de consommation, soit la raison principale, de la vente de beaucoup de jeunes filles. Depuis le début des années 70, et ce sans faillir, le nombre des filles qui quittent le Nord et le Nord-est pour venir travailler dans mes métiers du sexe, ne fait qu'augmenter. *Ma mère, n'a jamais fait la moindre objection, quant à mon choix de carrière. En fait, elle m'encourageait à poursuivre, toute activité possible, tant que l'argent rentrait, le plus d'argent possible*

Les femmes thaïes, ne sont qu'une autre sorte, de récolte
Proverbe thaï

Certaines familles, croient sincèrement, que vendre son corps, c'est un moyen facile, de gagner de l'argent. Ils ne considèrent pas du tout, que d'envoyer leur fille, dans ce métier est un sacrifice. Si la fille se retrouve dans un bordel, un homme de la famille ira récupérer ses gains. Si elle a « la chance » d'être free-lance, sa famille, attendra son coup de téléphone, indiquant que, l'argent a été déposé sur leur compte. *Ma mère attendait, avec impatience, tous mes coups de fil.*

Aussi, beaucoup de filles, comme moi, choisissent de rentrer dans ce métier, pour rendre plus belle la maison de leur famille, acheter des mobylettes à leur frère, des bijoux en or à leur mère, et les derniers produits de consommation pour leur parent. Ces achats n'ont qu'un but : « La Face ». Au début, je voulais compenser la mort de mon père. Ensuite j'ai voulu améliorer le « standing » de ma famille dans le village, en commençant par mes sœurs, pour qu'elles reçoivent une éducation, qui les maintienne loin de la vie que je menais. *J'ai fait ce choix.* Il y a beaucoup de villages, où chaque famille a, au moins une fille prostituée, pour les entretenir – volontairement ou involontairement. Le nombre de prostituées non consentantes, est très important. Il est de 64% pour les filles de seize à dix neuf ans[32].

A 13 ans… la vie commence

Amnistie Internationale, indique que, l'âge moyen des 4 millions de femmes et d'enfants, qui subissent le trafic pour la prostitution, est tombé à neuf ans - et parfois moins. Les enfants sont vendus, trompés ou drogués pour rentrer dans la prostitution. Il y en a qui sont morts brûlés dans leurs lits, quand leurs bordels ont pris feu, certains ont été tué par leurs trafiquants et par les policiers - quelque fois la même personne.

En ce qui concerne les très jeunes filles, il y a une idée fausse, parmi les hommes asiatiques, qui croient fermement, que les jeunes enfants ne sont pas capables de transmettre le virus VIH ou le SIDA. C'est pour cette raison, que les Japonais, insistant, pour avoir des filles saines, vont dans les collines. Ils veulent des filles « garanties fraîches, sûres et pas chères »[33]. Maintenant, il y a de plus en plus, de jeunes femmes thaïes qui sont envoyées au Japon. Beaucoup d'hommes asiatiques, -principalement les Chinois, croient, que … « faire l'amour avec de très jeunes filles, améliorera leur virilité, soignera une maladie vénérienne, ou leur apportera le succès dans les affaires »[34].

« Mon seul regret, c'est que j'aurai du demander plus. »

C'est la réponse d'une femme des tribus du Nord de la Thaïlande, à la question d'un reporter, qui lui demandait si elle avait des regrets, d'avoir vendu sa fille de 14 ans, pour qu'elle aille se prostituer….
Pour seulement 12 US$.

Mûre pour le trafic.

Les filles des provinces du Nord-est, ou des tribus de Thaïlande, proviennent de familles, qui sont financièrement désespérées. Les filles des tribus, subissent en plus le racisme, on leur refuse la nationalité Thaï, l'éducation, et la liberté de quitter légalement leur ville. Elles sont jeunes et *« mûres pour le trafic »*. Les agents pour les bordels, vont dans les montagnes de ces tribus, ou dans les plaines du Nord-est, à la recherche d'enfants disponibles, dont les parents, pauvres, sont prêts à se séparer, pour quelques bahts. A la simple promesse, d'un emploi à Bangkok où dans une autre grande

A 13 ans... la vie commence

ville, on les enlève à leurs familles, et souvent on ne les revoit jamais. Il y a des filles, âgées parfois de onze ans, qui sont enfermées dans des bordels[35]. Celles de douze ou treize ans, si elles ne sont pas vendues immédiatement, sont entraînées dans les métiers du sexe, en échange d'un dépôt, remis aux parents par les « agents recruteurs ». Cette pratique est souvent appelée :

« *Récolter le riz quand il est encore vert* »

Le lecteur sera encore plus choqué d'apprendre, que des femmes enceintes, promettent l'enfant, qu'elles ont *encore dans le ventre*, à des agents, pour la prostitution. Des parents, opiomanes, dans le Nord de la Thaïlande, principalement vers la frontière de la Birmanie, se sépareront de leurs enfants pour assouvir leur besoin de drogue. Les chefs de village servent d'intermédiaires, dans la vente d'enfants du village, pour financer leur train de vie, et leur dépendance à la drogue, alors que d'autres familles, vont vendre leurs rejetons, pour acheter des téléviseurs. Malheureusement, ce ne sont pas des cas isolés[36]... Des enfants, à peine âgés de sept ans, ont été vendus dans des bordels. Une petite fille, qui a été sauvée à l'âge de douze ans, était porteuse du VIH[37]. D'autres filles, sauvées, racontent avoir été vendues, et forcées, à avoir des rapports avec quatre ou cinq hommes, par jour, d'autres encore, montent ce compte à trente par jour - *sans même être jamais payées. Ces histoires sont fréquentes et se retrouvent dans tous les recoins de la Thaïlande, particulièrement dans les provinces pauvres.*

Bien que je n'ai jamais subi le trafic, pour l'esclavage sexuel, j'ai été, une, parmi des dizaines de milliers, à faire le choix personnel de vendre mon corps à des étrangers. Je peux comprendre, au plus profond de moi-même, la grande peine, l'énorme tristesse, et le sentiment morbide qui existe chez ces victimes – alors qu'elles restent en vie.

Les Thaïs exploitent les Thaïs.

Les statistiques, citées dans ce chapitre ne sont, que des chiffres. Bien qu'explicitent, elles ne peuvent pas refléter le traumatisme subi par ces jeunes victimes, ni l'humiliation et l'abandon qu'elles ressentent. Mais par-dessus tout, ces chiffres ne montrent pas le vide absolu que souffrent ceux qui sont exploités. Chaque statistique, reflète l'histoire de la vie d'une personne, une vie récente, ou actuelle, dans ce millénaire, ou les Thaïs et d'autres, complètement démunis du moindre sentiment d'humanité, profitent des faibles, des vulnérables, même si leur victimes sont leurs propres concitoyens.

Les hommes, les femmes et les adolescents, sont coupables du trafic humain – ils achètent et vendent leurs victimes, comme si c'était du bétail. Les captifs n'ont de la valeur qu'en fonction de ce qu'ils rapportent à leurs ravisseurs. En Thaïlande, des milliers de trafiquants, la mafia ou des gangs moins organisés, sont en chasse à tout moment. J'essaie de mettre un nom, sur ces chiffres, chaque fois que cela est possible, et d'y voir des victimes de chair et de sang. Chacune est la fille, la petite fille, la sœur, la tante, la nièce ou la cousine de quelqu'un. Chacune est un être vivant, respirant, qui a été violée, et à laquelle on a refusé les droits humains. Chacune est beaucoup plus qu'une simple statistique.

En Europe, Australie, Asie, Asie du Sud-est, plus spécialement mon pays, la Thaïlande, de partout, où des gens n'existent que pour amasser des fortunes, par *tous les moyens – y compris l'esclavage, des pauvres et des faibles – on trouvera des Thaïs, non seulement parmi les exploités mais aussi comme exploiteurs.* Si les filles ne sont pas kidnappées, ou vendues carrément par leurs parents, elles sont trompées, avec la promesse d'un bon travail bien payé. Elles sont enfermées dans des bordels, affamées, battues, brutalisées et menacées de mort, pour elles ou leur famille, si elles tentent de s'enfuir. Quand elles arrivent, dans un des principaux centres touristiques, une ville bordel en Thaïlande, - ou dans un pays étranger où elles sont rentrées illégalement, elles réalisent, qu'elles ont déjà une dette énorme, envers leurs trafiquants. Dette, qu'elles ne peuvent repayer qu'en se vendant. Elles sont forcées de payer 2 700 US$ en moyenne si elles sont trafiquées en Thaïlande et jusqu'à 110 400 US$ si c'est à l'étranger. Les enfants et les jeunes femmes, auront à « s'occuper », d'une centaine à un millier d'hommes. Il leur faudra travailler entre six mois et plusieurs années, sans jamais recevoir le fruit de leur travail, jusqu'à ce que ces montants illégaux soient repayés.

A 13 ans... la vie commence

Leurs dettes continuent de grossir, car, en plus, on leur compte, la chambre et la nourriture, les articles d'hygiène personnelle, le maquillage et les vêtements, le tout à des prix gonflés. Si une fille est autorisée, à rentrer chez elle, pour une visite, le propriétaire de son bordel, conservera plusieurs milliers des dollars qu'elle a gagnés, même si sa dette a été repayée. Il s'assurera ainsi de son retour. Beaucoup de filles sont en dettes, avec les patrons de leurs bordels, les uns après les autres, toute leur vie, parce qu'elles sont revendues, ce qui les oblige à payer le coût de leur revente, chaque fois. Ce qui fend aussi le cœur, c'est que leurs jeunes existences, sont interrompues trop tôt, car elles contractent souvent le VIH et le SIDA.

L'aide est possible.

Heureusement, il y a en Thaïlande un bon nombre d'organisations populaires, dont le seul but est de sauver ces enfants, et de les empêcher d'être vendus dans les bordels ou au pédophile le plus proche. *Le Programme de Développement et d'Education pour les Filles et le Centre Communautaire (DEPDC) à Mae Sai, à la frontière entre la Birmanie et la Thaïlande,* dont le créateur, Sompop Jantrak fut deux fois nommé pour le prix Nobel. Il fournit l'éducation, la formation pour un emploi, et une aide à l'emploi. La nourriture et un abri sont aussi proposés, quand les filles sont trop vulnérables pour être laissées au domicile de leurs parents. Si les filles sont capables de rester chez elles, on leur paie le coût de l'enseignement, les livres, les uniformes, les repas de midi, le transport et les équipements. L'organisation de Sompop, sauve chaque année, des centaines de filles, et depuis 1989, c'est un millier de filles qui ont pu être sauvées. C'est parce que, Sompop a choisi de sauver, des jeunes filles à risques, qu'il est traqué journellement, et même menacé de mort. Les « agents recruteurs » pour les patrons de bordels, et tous ceux qui ont perdu l'accès à cette manne, que les enfants auraient rapporté, le harcèlent et l'intimident continuellement. Mais, même avec une vie, en chaos perpétuel, il ne se laisse pas impressionner.

Comme Sompop, Guljohn Jeamram, un Thaï de trente ans, a la mission de sauver les enfants – principalement ceux des minorités ethniques, des deux côtés de la frontière entre la Birmanie et la Thaïlande. En 1999, il a crée « La Vie des Enfants » (Childlife). Il offre un toit aux enfants à risques et à ceux qui sont déjà drogués, ou qui vendent de la drogue[38].

La Maison du Port (Harbour House) est un autre refuge dans le Nord de la Thaïlande, qui fournit le logis et la nourriture, l'éducation, la formation aux taches de la vie quotidienne, une formation professionnelle, des gens qui sont à la disposition des jeunes filles vulnérables. Cette organisation s'occupe principalement des filles des tribus qui risquent de tomber aux mains des trafiquants, ou de rentrer dans l'industrie du sexe. La Maison du Port a été fondée en 1995, grâce aux efforts de la femme d'affaires, écrivain, Lady Chumnongsri Hanchanlash. Il y a aussi, dans cette organisation le « Programme Outreach », qui éduque et informe la communauté, des besoins et droits, des femmes et des enfants.

Sompop, Guljohn et Lady Chumnongsri ne sont pas seuls.
Le YMCA participe aussi au sauvetage !!!

En 1995, le YMCA (Auberge de Jeunesse Chrétienne) de Bangkok, a mis en place, un programme qui s'est développé sous forme d'internat. Situé non loin de la cité de Phayao, il prend en charge, 54 enfants à risque dans le domaine des abus sexuels, de la prostitution et du risque d'être vendu. Les agents du YMCA, vont eux aussi, dans les montagnes et les plaines, pour y rechercher, les mêmes parents que les trafiquants. Mais les représentants du YMCA, n'offrent jamais d'argent, au lieu de ça, ils promettent aux parents d'offrir un environnement sûr, où les enfants seront élevés, nourris et bénéficieront d'une éducation gratuite – *ce que le gouvernement thaï ne garantit pas*. Ce programme pour éduquer les plus vulnérables, est au cœur du combat pour détruire cette gangrène, qui ronge mon pays, comme d'autres pays sous-développés.

Kred Takam.

Perché sur une île sur le Chao Praya, la rivière de Bangkok, il y a Kred Takam, il a un refuge pour les filles qui ont subi le trafic, et qui ont été sauvées des bordels ou de leurs employeurs thaïs abusifs. En 2002, deux cent quarante deux filles, résidaient dans ce centre, la moitié d'entre elles en provenance de Birmanie, du Laos, du Vietnam, et de Chine du Sud. Une éducation professionnelle, des classes de coiffure, massages des pieds, aérobics, tissage, ordinateurs, batik et anglais sont offertes, dans le but d'enseigner les techniques, qui permettront aux filles, de se suffire à elles mêmes, légalement. Les proxénètes ont essayé de soudoyer les filles, les patrons de bordels, eux, ont essayé de récupérer leurs gagneuses. Quelques filles ont été sauvées une nouvelle fois, après avoir été renvoyées chez elles. Les parents, les avaient renvoyé, faire le même travail, que précédemment en Thaïlande. Cette organisation s'occupe aussi d'enfants Cambodgiens, âgés de trois ans, qu'on a trouvé en train de mendier et de vendre des fleurs, dans les rues de Bangkok.[39]

Les Thaïs exploitent les Birmans, les Laos, les Cambodgiens et les Chinois en Thaïlande

Les Thaïs n'exploitent pas seulement leurs compatriotes, ils exploitent aussi plus de deux millions de victimes des pays voisins, y compris la Chine. En 1994, il y avait plus d'un million de réfugiés politiques et économiques Birmans, en Thaïlande - soit 50% du total des victimes. Entre vingt à trente milles femmes Birmanes, travaillaient comme prostituées[40] dont 60% d'entre elles âgées de moins de dix huit ans[41]. Dix ans plus tard, le nombre de Birmans a augmenté de 50 à 89%. Beaucoup d'entre eux sont les victimes du trafic. A leur retour dans leur pays, ils étaient arrêtés pour départ illégal, ou prostitution. Les officiels de leur gouvernement, leur faisaient une injection de cyanure, dans le but de stopper la propagation du VIH.

Les étrangers exploitent les filles thaïes chez eux.
Japon.

Aussi facilement que les Thaïs exploitent leurs ressortissants et des étrangers, dans l'esclavage, les étrangers exploitent les Thaïs. Le Japon, l'Australie, et presque tous les pays d'Europe, sont des pays receveurs de Thaïs. Le Japon, a la réputation d'être le plus grand importateur et exportateur dans l'industrie du sexe asiatique, et ce depuis plusieurs décades. Ils exportent 80% de la pornographie infantile qu'on peut trouver sur Internet. Dans les années 70 et 80, des ONG en Thaïlande et aux Philippines, ont commencé à protester au sujet des voyages sexuels, organisés, dans leurs pays. Tout avait commencé dans les années 60. En réponse, les jeunes femmes ont été envoyées au Japon, au lieu de rester chez elles, pour prodiguer leurs services sexuels.[42]

Il y a plus de trente mille femmes thaïes, qui travaillent comme prostituées, en même temps, au Japon[43]., dont cinquante meurent du VIH SIDA, chaque année. Beaucoup ont été trompées, par la mafia japonaise (Yakuza), pour entrer au Japon sous le prétexte d'un bon emploi. Ces jeunes femmes, entrent illégalement, leurs passeports sont confisqués, et on les oblige à rembourser des dettes de voyage, phénoménales. On les déplace souvent d'un bordel à l'autre, pour qu'on ne puisse pas les retrouver. Bien que beaucoup soient infectées par le VIH SIDA, où le développe après leur arrivée au Japon, elles n'ont pas droit aux soins médicaux, car elles sont le plus souvent rentrées illégalement. Elles doivent continuer à se prostituer, jusqu'à ce que, trop malades, elles soient renvoyées en Thaïlande pour y mourir, ou pour finir de payer leur dette – dans ce cas elles sont récupérées et déportées. Environ trois mille femmes, chaque année, réussissent à s'échapper de leur bordel au Japon, pour aller à l'Ambassade de Thaïlande.

Un événement dans l'histoire du dédommagement.
Pour la première fois en Thaïlande, une femme thaïe de trente huit ans, attaque ses trafiquants Thaï/Japonais, au Tribunal civil pour 4.68 Millions de Bahts (118 000 US$)

Urairat Soimee, une pauvre paysanne, sans éducation, avec un mari handicapé, trois petits enfants affamés, sans accès au monde extérieur, a été trompée pour partir au Japon avec la promesse d'un emploi de serveuse, bien payé, par un couple Thaï/Japonais aisé et apprécié de son village. La jeune femme a emprunté 40 000 Bahts (1 000 US$) pour payer les frais de voyage au couple.

Immédiatement après son arrivée à Narita (l'aéroport de Tokyo), Urairat a été emmenée dans un bordel à Nagoya, où on lui a signalé qu'il fallait qu'elle se prostitue, pour repayer le patron du bordel 1 840 000 Bahts (46 000 US$). Elle était surprise au début, car elle était venue au Japon pour trouver un emploi de serveuse. Elle s'est ensuite énervée et elle a supplié qu'on la renvoie chez elle. On lui a répondu que si elle ne faisait pas ce qu'on attendait d'elle, elle serait envoyée sur une île, où on l'enfermerait dans une pièce, pour attendre les clients toute la journée. Si elle essayait de s'enfuir, elle serait noyée dans la mer. On a envoyé des gangsters pour la terroriser et le mari de la Mamasan a menacé de la tuer. Urairat a accepté d'obéir. Pendant les mois qui ont suivis, elle a été violée, torturée, battue par des ivrognes, sales, et sadiques, qui sont même allés jusqu'à voler le peu d'argent qu'elle avait sur elle. La Mamasan gardait ses pourboires et lui infligeait une amende de 66 700 Bahts (1 668 US$) si les clients n'étaient pas satisfaits. Elle devait payer, la chambre, la nourriture, les médicaments et même les coups de téléphone, qu'elle devait passer à la Mamasan, pour lui dire que le client avait fini, et qu'elle pouvait lui envoyer le suivant. Peu de temps après son arrivée, elle a contracté une maladie sexuellement transmissible douloureuse, mais elle a dû continuer à travailler.

Cinq mois plus tard, Urairat avait repayé sa dette d'origine et elle a demandé à ce qu'on la libère. On lui a appris qu'elle avait été revendue à un autre gang et qu'elle devait à nouveau 333 000 Bahts (8 325 US$). Au désespoir de retrouver sa liberté, elle s'est rapprochée d'une autre femme de son village (qui avait été abusée par le même couple), qui à son tour a contacté un ami thaï qui travaillait dans la même ville, pour aider son amie à s'enfuir. Dans le pugilat qui s'en est suivi, Urairat, s'est échappée, et elle à appris un peu plus tard, que l'homme avait malencontreusement tué la Mamasan. Il a été condamné à dix ans de prison.

Urairat a plaidé l'innocence, pour le meurtre, mais elle a été maintenue pendant cinq ans à l'isolement, le temps que la justice se mette en marche, (toujours aussi rapidement). Elle fut condamnée à sept ans d'emprisonnement. Après trois mois de prison, elle a appris que la douleur abdominale, qu'elle ressentait était un cancer des ovaires en phase finale. Les métastases avaient atteints, sa poitrine, son foie et d'autres parties de son corps. On a reconnu que sa maladie pouvait être due à la prostitution. Les autorités japonaises l'ont autorisée à rentrer en Thaïlande.

Bien que tragique, le cas d'Urairat est aussi très important dans un pays, où le trafic humain sévit. C'est non seulement, le premier cas, contre les trafiquants d'esclaves, mais aussi, les victimes qui ont été trompées jusqu'à entrer dans la prostitution, jusqu'à maintenant, ne portaient pas plainte par peur ou par honte d'être condamné par la société thaï. Urairat espère que son cas fera jurisprudence, et que les trafiquants, seront enfin poursuivis, devant les tribunaux, tant Civils que Pénaux. Elle n'a plus que quelques mois à vivre, et ne pense pas voir la fin du procès.

02/02/ 2006

Europe.

On trouve des prostituées thaïes, un peu partout en Europe de l'Ouest. Elles ont souvent été amenées, par leurs copains ou le nouveau mari qu'elles se sont trouvées, qui lui, ne les a épousées que dans ce but. Quelque fois cet arrangement est réalisé, en accord avec la jeune femme, et d'autre fois elle n'en a pas la moindre idée. Souvent, elle s'est mariée, croyant avoir trouvé une nouvelle vie, un homme qui allait s'occuper d'elle, et qu'elle allait enfin pouvoir laisser la prostitution derrière elle. La Grande-Bretagne, le Danemark, la France, la Suisse et les Pays-Bas, sont des destinations, très populaires, pour le tourisme sexuel. Chaque année, environ trois mille cinq cent femmes, en provenance d'Asie et des pays d'Europe de l'Est, sont trafiquées en Hollande, pour travailler dans des bordels secrets, ou des Agences d'Escorte illégales, où elles sont souvent retenues, captives et abusées, sexuellement[44]. L'Allemagne et l'Italie, sont les mieux placées, au niveau de l'esclavagisme sexuel en Europe.

L'Esclavage au travail,
Hommes, Femmes, Enfants.

Quelquefois, le trafic ne consiste pas, seulement à vendre, des jeunes filles pour le cauchemar de l'esclavagisme sexuel. Quelquefois, c'est dans le but de servitudes sous contrat, que les trafiquants opèrent à nouveau, sans merci. D'autre fois encore, c'est dans le seul but de l'extorsion, que les trafiquants agissent avec avidité, et sans état d'âme. Dans un cas 30 femmes et enfants Birmans ont été emprisonnés dans un immeuble fermé, forcés de travailler seize à dix huit heures par jour, avec seulement deux repas autorisés et un salaire de 1 200 à 1 500 Bahts par mois qui ne leur serait payé qu'après qu'ils aient effectué un an de travail. Quelques travailleurs ont réussi à s'échapper ce qui a permit la libération du reste. Mais l'employeur continuait à refuser de payer les salaires et les heures supplémentaires. Lors d'une action retentissante un trio d'avocates courageuses cherchant à rétablir la justice a défendu cette affaire devant le Tribunal du Travail. Alors que toutes les chances étaient contre-elle, elles ont réussi à convaincre le tribunal que les lois du travail n'étaient pas discriminatrices et qu'elles s'appliquaient à tous – y compris les travailleurs immigrés illégaux. La Cour a décidé en leur faveur et a ainsi crée un précédent. Pour la première fois un employeur a été contraint de payer ceux qu'il avait réduits à l'esclavage. Cinq ans plus tard, rien n'a encore été payé.

Cet arrêt de la cour n'a pas empêché d'autres employeurs de continuer à profiter des travailleurs immigrants qui dans le passé ont été tués ou qu'on a fait 'disparaître' quand ils se plaignaient des conditions inhumaines de travail et des salaires non payés. Cette brutalité a intimidé et terrifié certains qui ont aussi cherché à se plaindre. Quand des travailleurs immigrants illégaux sont découverts, ils sont expulsés sans toucher leur salaire.

Deux enfants des rues parmi les milliers de Bangkok

Photographe, Philippe Lopez

Un travailleur immigrant birman.

**Photographe : Sanitsuda Ekachai.
Remerciements pour la photo au Bangkok Post.**

On refuse aux immigrants, les droits humain, les plus élémentaires et on refuse à leurs enfants le droit à la nationalité (on ne prend pas en compte leur certificat de naissance) le droit à l'enseignement, et aux soins médicaux. Ces enfants sont facilement exploitables et ils ont enrôlés dans des gangs de mendiants.

A 13 ans… la vie commence

« En Asie du Sud-est, la majorité des victimes du trafic sont enrôlés dans la prostitution, bien que d'autres soient trafiquées pour un travail de forçat (mines, marchés, usines), les travaux domestiques, les mariages forcés, et plus récemment pour travailler pour les gangs de mendiants en Thaïlande… »[45] Il y a quinze mille enfants des rues en Thaïlande, dont plus de cinq mille à Bangkok[46]. Beaucoup sont des immigrants du Laos, du Cambodge et de Birmanie et ils sont en danger d'être trafiqués.

Un fils vendu en esclavage.

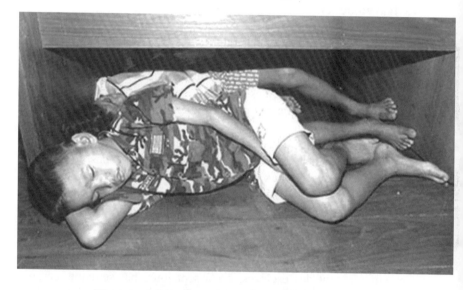

Photographe : Boonarong Bhudhipanya.
Remerciements pour la photo au Bangkok Post.

Lek, douze ans, endormis sous un bureau, au poste de police, après son sauvetage.

Les gangs de mendiants.

Les enfants, qui ont été vendus, à des gangs de mendiants, qui fleurissent en Thaïlande, sont obligés de vendre des fleurs ou des babioles. S'ils n'arrivent pas à faire leur chiffre, ils ne sont pas nourris, ils sont battus et même torturés. Ils travaillent souvent de

119

A 13 ans... la vie commence

vingt deux heures à six heures du matin. Lek, un garçon de 12 ans, a été vendu par son père, comme esclave pour 1 000 Bahts (25 US$). Son père lui a dit d'envoyer, 30 000 Bahts à la maison, comme dépôt sur une nouvelle voiture. Le gamin vendait des fleurs, sur la route et devait rapporter, 1 500 Bahts par jour, sinon il était battu et privé de nourriture. Personne, ne fait 1 500 Bahts par jour, en vendant seulement des fleurs. Trente et un autres gamins, entre six et quatorze ans, étaient prisonniers du même gang, l'un parmi des milliers qui trafique des enfants en Thaïlande[47].

Le travail des enfants dans les usines.
Il est estimé, qu'il y a environ, au moins quatre millions d'enfants qui travaillent en Thaïlande. Les ONG citent un chiffre plus élevé. A Bangkok, le Ministère des Ressources Humaines, indique que cinq millions d'enfants thaïs travaillent, certains, à peine âgés de cinq ans. Un grand nombre de ces enfants a été vendu par les parents, dans l'industrie textile, qui ne suit pas les règlements. [48]

En accord avec la loi, les enfants entre treize et quinze ans, ont le droit d'effectuer des travaux légers. Ils n'ont pas le droit de travailler, entre vingt deux heures et six heures du matin. C'est là que la Loi et la réalité se séparent. Dans les industries du textile, des pierres précieuses, de la maroquinerie, des crevettes et des fruits de mer, les enfants sont exploités. Ils travaillent entre, onze à quinze heures par jour, même plus, de huit heures du matin à onze heures du soir, avec une coupure de trente à soixante minutes à la mi-journée. Ces enfants sont des esclaves, six à sept jours par semaine, certains n'ont jamais le moindre jour de repos. Ils gagnent entre 60 et 70 US$ par mois. Dans l'industrie textile, les enfants gagnent 5 cts pour cent boutons cousus, *le travail à la pièce étant illégal*. Dans l'industrie des pierres précieuses, les enfants reçoivent une *formation non rémunérée* pendant de nombreux mois. Après leur période de formation, ils reçoivent prétendument 30 à 40 Bahts (75 cts à 1 US$) par semaine plus les repas. Dans la maroquinerie, les enfants travaillent de treize à quinze heures par jour, ils ne sont pas payés pour les heures supplémentaires, ils ont deux jours de repos par mois, et ils sont payés 1 US$ par jour. Une fabrique de sacs en cuir, qui employait plus de deux cents enfants, auxquels on donnait des amphétamines, pour qu'ils puissent travailler de plus longues journées. En 1987, un atelier prit feu, tuant dix neuf personnes, y compris des enfants. Ils ont été bloqués à l'intérieur par les portes fermées, une pratique courante dans les compagnies qui emploient et abusent d'esclaves au travail. Dans l'industrie des meubles en bois et en rotin, la situation est pire, les enfants travaillent quatre vingt cinq heures par semaine pour 16 dollars par mois. En ce qui concerne l'industrie des crevettes et des fruits de mer, les enfants esclaves, travaillent dans des conditions terribles, dans le but de payer, les emprunts contractés par leurs parents. Certains enfants rentrent avec des doigts en moins et des maladies de peau.

Trafiquer des humains, c'est voler leur présent,
leur futur, et même quelque fois leur vie.

La brutalité des Thaïs fortunés. L'industrie domestique.

Les enfants birmans, laotiens, cambodgiens, ne sont pas nourris, ils sont battus, torturés par leurs riches employeurs thaïs. Ils sont introduits en Thaïlande avec la promesse d'emplois bien payés. Au lieu de cela, beaucoup de filles, portent les cicatrices des blessures, que leur ont infligées leurs tortionnaires, qui les frappent à répétition avec des baguettes en rotin, sur le visage et le corps, ou elles sont brûlées avec des fers à repasser appliqués directement sur la peau. Certaines, ont droit à un maigre bol de soupe, par jour, tout en travaillant, pendant au moins seize heures par jour. Une fille de quatorze ans, n'avait droit, qu'à une heure de sommeil par nuit. Quelque fois elle était battue jusqu'à l'évanouissement. Le pire, *humour noir dans ce cas*, est que son employeur était un guérisseur traditionnel. Ces jeunes femmes, peuvent travailler, des heures sans fin, pendant des années. On ne leur montre aucune gratitude, et le plus souvent elles ne sont même pas payées. Les familles thaïes riches, agissent de cette façon, avec le sang et la sueur des pauvres paysans thaïs qui sont leurs esclaves, ou qui travaillent dans les champs pour 60 US$ par mois, ou encore avec le sang et la sueur des immigrants de Birmanie, du Laos et du Cambodge.

Comme dans le cas de Puongtong, qui fut une esclave sexuelle pendant quinze ans, jusqu'à sa mort tragique, le cas de Ma Suu, une servante birmane de dix huit ans, est un exemple de

A 13 ans... la vie commence

l'inhumanité de l'homme pour l'homme, dans le marché thaï de l'esclavage. Elle était en Thaïlande depuis un an à peine. Elle avait payé son trafiquant 7 000 Bahts, pour qu'il lui trouve du travail dans le Nord de la Thaïlande. Plusieurs mois plus tard, elle a payé un autre trafiquant, encore 7 000 Bahts. Il lui a trouvé un emploi de domestique dans la province de Lopburi, à trois heures au Nord-est de Bangkok.

Ma Suu a travaillé pour son nouvel employeur pendant trois mois seulement, quand elle a été accusée de vol. Elle a réfuté l'accusation. Son employeur a ordonné qu'on la fouette jusqu'à ce qu'elle avoue, mais elle a continué à nier le vol. Ses assaillants l'ont arrosé d'essence, ils lui ont ensuite mis le feu, et l'ont abandonné dans une pièce pendant trois jours, sans soins. Quand elle a repris conscience, elle fut rebattue, et laissée pour morte sur le bas côté de la route, selon les consignes de son employeur thaï à ses tortionnaires. Juste avant de mourir, elle eut la force, d'indiquer aux autorités le nom de son bourreau. Quand son employeur fut approché par la police, il nia, même, la connaître. Un an plus tard, ses assassins et son employeur étaient toujours libres. *Les Thaïs n'ont pas de remords*[49].

Pourquoi nous les Thaïs avons nous si peu de cœur ?

Sanitsuda Ekachai a écrit « *... les règles sur le travail des immigrants doivent être changées, non seulement pour sauver les travailleurs exploités, mais surtout, pour nous sauver nous-mêmes, de nos cœurs de pierre. Ceci si nous avons des sentiments »*[50]

---

2 491 personnes à la recherche d'emploi ont perdu
115 000 000 de Bahts (2 875 000 US$) au profit de passeurs
malhonnêtes.
670 passeurs sont recherchés pour fraude.[51]

Les Thaïs en esclavage par des Thaïs à l'étranger

Certain parents Thaïs, vont vendre leurs enfants, pour l'esclavage sexuel, afin de s'acheter de la drogue, des bijoux en or, ou

122

des biens de consommation. D'autres Thaïs, qui n'ont pas de conscience, vont exploiter des pauvres Thaïs, des enfants d'Asie du Sud-est et des jeunes femmes, soit pour en faire des esclaves sexuels, ou des esclaves du travail. Dans mon pays et aussi en dehors.

Comme en Thaïlande, où des Thaïs vulnérables et des habitants d'Asie du Sud-est sont réduits à l'esclavage sexuel au travail forcé, qu'il soit domestique ou industriel. Ces mêmes, victimes désespérément pauvres, sont trafiquées à l'étranger, seulement pour se retrouver sans un sou, après avoir payé aux passeurs, des sommes énormes, pour des emplois qui souvent n'existent pas. S'il y a du travail, les nouveaux employés, risquent de se retrouver, emprisonnés derrière des clôtures électrifiées, où ils vont travailler de seize à dix huit heures par jour, et quelques fois plus. Ils seront peut être payé 60 cts de l'heure – *ou ils ne seront peut être jamais payés*. Leurs ravisseurs thaïs, les menaceront, de sévices sur leur familles, et de brûler leur maison, ici, s'ils essaient de s'échapper. « Une balle ne vaut pas cher »[52]. Les familles mettent en commun leurs ressources, et vont même jusqu'à hypothéquer leurs maisons, leurs fermes et leurs terrains, dans l'espoir qu'un bon emploi à l'étranger attend un fils, une fille, une nièce, ou un neveu. Un travail qui permettra d'améliorer les conditions de vie de la famille entière. Au lieu de cela la famille perdra tous ses biens chers, et celui qui cherchait un emploi, sera abandonné ou retenu prisonnier dans un pays lointain.

Le trafic d'emploi, est une activité très importante, dans mon pays. Les plus pauvres, sont manipulés et contrôlés, par n'importe qui, de n'importe où, à partir du moment où il leur promet, une vie meilleure. C'est leur pauvreté, qui les conduits à être aussi facilement exploités - et aussi trop souvent, dans ma carrière.

Les pédophiles.

Le viol et les attentats à la pudeur sur mineurs, déclarés ou non, arrivent tous les jours en Thaïlande. Ces actes horribles sont un vilain témoignage de la vie thaïe, et jusqu'à très récemment, ne sont pas venus, à la connaissance des touristes et de toute façon ils ne concernent pas le public thaï en général, à de rares exceptions près.

A 13 ans... la vie commence

Les enfants thaïs et les jeunes femmes, ne sont pas seulement, esclaves, violés, maintenus prisonniers en Thaïlande ou à l'étranger, par leurs congénères, ils souffrent aussi aux mains d'autres asiatiques et occidentaux, comme a souffert Puongtong. Au moment, où sa tragédie a été connue du monde entier, une histoire semblable, en Australie, montrait que des enfants, âgés de douze ans à peine, étaient pris en otage, et transformé en esclaves sexuels, puis prostitués. Parmi eux, certains ont réussi à s'échapper, et sont allés voir la police. Cette dernière, dont la charge est de les protéger, a refusé d'écouter leur histoire. Ces jeunes victimes ont été déportées[53].

Les criminels sont libérés quand leurs victimes sont emprisonnées.
Le 17 Novembre 1997, la Thaïlande a promulgué la loi sur les Mesures de Prévention et la Suppression du Trafic des Femmes et des Enfants. Cette loi donne le droit aux autorités de détenir, les victimes suspectées de trafic, attrapées lors des fouilles dans les lieux publics, les aéroports, les gares, les gares routières, les ports, les lieux de divertissement, et les usines pendant dix jours, temps nécessaire à la vérification de leurs documents de voyage. La Loi ne permet pas, aux autorités, de retenir les trafiquants suspectés, qui accompagnent les victimes. Ainsi, les trafiquants ont la possibilité de manipuler la législation, pour ne pas être inquiétés, alors que leur « chargement» est retenu prisonnier. Leur « chargement » leur sera rendu, après que la police ait récupéré une « donation » pour leur libération, en Thaïlande, Birmanie, Laos et Cambodge

---

Les salons de massage.

On s'est récemment rendu compte, que la Police thaïe, avait « fermé les yeux », pendant les six dernières années, sur les filles mineures, qui travaillaient dans les salons de massage, d'un gros businessman de Bangkok. En échange la Police, – nombre des membres concernés, appartenant à la Brigade de Répression du Crime, recevait 12 000 000 de Bahts par mois (300 000 US$) ainsi que des montres en or et d'autres articles de luxe, des ordinateurs, des réfrigérateurs, des meubles, des massages gratuits et des femmes. Les chefs de la police, et d'autres membres de la police, affichent des montres Rolex, alors qu'un magistrat haut placé, roule en Bentley. Ils ont tous dit, que ceci avait été rendu possible, grâce aux cadeaux et à

A 13 ans... la vie commence

l'argent donnés par cet « homme d'affaires », connus dans le monde entier par le surnom de « Roi du commerce du sexe ». En 2003, la fortune personnelle de Chuwit, était estimée à 250 000 000 de US$, la plus grosse partie faite, sur le dos des jeunes filles. Il a été récemment accusé, d'avoir entraîné des filles mineures dans le commerce de la prostitution[54]. Mais il a été acquitté l'année suivante.

Les juges ont déclaré que

1) il n'y avait pas de preuves, que des prostituées, mineures de moins de quinze ans travaillaient dans ses massages.

2) Que les proxénètes étaient les seuls qui devaient être blâmés car ils avaient trompé Chuwit.

Des affirmations contradictoires de ce type, sont courantes dans notre système juridique, quand il s'agit de traiter le cas de « personnes influentes ». N'importe quelle excuse, est trouvée ou fabriquée, pour que le « Riche » coupable soit blanchi.

Plus tard, cette même année, Chuwit a fait campagne pour devenir Gouverneur de Bangkok, espérant transformer, sa « nouvelle popularité », en bulletins de votes. Il est sorti troisième, des vingt deux candidats, avec trois cent mille votes, prouvant ainsi que les Thaïlandais, peuvent choisir, d'élire un homme, qui tire sa gloire de son image de « Mauvais Garçon » (pensant que tous ceux qui s'identifient à lui, voteront pour lui), parce qu'il avait embarrassé et mis en avant, la police de Thaïlande, une unité hautement corrompue. Il avait raison.

La prostitution des mineures est illégale.

En Thaïlande, il est illégal, pour un homme, d'avoir des relations avec une prostituée entre quinze et dix huit ans. Les peines vont de un à trois ans de prison, assortis d'une amende, de 20 000 à 50 000 Bahts. Pour les filles de moins de quinze ans, les peines sont portées à deux à six ans de prison, avec des amendes de 40 000 à 120 000 Bahts[55].

Les peines, de quatre à vingt ans, avec des amendes de 8 000 à 40 000 Bahts, existent déjà dans le Code Pénal, même si le mineur

---

> *de moins de quinze ans est consentant. De trois à quinze ans d'emprisonnement et des amendes de 6 000 à 30 000 Bahts, c'est ce que risquent ceux qui procurent des filles qui ont entre quinze et dix huit ans. Pour eux qui fournissent des filles de moins de quinze ans, les peines de prison sont plus sévères, elles vont de cinq à vingt ans avec des amendes de 10 000 à 40 000 Bahts. Pour les parents, qui ont vendu leurs filles pour la prostitution, les peines sont augmentées du tiers[56].*

Bien que les lois qui traitent de la prostitution, soient maintenant partie intégrante de notre système légal, l'application de ces lois dépend de la façon dont la police traite ces pédophiles. Ces lois ne sont pas appliquées – il semble même que personne ne s'inquiète de ce qu'elles traitent vraiment. Ce n'était un secret pour personne que Chuwit était coupable de ces crimes. De plus, il possédait des salons de prostitution onéreux, dans lesquels plus d'un millier de filles et de jeunes femmes, s'occupaient de satisfaire les désirs sexuels des clients, sous couvert de salons de massage haut de gamme – *et malgré cela il a été acquitté.* Il aurait du être condamné, pour ses crimes, à au moins quinze ans de prison, avec des amendes de 60 000 à 300 000 Bahts. Un exercice des lois, laxiste, et la corruption, sont les raisons, qui font que Chuwit et les autres, continuent à bénéficier, de la liberté d'exercer leur activité, dans le commerce du sexe. On l'a trouvé : *« Non coupable ».* Une fois de plus cette décision reflète, le pouvoir des riches et des puissants dans mon pays. Peu de temps après son acquittement, et son échec à l'élection au poste de gouverneur, Chuwit a été élu au Parlement. Le support de son électorat, est la meilleure preuve, que les Thaïs n'ont pas de problème, avec la façon dont il a constitué sa fortune – y compris les mineures dans ses salons de massage. *Au lieu de cela il a été « acclamé, comme un héro », pour avoir mis au grand jour la corruption de la police – Quelle est la pire faute ?*

"Coh ga ghin ya ahn."
Les vielles vaches aiment l'herbe verte.

Les pédophiles : qui sont-ils?

A 13 ans... la vie commence

Les pédophiles voyagent, souvent d'un pays à l'autre – se construisant de nouvelles vies. Ils prennent souvent des métiers officiels, comme professeurs, dans des orphelinats, ou même dans des missions de secours, comme gardiens, ou encore n'importe quelle organisation, qui leur permette de conserver un vivier d'enfants. Un Australien, avait une agence de voyage, par l'intermédiaire de laquelle, il organisait des voyages organisés, autour du sexe. Il faisait le trafic de garçons mineurs, organisait des tours pour homosexuels, possédait et distribuait du matériel pornographique. Les pédophiles viennent de tous les pays et de toutes les professions. Ils ont tous les âges, de jeune à très vieux. Il y en a même qui sont mariés et qui ont des enfants.

Un prêtre catholique, qui collectait des fonds, pour un projet pour garçon, un Mormon américain qui entretenait un réseau pédophile entre Chiangmai et Bangkok, un psychologue Australien, responsable d'éradiquer la pédophilie, au sein de l'église anglicane, un pasteur anglican, qui s'est enfui d'Australie, pour éviter d'être arrêté dans son propre pays, à la recherche de nouveaux enfants, ont tous été coupable de ce crime. Un Finlandais de trente ans, un Suédois de soixante ans, un Australien de cinquante six ans, un Américain de soixante et un ans, un Allemand de soixante et un ans, un Anglais de vingt six ans, un autre âgé de quarante neuf ans, et un professeur Canadien de soixante six ans. Qu'ont-ils tous en commun ? Ils connaissent tous la réputation de la Thaïlande, ils savent qu'ils peuvent y assouvir leur obsession, avec des enfants – des deux sexes. Le fait que les lois soient peu appliquées, est une des bonnes raisons qui amène les pédophiles en Thaïlande. S'ils sont arrêtés, ils paient une petite amende, qui ne les dissuade pas d'aller trouver d'autres enfants.

Un très bon exemple, de la facilité qu'ont les pédophiles, à entretenir leur perversion, est donné par ce Finlandais de quarante trois ans, qui a été arrêté, car on supposait qu'il avait abusé d'au moins 445 garçons thaïs. Il faisait avec eux, des films pornographiques, des albums de photos, et des CDs. Il a été condamné à onze ans de prison en Finlande, pour avoir commis plus de cent soixante actes de pédophilie, depuis 1989 – en Thaïlande. Il avait fait vingt six fois le voyage pour venir ici, en seize ans. Il recherchait surtout des jeunes garçons entre dix et treize ans. Ce sont les autorités belges, qui ont alerté la police finlandaise, et qui ont informé cette dernière, de ses activités, quand son nom a été mentionné dans une affaire de pédophilie en Belgique. Il avait conservé un journal sur toutes ses victimes. *La morale de cette histoire, c'est que ce sont, la Police finlandaise et les autorités belges, qui ont finalement dénoncé les actes illégaux, de cet abuseur sexuel d'enfants. Ce n'est pas la police Thaï.*

Des enfants à louer ou à vendre.

En Thaïlande, il n'y a pas que des enfants à acheter, il y aussi des enfants à louer. Les parents drogués, sont toujours à la recherche d'argent. Ils peuvent louer leurs enfants, à des clients différents, jours après jours, alors que la « vente », n'est possible qu'une fois – tout au moins pour eux. Quand les parents ont procédé à la vente originale, les enfants sont très souvent revendus entre trafiquants.

A Bangkok, jusque dans les provinces :

Les enfants, ne sont jamais à l'abri en Thaïlande, même pas dans les écoles.

Chaque semaine, un enseignant, abuse sexuellement, l'un de ses élèves, dans la majorité des cas, cet abus, va jusqu'au viol. [57]

Il n'y a pas que des professeurs, qui se sont révélé indignes de la confiance, que nous plaçons en eux, en leur confiant nos enfants. Beaucoup de membres de la police (les protecteurs du peuple en uniforme) ne sont pas dignes de cette confiance, non plus. Leurs fautes vont, de l'acceptation d'argent et de cadeaux comme pots de vins, jusqu'à demander des massages gratuits, assortis de faveurs sexuelles, aux masseuses, dans les salons prévus à cet effet, en passant par, des demandes de paiements, aux mendiants, et aux conducteurs d'autos, pour finir par le viol de filles en âge scolaire. Il n'y a aucun crime qui leur échappe.

De Chiang Rai au Nord à Phuket au Sud.

A 13 ans... la vie commence

Les pédophiles voyagent librement en Thaïlande, de Chiang Rai, (à la frontière birmane) à Chiangmai, - une petite balade au sud ouest de Chiang Rai, jusqu'à Pattaya, situé à 160 kilomètres au sud de Bangkok, ou Phuket, dans le sud. Ces villes sont très connues, des amateurs « d'Enfants prêts pour le sexe », qui cherchent à accéder facilement à cette denrée. A Phuket, un néon sur un bar, annonce même ouvertement, « Les garçons pour homme d'Oncle Charlie »[58]. Chiangmai est devenue l'une des dernières limites, pour les pédophiles internationaux, qui exploitent à loisir, le manque d'application des lois, l'attitude indulgente face à la sexualité, et l'accès facile aux enfants désespérément pauvres. Les trafiquants de Chiang Rai, cherchent des parents, qui sont à même de se séparer de leurs enfants contre de l'argent. Les parents, pauvres, ont vendu leurs enfants pour des sommes aussi ridicules que 2 000 Bahts (50 US$).

Quand allons-nous faire face à l'industrie du sexe?

Le 16 mai 2005, The Nation, l'un des deux principaux journaux thaï, de langue anglaise, à publié un article sous le titre : « Quand allons nous faire face à l'industrie du sexe? ». L'auteur faisait référence à une récente campagne de relations publiques, un « événement pour la promotion du tourisme » qui vantait la beauté naturelle et la richesse de la culture de la Thaïlande, mais c'était tout simplement, un essai, de masquer l'image actuelle, sordide de la Thaïlande, comme l'une des capitales mondiale du sexe. L'auteur se faisait l'interprète de nombreuses ONG

1° les étrangers viennent en Thaïlande, pour avoir un accès facile aux industries du sexe, ce qui comprend le sexe avec des enfants facilement disponibles, parce qu'ils savent qu'il y a fort peu de chances qu'ils soient attrapés ou punis.

2° le nombre des enfants qui rentrent dans cette industrie, est en perpétuelle augmentation, car ils n'ont pas d'autre moyen de subvenir à leurs besoins et les pédophiles tirent avantage de cette triste situation.

3° la corruption de la police, l'apathie des citoyens ordinaires, et l'hypocrisie du gouvernement thaï, sont les raisons qui permettent à cette industrie de bien se porter.

La conclusion, à cet article, était que la Thaïlande n'est pas prête à abandonner sa lucrative industrie du sexe, car elle ne veut pas perdre

A 13 ans... la vie commence

l'immense revenu que cela crée pour ceux qui y participent – et tant pis pour les enfants.

*L'infection au VIH est un sérieux problème
parmi les enfants du Nord,
plus de 6 000 d'entre eux ont le virus...
dont une bonne partie à cause de la prostitution*[59]

   L'âge moyen, des filles, qui commencent à se prostituer, est de seize ans. Dans mon pays, les petites filles, souvent à peine âgées de trois ans, portent un maquillage, apparemment innocent, qui va, du fard à paupière au rouge à lèvres, en passant par les cheveux relevés dans le cou, et le costume traditionnel thaï, sans bretelles. Ceci au nom des festivals, des défilés, des parades, des mariages, ou de n'importe quel événement particulier. Tout ceci contribue, à éveiller la sexualité des petites filles, au nom de la tradition.

**La « sexualisation » des enfants.
Une parade Isaan.**

Du rouge à lèvre en guise de sucette.

130

A 13 ans… la vie commence

Un parfait exemple, a été le concours en 2003 de : « Melle au Corps Sexy», pour les filles âgées de 3 à 12 ans. Cette appellation a été enlevée, à la dernière minute, juste avant que le rideau ne se lève. Mais c'était néanmoins, un concours, dans lequel des petites filles, qui n'avaient sur le dos que des costumes normalement portés par des strip-teaseuses, étaient encouragées, à défiler et à se montrer de manière provocante.

De telles manifestations, sont beaucoup trop fréquentes, en Thaïlande. Ce n'est pas une surprise, qu'il soit aussi facile d'utiliser des jeunes filles, qui voient que les adultes, encouragent ces événements. Les enfants ne veulent que faire plaisir, et se faire reconnaître par les adultes. Ceci est particulièrement vrai, pour les petites filles, qui sont tenues, pour avoir beaucoup moins de valeur, dans la société thaïe, que les enfants mâles.

Le concours de Mademoiselle au corps sexy

Photographe : Apichit Jinakul.
Remerciements pour la photo au Bangkok Post.
A partir de quel âge, Jeune est-il TROP jeune ?

131

A 13 ans… la vie commence

Il est donc facile, de comprendre pourquoi la Thaïlande, pays où je suis née, est celui dans lequel les pédophiles essaiment. La pauvreté et l'exploitation des enfants, comme dans ces concours de beauté, créent une niche, où les pédophiles n'ont pas à se soucier de leurs victimes. De plus les pédophiles sont tranquilles, parce que jusqu'à très récemment, le gouvernement thaï ou le public en général n'a montré que *peu* d'intérêt pour leurs agissements, même quand ils sont pris.

L'hypocrisie au niveau du sexe de la Thaïlande.

Photographe : Somchai Laopaisarntaksin.
Remerciements pour la photo au Bangkok Post.

On montre le dernier emballage sorti.

Une campagne de photo, utilisait des adolescentes, à peine habillées, en cuir, montrant bien plus que leur petit ventre, pour promouvoir les préservatifs de la marque Duo Confidence. Cette photo, contredit de façon flagrante, la campagne non officielle du gouvernement (Ordre Social) pour éviter les relations sexuelles entre

A 13 ans... la vie commence

adolescents. Encourager le « sexe sans crainte », plutôt que la libido, aurait été un choix plus censé pour cette marque de contraceptifs.

En Thaïlande, comme dans le reste du monde, le sexe est utilisé pour promouvoir toute sorte de produit, de l'hygiène dentaire aux préservatifs. Mais en Thaïlande, plus qu'ailleurs, la publicité n'est pas flagrante, bien que plus séduisante. Jaspal, une société de boutiques chics, montre dans sa publicité de marque, un mannequin occidental avec des longues jambes, allongée sur un fauteuil, habillée avec un chemisier qui lui tombe des épaules et qui cache à peine ses hanches fines, et d'une paire de sandales à haut talons, sa cheville droite posée de façon stratégique sur son genoux gauche. Un mannequin mâle, grand, aussi beau qu'elle, se penche vers elle, sa main droite, placée délicatement, haut sur sa cuisse gauche, à la limite de son chemisier. Qu'est ce que cette photo a à faire avec les produits de Jaspal ? A première vue, rien. Mais elle retient l'attention du lecteur, par son inconscient sexuel, tout en suggérant, que si l'on achète dans ces boutiques, on pourra peut être aussi créé un tel moment d'intimité. C'est quand on voit la mention « 50% de réduction », dans la moitié gauche de la page, qu'on comprend le but de cette publicité.

Le Sofitel Silom à Bangkok, utilise lui aussi une photo suggestive, pour attirer les clients dans son restaurant *Nikai-i L'expérience New age pour le repas du soir*. Tandis que, le beau mannequin mâle, est allongé sur une chaise longue, la jolie fille qu'il a invitée est à ses genoux, lui proposant un plat de hors-d'œuvre japonais, ses lèvres à peine distante de son.... Le texte dit : « tout, de la nourriture, au décor, en passant par la musique, a été crée afin de vous apporter une nouvelle expérience rafraîchissante, pour le repas et la relaxation, de façon à raviver *tous* les sens ». Cette publicité, invite et tente, tout en évoquant les images d'une très agréable soirée, une soirée beaucoup plus intime, qu'un élégant repas du soir.

Quand les membres de la haute société thaïlandaise, se pavanent effrontément avec leurs maîtresse, et font la une des journaux, quand des officiels bien connu du gouvernement paient pour les services de prostituées de luxe – quel genre d'exemple fournissent t-ils à la jeunesse de mon pays ? En Décembre 2003, on a pensé à mettre au ban, nos Ministres du Parlement qui avaient des maîtresses et ceux qui visitaient les bordels. La réponse outragée, de l'un des Ministres fut, que s'il avait une maîtresse, c'était son droit, les autres allaient dans le même sens. Un autre enfin répondit, que si cette directive était appliquée, – seulement trente, des deux cent Membres de son parti, à l'heure actuelle, au Parlement, resteraient éligibles.

Alors, tandis qu'en Thaïlande les organisateurs de concours pour enfants, les patrons des agences de publicité, et les membres du Parlement, sont occupés à exposer leurs fantaisies sexuelles, en technicolor et en public, sans arrière pensée pour les conséquences de leurs actions, le Ministre de la Culture, propose de censurer dix huit chansons d'amour et de les interdire d'antenne, parce qu'elles sont propres à « encourager l'infidélité et la promiscuité sexuelle ». Wilasinee Phiphitkul, un professeur assistant à l'université de Chulalongkorn a indiqué que : « si le gouvernement veut vraiment s'attaquer à l'immoralité sociale, il faut qu'il s'exprime clairement sur ce qui est à faire et ce qui ne l'est pas, et que ces normes soient applicables à toutes les industries ». Pour des raisons évidentes une telle chose n'arrivera jamais. Il apparaît évident, à beaucoup d'entre nous, que la première « industrie » à laquelle devrait s'appliquer ces normes, est le gouvernement, de façon à donner l'exemple. Mais les membres du Parlement n'abandonneront jamais leur Mianoï (maîtresse), pas plus que les officiels du gouvernement, arrêteront de voir leurs prostituées de luxe. Ils ont déjà signifié leur refus irrité, pour une telle proposition : impensable ! La « moralité » ne fait pas partie de leur vocabulaire, tout au moins pas quand elle doit s'appliquer à eux.

Chapitre 7

La création de la pauvreté en Thaïlande:
Les bases de mon avenir.

La définition de la pauvreté.

La définition américaine de la pauvreté correspond bien à ma définition du bien être. Les Asiatiques, plus particulièrement les Asiatiques du Sud-est, connaissent la vraie pauvreté - le genre que l'on voit dans les magazines de « National Geographic » ou à la télévision, ou dans les publicités pour l'Unesco « donnez de la nourriture aux enfants »

Dans des conditions de vie sordides à Bangkok, des femmes âgées qui ont quitté leur province du Nord-est pour trouver ici de meilleures conditions de vie, s'occupent de leurs enfants et des touts petits de leur progéniture. Elles vivent dans des taudis prêts à s'effondrer, avec des toits qui fuient. Leurs maris recherchent dans les poubelles des déchets recyclables qui pourraient se vendre. Souvent, ils sont affamés et dorment pour oublier la crampe au ventre. Ils n'ont pas non plus accès aux services publics de santé. En fait, jusqu'à très récemment il n'y avait pratiquement pas d'Aide Sociale disponible, pour ceux qui en avaient vraiment besoin dans mon pays : les personnes âgées, pauvres, aveugles, handicapés physiques ou mentaux. Bien qu'une loi prévoie une petite forme d'assistance, il est de nos jours, pratiquement impossible d'en faire la demande et encore moins d'en recevoir les bénéfices.

En Juillet 2003, il y avait au moins 2 000 sans abri dans les rues de Bangkok (certaines estimations atteignent le chiffre de 10 000), et environ 3 000 000 qui habitaient dans des quartiers de taudis – en passe d'être repris par les propriétaires pour transformer les terrains en zones commerciales. Les laissés pour compte qui pour la plupart viennent du Nord-est et des provinces du Centre, n'ont ni argent ni refuge. Ceux qui souffrent de la plus grande indignité, en sont réduits à chercher dans les poubelles pour se nourrir ainsi que leurs enfants.

Photographe: Kosol Nakachol.
Remerciements pour cette photo au Bangkok Post.

Les enfants des familles pauvres qui vivent près des autoroutes sont très souvent laissés seuls à « la maison » pendant que les parents recherchent des produits à recycler pendant la journée.

Anjira Assavanon

Seule et abandonnée.

Photographe: Somkid Chaijitvanit
Remerciements pour cette photo au Bangkok Post

Une grand-mère âgée, abandonnée tout d'abord par ses enfants, et ensuite par son gouvernement a trouvé un lit dans un coin sûr, pour dormir dans les rues de Bangkok

A 13 ans… la vie commence

Remerciements pour cette photo au Nation

*Quelques-uns des 500 chiens prévus pour les ragoûts au
Vietnam, dans des cages, dans un camion
à Sakhon Nakhon
(Nord-est de la Thaïlande). Le conducteur fut arrêté.*

Un hôtel pour les sans abris ? Des chiens.

A Bangkok, le projet de construire un immeuble de cinq étages pour héberger 1 000 chiens sans logis, au lieu de fournir des logements aux déshérités, est la preuve du manque d'intérêt de mon gouvernement pour les réalités de la vie des plus démunis[60]. A l'opposé, dans le Nord les chiens errants sont ramassés, jetés dans des camions comme des sacs de linge sale et envoyés à l'abattoir pour en faire de la nourriture. On voit des centaines de chiens, beaucoup affalés, les uns sur les autres. Certains gémissent, mais ceux du bas de la pile sont silencieux, étouffés par le poids des autres. Pour mon gouvernement les opprimés du Nord, qu'ils soient paysans ou chiens sont malheureusement traités de la même façon. Une déclaration du Maire de Bangkok en 2003[61] : « les sans logis » devraient être ramassés et traités comme des chiens errants ou renvoyés chez eux ». Ce genre de réaction est caractéristique du manque de compassion et même d'intérêt qu'affichent les bureaucrates thaïs pour les pauvres et les exclus du droit de vote.

Les mots ont un sens différent suivant le pays. La pauvreté n'est pas qu'un manque d'argent. C'est le manque de toutes les valeurs que les cultures et les religions portent au cœur de leurs croyances : l'honneur, la morale, la fierté, l'honnêteté et les relations de qualité entre les hommes – sans oublier les relations entre un gouvernement et ses ressortissants. La pauvreté est un manque de bien être financier et matériel, c'est aussi un manque de caractère. Dans mon pays c'est aussi un partage inégal et fréquemment malhonnête des ressources et profits de la nation. Dans les faits c'est une inégalité bien orchestrée entre les « possesseurs » et les « démunis ». *La disparité entre les riches et les pauvres s'accentue chaque année.*

La Thaïlande : le deuxième plus gros marché export pour Mercedes-Benz.

Avant la crise économique de 1997, la Thaïlande représentait le deuxième marché extérieur mondial pour Mercedes-Benz, juste derrière les USA. Le fait qu'un pays du Tiers Monde avec une population de seulement 57 millions d'habitants, puisse acheter plus de Mercedes-Benz que le Japon, l'Angleterre, la France ou l'Italie pourrait être très difficile à comprendre, sauf si l'on regarde dans le détail la disparité, simple, mais néanmoins massive, qui sépare les riches des pauvres. La minorité qui amasse des richesses extraordinaires, le fait sur le dos de la multitude des gens du peuple, dont les revenus sont si faibles qu'ils leur permettent à peine de vivre et d'entretenir leur famille. Les riches avec les puissants comme alliés font les règles qui créent intentionnellement la pauvreté et conserve les Masses pauvres. Ce schéma oppressif est en place depuis mes ancêtres et maintient ainsi une réserve permanente de travailleurs prêts pour les riches. Le Premier Ministre thaï actuel, est un milliardaire des télécoms, grâce au Monopole dans ce secteur que lui a concédé le général Suchinda. Ce dernier a fomenté un coup d'état, dans lequel 50 ou 100 manifestants ont perdu la vie, il y a une dizaine d'année. *La richesse était, est, et continuera d'être concentrée dans les mains d'un tout petit nombre.*

Dans les endroits où la main d'œuvre est la plus chère en Thaïlande, le salaire minimum, payé par les compagnies étrangères, est seulement de 164 Bahts (4.35 US$) par jour, soit : 4 264 Bahts (113 US$) par mois pour 26 jours de travail. Les compagnies thaïes paient beaucoup moins. Le salaire moyen pour mes compatriotes à Ubon est d'environ 100 Bahts (2.50 US$) par jour pour 30 jours, soit 2 600 Bahts (65 US$) par mois.

Nombreux sont ceux qui gagnent encore beaucoup moins. Les gens mal payés ne seront jamais des consommateurs, et ceci est un fait qui crée encore plus de pauvreté car il n y a pas de demande pour des biens et des services, au delà de la satisfaction des besoins élémentaires, particulièrement dans les provinces. Les pauvres ne pourront jamais atteindre ce barreau de l'échelle, qui leur permettrait de s'élever, génération par génération, et de sortir de la catégorie des démunis. Ils ne peuvent même pas espérer améliorer la qualité de leur vie, pas plus que celle de leurs enfants.

Le Monopole: le seul jeu en vogue.

En Thaïlande, il y a peu de compétition, les monopoles locaux ne sont pas autorisés, ils sont encouragés. Les groupes de criminels qui comprennent des politiciens et des businessmen « véreux » bénéficiant de politiques corrompues, contrôlent pratiquement tous les secteurs d'activité de mon pays : les transports, les logements, l'agriculture à grande échelle, le travail des immigrants et l'achat des terrains – pour n'en citer que quelques-uns. Le mendiant pathétique dans la rue, le chauffeur de taxi à l'aéroport, le conducteur de « moto taxi », les propriétaires de salon de massage et de clubs de strip-tease : il ne s'agit la que d'une partie de ceux qui se font extorquer par la

A 13 ans... la vie commence

Police, les officiers militaires, les gangsters, ou une combinaison de tous ceux la, pour continuer à travailler. Alors que des milliers de troncs d'arbres de bois précieux (l'une de notre plus grande richesse naturelle) disparaissent de façon systématique des entrepôts nationaux, les nantis font des « coups » sur les terrains à Phuket, terrains prévus pour les « sans terre » - ces « affaires » leurs sont apportées par des officiels du gouvernement. Quand la fraude est découverte, l'officier chargé de l'enquête est tué. On fait une proposition pour rembourser les riches qui rendent ces terrains, et on arrête le programme.

Mes compatriotes perdent contre les riches et les puissants. Ma famille, une fois de plus perd, *encore une fois, Je perds !*

Il n'y a pas de fin, aux pots de vin et à la corruption, qui sont omniprésents dans tous les recoins de mon pays - perpétués le plus souvent par ceux qui sont à la barre, placés dans ces positions pour améliorer ces conditions. La Police des Forêts qui arrête des coupeurs braconniers avec six camions de troncs de teck, est un autre exemple de cette corruption. Le chargement de l'un des camions est rendu au gouvernement comme preuve, avec les voleurs. Le chargement des cinq autres camions est vendu et les profits sont partagés entre la Police des Forêts et leur chef. Comme résultat, les Gardes Forestiers sont riches et puissants et obtiendront ainsi des places plus importantes au gouvernement. Il n'y a aucun moyen pour les pauvres d'aller de l'avant dans mon pays. C'est la première raison pour laquelle des filles pauvres partent pour Bangkok et Pattaya, pour rencontrer des touristes sexuels, qui leur donneront un salaire bien plus important que celui que nous ne pourrions obtenir d'une quelconque autre manière. Nous sommes les seules à recevoir les compensations de la transaction, il n'y a pas d'intermédiaire.

Ce dont ils ne vous parlent pas dans les brochures touristiques d' « Amazing Thailand ».

La Thaïlande est un pays lointain dans l'esprit occidental. Les brochures des agences de voyages sont élaborées, sur papier glacé, et montrent de belles jeunes femmes thaïes, en riches costumes hauts en couleurs, avec les mains posées et les pieds fléchis dans cette pose gracieuse que seuls les danseurs du Sud-est asiatique peuvent prendre.

A 13 ans... la vie commence

Leurs cheveux soyeux d'un noir de jais, leurs splendides corps à la peau naturellement bronzée, donne l'impression qu'elles sont sorties tout droit, du moule façon Thaïlande des poupées Barbie.

Ces brochures vantent aussi les beautés sublimes du paysage, valorisées par les rivières calmes et les ruisseaux qui serpentent doucement. Les villageois avec leurs chapeaux, aux bords larges contre le soleil, qui lancent des filets de pêche dans l'eau des mares, des lacs ou dans la mer. Dans d'autres photos, les eaux des mers, d'un bleu turquoise, d'une clarté cristalline viennent languir sur des plages de sable fin blanc, où des cocotiers émeraude bruissent au moindre souffle de cette brise tiède. Les reportages télés, les magazines, et les brochures des agences montrent aussi des myriades de boutiques qui vendent de l'or. Les murs couverts de velours rouge, où les bijoux en or 24 carats brillent, remplissant les moindres recoins de la boutique et éblouissant la vue. Dans les mêmes publicités voyantes, des boutiques de tailleurs, où l'on peut acheter trois costumes sur mesure et des chemises en soie, des cravates des mouchoirs – et tout cela pour moins cher qu'un costume en confection dans l'Ouest. Ces illustrations hautes en couleur et en photographies, encouragent le visiteur à venir se détendre dans mon pays, pour découvrir les meilleures affaires du monde, que l'on trouve seulement dans ce pays, la Thaïlande exotique et tropicale.

Ces mêmes brochures encore montrent les Thaïs étendus face à terre devant Bouddha, où les moines en robes safran qui le matin en priant, se rendent aux aumônes leur bol à la main. Dans d'autres photos, les artisans sculptant délicatement le bois, créent des fleurs en soie, peignent à la main des parapluies ou encore surlignent d'or des céramiques. D'autres encore cuisinent et vendent des nouilles délicieuses, des salades de bœuf et du poisson grillé, dans la rue.

Dans ces photos, le Thaï de nos jours est montré, s'occupant de ses enfants bien élevés, habillés dans des uniformes scolaires propres et bien repassés, se rendant à son travail de bureau dans le métro aérien à air conditionné – comme dans les sociétés civilisées. Des cartes postales en couleurs, montrent les paysans, le sourire aux lèvres dans leurs champs. En vérité, personne ne sourit en travaillant dans les champs, bien qu'un salaire honorable et un jour de repos puissent leur donner une bonne raison de sourire. Ceci n'est que le début de la tromperie que mon pays envoie au monde.

Le T.A.T. (voir glossaire) pour des raisons évidentes ne montre pas mon village dans ses publicités. Il n'aurait à montrer, dans ces pages, que des routes poussiéreuses, et des conditions de vie primitives. Nos maisons sont des structures en bois délabrées, souvent construites sur des pilotis, avec des toits de tôle ondulée, et des trous dans le plancher. Des terrains vagues pleins d'ordures et des rivières polluées par les déjections humaines où se baignent les enfants – c'est la Thaïlande que les touristes ne voient jamais. *C'est la Thaïlande dont j'ai été chassée quand j'avais 13 ans.*

**Ni la richesse, ni la pauvreté n'existent dans la nature,
Elles sont toutes les deux des créations de l'homme.
Les causes de la pauvreté en Thaïlande.**

Il y a beaucoup de raisons pour expliquer la pauvreté de mon people. Cette pauvreté détermine la façon dont nous vivons, ce que nous faisons et aussi comment les gens nous perçoivent. Vous n'entendrez jamais parler de touristes sexuels allant en Suisse, ou à Monaco, pour y rencontrer des jeunes adolescentes – les jeunes filles dans ces pays n'ont pas besoin de se vendre pour acheter un restaurant mobile à leurs mères, un magnétoscope à leur frère, ou envoyer leurs sœurs à l'école.

J'ai eu suffisamment de chance pour me sortir de ce monde de pauvreté. C'est un monde qui crée un tel désespoir, que les jolies jeunes filles des pauvres provinces de Thaïlande, pensent qu'elles n'ont pas d'autres choix que de voir des touristes sexuels pour faire de l'argent dans beaucoup des zones chaudes de Thaïlande.

La pauvreté existe sous de multiples formes : depuis celle que l'on peut trouver en Ethiopie, au Soudan, au Pakistan ou d'en d'autres pays du Tiers-Monde, jusqu'à la pauvreté dans les pays de l'Occident. La pauvreté en Asie du Sud-est n'est pas due à son sol. La Thaïlande possède une agriculture de grande qualité, elle produit en masse et exporte en grande quantité. En fait c'est le plus grand exportateur de riz du monde. Il n'y a aucune raison pour que des gens aient faim dans

A 13 ans… la vie commence

mon pays et pourtant beaucoup souffre de ce mal. Bangkok est le principal coupable, d'autres grandes villes suivent de près, de même que les belles îles de vacance comme Kho Samui et Phuket qui sont aussi condamnables avec des dizaines de mendiants dans chaque rue, sur chaque pont, sur et sous chaque montée d'escalier publique. Leur désespoir et leur peine est à jamais ancré dans leur visages burinés – ils sont vieux avant l'âge. Une grande quantité de ces mendiants vient des villages du Nord-est, parce que mendier procure un revenu plus important que de travailler sans repos dans les rizières.

En Amérique et en Europe on trouve les produits agricoles thaïs en abondance – du riz, des fruits en conserve, des légumes, et du tapioca envoyé à l'état brut. Nous ne subissons pas un manque de nourriture comme en Ethiopie ou au Soudan grâce à la richesse de notre sol, des pluies abondantes- quelque fois un peu trop, et des ouvriers agricoles qui ne rechignent pas à se casser le dos au travail – ce qui pousse de nombreux Thaïs à mourir plus tôt que dans d'autres pays. Beaucoup des vêtements que l'on trouve en occident sont fabriqués en Thaïlande. Il se peut même qu'ils aient été cousus à Ubon, bien que d'autres sont fabriqués dans des pays encore plus pauvre – avec encore plus d'abus de droits sociaux qu'en Thaïlande. Les compagnies locales et internationales fabriquent des vêtements et des chaussures en Thaïlande pour une simple raison : le travail à bas prix. A Bangkok 164 Bahts (4US$) par jour, en Isaan – la région la plus pauvre de Thaïlande, les salaires sont de 100 Bahts (2.50 US$) par jour pour 10 à 12 heures de travail journalier. Il y en a beaucoup qui ne gagne que 50 Bahts (1.25 US$) pour le même temps de travail. Il n'y a pas d'organisme chargé du contrôle de la sécurité et des conditions de travail. Certains ont même utilisé le kidnapping et le meurtre pour empêcher qu'elles existent.

Pas de syndicats, pas d'assistance, pas de droits de l'homme.

L'assurance-maladie, le service de sécurité, l'absentéisme, les syndicats n'ont pas droit de cité dans la plus grande partie de la Thaïlande. Notre dernier leader syndical : Tanong Pho-arn a disparu il y a 14 ans. La Police a interrompu les investigations au sujet de sa mort sur ordre de l'Armée. Mr Tanong jouait un rôle prépondérant en se battant pour les ouvriers et contre la dictature militaire. Sa destinée ainsi que le nom de ses ravisseurs sont connus de certains. Sa famille a demandé des explications au gouvernement de l'époque et à ses successeurs. On ne s'est jamais que très peu occupé de leurs demandes pendant les quinze dernières années[62]. Ce ne fut pas le seul responsable syndical à disparaître en Thaïlande. Les mêmes règles s'appliquent aussi au Cambodge, il y a peu le leader syndicaliste du pays a été tué. Il y a donc peu de questions à se poser sur la maigre représentation syndicale, et le manque d'augmentation des salaires, ou des conditions de sécurité en Asie du Sud-est. L'absence de syndicat, maintient les patrons de société riches et les travailleurs pauvres.

Avec le salaire moyen à Bangkok de 4 US$ par jour, un couple ne peut pas envoyer son (ses) enfants – principalement les filles, à l'école. Dans les villages on ne peut qu'en rêver.

Les pays dans lesquels les citoyens ont des syndicats, des droits du travail, et des consignes de sécurité, ont des revenus qui leur permettent de vivre, au minimum une vie appropriée à leurs standards – ce qui leur permet aussi d'acheter des produits provenant de pays où les gens n'ont pas ces protections. Dans toute l'Asie du Sud-est, les représentants des Gouvernements et les Capitaines de l'Industrie qui travaillent main dans la main, affirment que leurs propres pays ne sont pas assez riches pour pouvoir s'offrir des syndicats, des droits du travail, la liberté de la presse, la liberté de parole, et une vraie démocratie. En d'autres mots, les droits humains sont trop chers. *Mais ce sont ces droits qui créent la richesse. Les Droits de l'Homme sont gratuits. En Thaïlande le Gouvernement les a simplement supprimés.*

C'est un principe de base en économie. Il y a trop de parents qui n'ont pas les moyens d'envoyer leurs enfants à l'école. Les frais d'inscriptions, les uniformes et les fournitures même si le coût est faible il est déjà trop important pour leurs maigres revenus. Les enfants sont donc privés d'éducation. Si les droits du travail étaient respectés, les parents gagneraient suffisamment pour la maisonnée et pour envoyer leurs enfants à l'école. Ces droits n'existent pas parce que les nantis de mon pays ont le pouvoir d'empêcher que ces idées deviennent des lois. Il n'est pas question que l'enseignement soit totalement gratuit. Aucun enfant ne devrait être interdit d'école parce que ses parents n'ont pas les moyens.

A 13 ans... la vie commence

Les opprimés de mon pays dans leur élan pour obtenir de meilleurs salaires et droits sont souvent réprimés par les militaires thaïs. Les militaires, la police, et les groupes de criminels, terrorisent les gens pour leur rappeler qui est le chef. C'est un fait connu parmi les citoyens thaïs. C'est la vérité dans la Thaïlande moderne, gouvernée par un système parlementaire, où le Premier Ministre actuel, Mr. Thaksin Shinawatra, croit dans le maintien d'un contrôle personnel efficace, plutôt que dans un pouvoir décentralisé. Son opposition le crédite de la devise suivante : « Je serai le seul à avoir raison ». Les citoyens thaïs sont traités comme des locataires dans leur propre pays, de plus, on leur conseille fortement de ne pas critiquer le gouvernement.[63]

Les résultats de la pauvreté asiatique.
« Le miracle économique asiatique » Est-ce vraiment un miracle ?

En grandissant, je faisais le tour d'Ubon. Ce n'était que des kilomètres et des kilomètres de terrains agricoles stériles aussi loin que l'œil pouvait voir. Je ne pouvais pas y voir la moindre beauté. Je ne voyais que l'environnement dans lequel je devais travailler du lever au coucher du soleil, en plus d'aller à l'école, jusqu'à ce que je n'aie plus le droit d'y aller. Il y eut un peu d'argent dans la province, venant probablement d'officiels corrompus du gouvernement, ou de mafieux locaux. Comme ma famille n'avait pas de connexions dans ce domaine, il allait falloir que je paie pour l'avoir plutôt que de le recevoir gracieusement. Les pauvres citoyens d'Ubon étaient ceux sur lesquels, ces voleurs de prestige, bien habillés et bien protégés, gagnaient leur argent. Le fait que l'un d'entre nous fasse de l'argent, par lui-même, ne les intéressait pas le moins du monde. En guise de résultats, ils ont organisé le gouvernement, les lois et tous les business dans la province de façon à ce nous soyons incapables de progresser de notre état de pauvre. Pour cette raison il y a des centaines de milliers de filles, en ce moment, qui se vendent pour gagner plus que ce qu'elles gagneraient dans les rizières. Si elles ne le font pas elles resteront pauvres toutes leurs vie. *Le choix qu'elles ont fait – ou celui qu'elles ont été obligées de faire, est le même que je me suis sentie forcée de faire il y a longtemps. C'était, et c'est encore, un résultat de la pauvreté asiatique.*

Chapitre 8

Le tourisme contre le tourisme sexuel.
Le tourisme.

Les gens adorent visiter la Thaïlande. Il y vient environ 10 millions de visiteurs par an. Les hôtels ont leurs propres minibus qui attendent à l'aéroport ou dans les gares routières, pour emmener rapidement le touriste dans sa chambre d'hôtel confortable, bien organisés avec toutes les informations pour avoir des vacances à l'étranger inoubliable. Mon pays est particulièrement agréable aux touristes, avec tous les besoins du visiteur satisfaits pour passer des vacances sans stress. La Thaïlande offre beaucoup de panneaux routiers traduits en anglais, même dans les petits villages. Des bus à air conditionné roulent tous les jours en direction de toutes les destinations historiques, ou touristiques, que les visiteurs aux yeux grands ouverts veulent voir. L'une des dernières nouveautés pour le transport urbain est le métro aérien, qui rend les voyages dans tous les coins de Bangkok agréables et rapides. Il est aussi très facile pour le voyageur qui vient pour la première fois dans mon pays avec un guide en main de s'organiser pour voyager sans problème de Mae Sai dans le Nord à Phuket dans le Sud, sur la mer d'Andaman, comme à Kho Samui sur le golf du Siam.

Beaucoup de touristes viennent en Thaïlande parce que très peu d'argent dure très longtemps. Il y a une compétition sévère entre les compagnies aériennes pour traiter le business du tourisme, ce qui rend les voyages internationaux abordables, comme le sont les voyages domestiques quand le touriste est déjà arrivé. Par exemple un touriste Californien dépensera 300 US$ sur un vol aller retour pour Hawaï, 150 US$ par nuit d'hôtel et au minimum encore 150 US$ par jour pour la nourriture, les transports et l'amusement. Ou bien il dépensera 600 US$ pour le vol sur la Thaïlande, de 30 US$ à 60 US$ par nuit dans un hôtel équivalent et 50 US$ par jour ici lui permettront

A 13 ans... la vie commence

de prétendre à tout ce que 150 US$ à Hawaï pourrait lui proposer – Y COMPRIS une jolie jeune fille... comme moi. Il n'y a vraiment aucune raison pour qu'un touriste américain aille quelque part ailleurs qu'ici. Beaucoup de voyageurs asiatiques sont aussi d'accord là-dessus. Ils viennent du Japon, de Corée, de Hong-Kong, Singapour et Taiwan. Ils ont autant d'argent que n'importe quel « Farang », ils peuvent s'offrir de merveilleuses vacances sans avoir à compter les Dollars, les Wons ou les Yens.

Le tourisme sexuel.

La plus grosse différence entre l'offre touristique de la Thaïlande et celle d'Hawaï, ce sont les jeunes filles qui resteront avec le touriste pendant une nuit pour le prix d'un repas moyen aux USA. Une jeune et jolie prostituée à Hawaï coûtera au touriste 400 US$ la nuit. C'est pourquoi tant de touristes, Farangs ou Asiatiques viennent plutôt en Thaïlande, où la même jolie fille, coûte seulement 25 US$ à celui qui cherche à s'amuser.

Le TAT (Tourism Authority of Thailand) montre une image des touristes qui arrivent pour prendre des bains de soleil sur nos belles plages, et visiter nos temples exotiques. La vérité c'est que beaucoup de nos plages sont loin de la beauté immaculée qu'elles avaient il y a trente ans, et il faut souvent voyager dans le Sud de la Thaïlande, loin des coins touristiques réputés tels que Pattaya et Bangkok pour en trouver une. Mais peu de touristes viennent à Pattaya pour les plages. Il n'y en a pas beaucoup non plus qui sont là, spécialement pour visiter nos nombreux temples si beaux soient ils. Demandez à la majorité des hommes ce qui leur vient à l'esprit quand ils pensent à la Thaïlande comme destination, la réponse qui vient en premier sera le plus souvent, des femmes jeunes et sexy, disponibles. La majorité des touristes qui viennent en Thaïlande a toujours été et restera : les hommes.

La possibilité d'avoir facilement des femmes a toujours fait partie de la culture thaïe. Les chefs d'états thaïs et birmans avaient coutumes de s'offrir des jeunes filles comme cadeaux pendant des siècles. Les femmes ont toujours joué un rôle dans l'entretien de la maison, pour élever les enfants, s'occuper de la nourriture, tout ceci les conservant dans un état de soumission. C'est l'une des exploitations tragiques qui existent dans ma société. L'évolution, d'apporter les services donnés aux hommes thaïs, vers les étrangers, est venue dans les années 60, quand les troupes américaines venaient en permission du Vietnam, à Pattaya. L'image de Pattaya, village de pécheurs endormis, changea bien vite en celle d'une ville remplie de jolies femmes. Ces femmes étaient là pour assurer le repos du guerrier contre quelques bahts. S'occuper des Américains devint une profession lucrative.

La Thaïlande aurait quand même des touristes sans jeunes filles disponibles. Mais sans tous les hommes qui viennent en Thaïlande pour cette seule raison, les aéroports, hôtels, boutiques, restaurants et bars ne gagneraient pas suffisamment pour dégager des profits. La vérité est telle que « le cœur » même de l'activité économique du tourisme thaï pourrait être en péril. *Une autre vérité très regrettable c'est que les jeunes femmes sont heureuses d'avoir la possibilité de gagner de l'argent sans travailler dans des ateliers – même si cela veut dire s'occuper de clients.*

Beaucoup de celles qui travaillent avec des étrangers sont des « patrons » et des « sous-traitants » indépendants, alors que celles qui sont dans les bordels ne le sont pas. Nous fixons les prix, nous recevons tout le bénéfice. Il n'y a pas besoin de syndicats.

Une pauvre couturière dans un atelier gagne un dixième du montant payé à son employeur pour un objet sur lequel elle a travaillé. Les filles qui viennent à Bangkok ou à Pattaya pour rencontrer des touristes, se passent des intermédiaires. Le Gouvernement et les entreprises se sont positionnés comme intermédiaires entre le pauvre travailleur et le touriste ou le client visiteur pour « prendre la majorité » du bénéfice. Nous, dans les métiers du sexe, gagnons beaucoup plus d'argent en travaillant pour nous. Nous conservons aussi le bénéfice qui est le nôtre, en traitant directement avec les acheteurs de l'Ouest. Le Gouvernement thaï et ses businessmen réclament à L'OMC (Organisation Mondiale du Commerce) un accès libre aux marchés occidentaux, afin de pouvoir toucher les acheteurs riches. Les filles de bar n'en demandent ni plus, ni moins. C'est aussi

A 13 ans… la vie commence

simple. *En fait nous agissons comme si nous exportions nos services, en faisant venir les gros acheteurs dans notre pays.*

Vu du coté des touristes sexuels.

Les clients qui marchent dans Patpong, Nana Plaza, Soi Cowboy, ou Pattaya ont les « poches pleines ». Certains font « briller » leur argent et leurs cartes de crédit, de façon futile, pour ajouter de la valeur à leurs sentiments d'insuffisance. Mes clients m'ont souvent dit que, qu'ils ne voient en nous qu'un groupe de « petites putes à la peau brune » ou des « machines sexuelles à 25 $ » prêtes à leur faire cracher leur argent, en faisant pour eux n'importe quel acte sexuel même dégradant et humiliant pour arriver à leurs fins. Les clients, ne pensent pas que ces filles ont des enfants, essaient de nourrir leurs familles, ou même simplement que ce sont aussi des êtres humains. Ces clients qui nous voient comme des déchets, éprouvent quand même le besoin de se mettre « en valeur » avec leur monnaie. Ils ont besoin de se « sentir quelqu'un » avec les filles de la nuit. Leur carence en respect de soi est hors-limite. Nous, dans les métiers du sexe, couchons avec des hommes pour de l'argent sans se soucier de notre propre sentiment d'insuffisance, mais en sachant que nous n'avons pas d'autre capacité. Donc nous savons reconnaître ce sentiment chez les autres quand nous le voyons. Certains de nos clients auraient bien besoin d'une psychanalyse, d'autres – mais c'est les moins fréquents sont agréables et s'inquiètent vraiment de notre bien-être.

Certaines fois je suis allée avec des clients sans la moindre envie. Une fois un homme a été particulièrement désagréable et m'a traité de « reste de plat de riz ». A ces yeux j'étais si modeste dans ma prestation que je ne valais même pas les 5 Bahts (12 cts) que coûte un bol de riz. Lui comme beaucoup d'autres hommes parlent de nous comme des *'LBFM – Little Brown Fucking Machines'* « Petites machines bronzées à bais*** ». Nous sommes d'une société et d'une région si pauvre que nous quittons nos taudis pour coucher avec eux. Ils sont si avinés et ont des corps si mal foutus qu'aucune des femmes occidentales ne voudrait d'eux. Ils reportent leurs sentiments d'humiliation et de rejet sur nous qui sommes les cibles les plus faciles et les plus vulnérables. Nous sommes souvent tellement désespérées et en manque d'argent que nous acceptons leurs vexations pour quelques Bahts. Ils nous traitent de « menteuses et de voleuses » quand nous essayons de les convaincre de nous envoyer de l'argent pour nos obligations familiales. Nous devons supporter tout cela pour pouvoir envoyer nos sœurs à l'école, pour payer les dettes de nos familles et pour essayer de se sortir du gouffre financier dans lequel nous sommes nées. Le touriste qui vient occasionnellement en Thaïlande pour le sexe est différent, mais pour la majorité, les hommes qui viennent régulièrement en Asie du Sud-est pour le sexe ont autant de problèmes émotionnels que nous avons de problèmes financiers, en venant de nos pauvres villages.

Vu du côté des filles de bars.

La vérité c'est que les filles de bar voient l'argent et pas les hommes. La principale critique que nous formulons c'est que nos clients ont une mauvaise image de nous. Il se peut qu'ils soient brièvement attirés par nous, cette attraction peut même durer un certain temps. Mais sans tenir compte du montant qu'ils peuvent payer pour nous, ou du temps qu'ils resteront avec nous – même si c'est des années, ils n'ont aucun respect pour nous. Nous sommes leurs machines à sexe, leurs jouets sexuels, ou leur concubines. On se rend compte que parce qu'ils paient pour nous, nous ne sommes que des marchandises, ou des biens de consommation. Le fait de gagner notre vie comme prostituées, ne nous éloigne pas définitivement de nos sentiments. Nous voulons être traités comme des êtres humains. Aucun Thaï, ou Isaan et surtout les hommes de nos familles ne nous voit comme une égale. Nous apprécions la façon dont les Farangs nous paient, et même l'intérêt que porte certains d'entre eux aux problèmes de notre bien être, mais malheureusement très peu nous voient comme leur égale, il y en a même qui nous considère comme des « sous-humains ».

C'est parce que nos clients ne nous voient pas comme des humains, qu'ils ne peuvent pas comprendre, que nous sommes les victimes involontaires du système économique et culturel de notre pays. Les Farangs, en vacances dépensent plus en un jour, que la majorité des femmes thaïes gagnent en un mois à – servir à table, coudre des vêtements, ou comme employées à la réception d'un hôtel.

A 13 ans… la vie commence

Il y a très peu d'emploi dans mon pays qui assurent un salaire de 200 US$ par mois, sans diplôme universitaire, ce que peu en Isaan peuvent obtenir (*un jeune médecin qui accepte un poste dans un hôpital gouvernemental gagnera 200 US$ par mois*).

Il y a des filles qui s'achètent des téléphones portables, des bijoux en or, de la boisson, mais la majorité envoie de l'argent au village pour aider les faibles revenus de la famille. Certaines aussi font un peu des deux. La majorité des familles Isaan vivent dans une pauvreté sans fond. Ils empruntent à des usuriers à des taux d'intérêts de l'ordre de 20% par mois et quelque fois plus. Ainsi lentement mais sûrement, ils ne peuvent plus rembourser. C'est très souvent ce qui conduit les filles à partir pour Pattaya ou Bangkok pour travailler. Souvent leurs familles empruntent cet argent pour compenser une mauvaise récolte, ou pour acheter des équipements, qui vont de la mobylette à l'alcool, en passant des dettes pour les engrais, et même pour jouer à la loterie gouvernementale.

Les thaïs vont emprunter pour pouvoir jouer, quand ils croient qu'ils ont les numéros gagnants, un emprunt qu'il faudra rembourser avec de gros intérêts. Et qu'est ce qui fait qu'ils y croient ? C'est souvent l'interprétation des numéros vus en rêves. Nous, les Thaïs croyons que si nous rêvons à un poisson, c'est le 8 qui sortira, si c'est un crapaud ce sera le 9, mais par contre si c'est à Bouddha que nous rêvons ce sera le 8 et/ou le 9. Rêver d'un bébé indique qu'il faut jouer le 1, d'une femme le 4, d'un homme les chiffres 5 et/ou 6, d'une crevette le 9. Si nous rêvons de mer… humaine, c'est une certitude, nous allons perdre. Mais si dans nos rêves nous touchons ou jouons avec de la mer…nous allons gagner. Nous jouerons aussi les numéros qu'un moine nous aura donnés– avant de recevoir une générosité en échange. Il ne faut pas oublier la fleur de bananier dans laquelle on pourra lire les numéros gagnants, ou la tortue qui aura révélé aux 'initiés' des nombres sur sa carapace.

Pourquoi je suis allée avec des hommes.
Les raisons économiques de la prostitution.

La prostitution : L'action de faire des actes sexuels pour de l'argent

A 13 ans... la vie commence

Des jeunes filles attirantes quittent leur pauvre village, en plein désespoir, à la recherche d'une vie meilleure dans la grande ville, seulement pour tomber sans espoir d'en sortir indemne dans la prostitution. Ce ne sont pas toutes les filles qui quittent leur village pour faire ce que j'ai fait. Certaines travaillent six jours par semaine dans des hôtels et des restaurants à servir des touristes, et des locaux, ou bien encore dans des ateliers à faire des vêtements et des chaussures qui sont portés dans l'Ouest. Ces filles sont exploitées tout comme moi. Elles travaillent comme des esclaves pour des patrons inhumains, assoiffés d'argent *le plus souvent Thaïs*, pour recevoir seulement quelques dollars par jour. Beaucoup de filles de ma province vont à la ville pour 20 US$ d'avance et la promesse de gagner 80 US$ par mois. Trop souvent l'argent ne se matérialise pas, et le patron thaï trouve des dizaines de prétextes pour appliquer de fausses déductions de salaire ce qui maintient ces filles dans l'esclavage. Ces jeunes femmes travaillent souvent jour et nuit, A la fin du mois il ne leur reste souvent presque rien, il se peut même qu'elles soient endettées auprès de leur propriétaire, car leur chambre et la nourriture sont déduites de leur salaire. J'ai appris très tôt qu'il me fallait travailler avec des étrangers afin que le destin qu'était celui de ses filles ne soit pas le mien. J'ai toujours « Vendu » directement aux acheteurs occidentaux, et conserver tout le bénéfice de la vente, *alors que beaucoup de filles de ma province vivent dans un état perpétuel de servitude sans espoir de sortie, jamais.*

Mes choix.

Si je n'étais pas devenue prostituée, mes choix à Ubon se résumaient à travailler 10 à 12 h par jour pour un salaire de 2,5 à 3.00 US$. Ceci explique pourquoi une boite d'ananas thaïe aux USA ne coûte presque rien. La production est moins chère, donc le client paie peu. Il y a aussi la possibilité de travailler dans les usines ou sur les terrains de golf comme caddy – une aventure relativement nouvelle, pour correspondre à la demande des Japonais dans les endroits touristiques. Là, les femmes peuvent gagner 5 US$ par jour. En raison de ce salaire en dessous du minimum normal, beaucoup de femmes caddy, se vendent à la fin du parcours. Avec mon mètre quarante sept et mes trente cinq kilos, j'étais, et de loin, beaucoup trop petite pour porter un sac de golf. Beaucoup de filles qui travaillent dans les usines, ou comme vendeuses, en fait la majorité des filles qui travaillent, sont « à louer » après leur journée de travail.

Les filles qui travaillent avec les touristes sexuels peuvent gagner, EN MOYENNE, de 400 à 700 US$ par mois. Les filles les plus belles et les plus motivées peuvent gagner plus de 2 000 US$ par mois, je le sais car c'est ce que j'ai souvent fait. Il y en a aussi beaucoup qui se font payer des maisons par leurs clients, en plus des fonds nécessaires pour envoyer leurs enfants, ou des membres de leur famille à l'école, des voitures, des mobylettes, des téléphones portables. Les filles qui travaillent dans les bordels n'arrivent par contre jamais à ce genre de revenu. Le tourisme sexuel a fait de la prostitution un choix en demande pour les pauvres filles de Thaïlande. Bien que le tourisme sexuel, ne représente qu'une petite partie de la clientèle totale de l'industrie du sexe en Thaïlande, le touriste paie vraiment beaucoup plus, environ de 4 à 10 fois plus que ce que paie le local qui fréquente un bordel. Les Occidentaux ont aussi un regard différent sur les filles – même les touristes sexuels. Les touristes sexuels ont encouragé un nombre grandissant de filles à entrer dans les métiers du sexe, en offrant un revenu horaire, diurne ou nocturne, bien supérieur à ce que l'on pouvait trouver auparavant. Sans oublier que la perspective d'un mariage ou au moins d'une longue relation qui permet financièrement d'assurer l'éducation des enfants ou des frères et sœurs est un plus non négligeable.

Pendant les sept ans où j'ai travaillé dans les métiers du sexe les hommes m'ont beaucoup parlé de tout et de rien. Je restais assise en silence et j'écoutais calmement, comme si c'était les hommes les plus sages que j'ai jamais rencontré, tout en pestant « in petto » en attendant qu'ils aient fini et *qu'ils me paient tout simplement*. Mais tant qu'ils étaient d'accord pour me payer à les écouter, j'étais prête à acquiescer de la tête, les yeux grands ouverts et les oreilles bouchées, tout en leur disant que je comprenais. Ma petite taille et mon attention feinte, les rapprochaient de moi, et ils devenaient de plus en plus généreux. En fait les Farangs m'auraient payé juste pour les écouter me donner leurs idées et sentiments sur les autre Farangs qui venaient en Thaïlande. *J'utilisais leurs informations pour leur pendre tout ce que je pouvais.* Un jour un homme m'a écrit une lettre quand j'avais dix sept ans. Je pense que ses sentiments reflétaient plus sa culpabilité

A 13 ans... la vie commence

d'avoir couché avec une fille mineure, plutôt que le très faible coût de notre rencontre. Je pense aussi qu'il espérait en déversant ses sentiments apaiser sa faute, ou peut être que j'allais lui faire un prix.... *En rêve seulement !*

Nous, les jeunes femmes Isaan, avons fait un « choix », le choix se résumant entre, mal ou pire, à cause de notre pauvreté d'entrer dans le business du sexe plutôt que de :

1 – Gagner quelques dollars par jour en travaillant 10 à 12 heures, 6 ou 7 jours par semaine dans des Sociétés comme « Kader Toys » une société admise au BOI (voir glossaire), dont l'usine a été détruite par un incendie qui a tué 188 personnes et blessé 468 par ce que les issues de secours étaient bloquées.

Mémorial de l'incendie de Kader Toys.
Une petite fille vient prier pour sa mère, morte dans l'incendie.

Photographe Chanat Katanyu.
Remerciements pour la photo au Bangkok Post.

A 13 ans... la vie commence

En souvenir des victimes de l'incendie.

Des centaines de défenseurs des droits du travail et les familles éplorées de victimes du pire incendie industriel que le pays ait connu dans l'usine de jouet de Kadar Industrie, se sont retrouvés hier sur le site de Nakhon Pathorn pour se souvenir de la tragédie.

Aujourd'hui c'est la 11° commémoration du brasier qui a tué 188 ouvriers, (la majorité d'entre eux constituée de jeunes femmes issues de pauvres familles rurales), et qui a fait plus de 500 blessés, beaucoup sérieusement et certains handicapés à vie le 10 Mai 1993.

Les personnes rassemblées ont déposé des couronnes et des fleurs, ils ont érigé un mémorial temporaire et ont conduit une marche en l'honneur de ceux qui sont mort à cette occasion. Ils ont aussi lancé un appel pour que soit mis en place une institution qui garantisse la sécurité sur les lieux de travail, pour que cette institution ait un budget. Ils ont aussi demandé qu'un mémorial permanent soit érigé sur le lieu de la catastrophe.

Leurs tentatives de construction de ce mémorial ont pour l'instant été contrecarrées par le propriétaire du terrain.

Chaliew Liangraska a blâmé la négligence du propriétaire de l'usine pour avoir causé la mort de sa fille, Wantana. « Comment pouvons-nous supporter la charge d'élever le jeune fils de Wantana avec les 4 000 Bahts de dédommagement par an que nous paye l'usine » a-t-elle déclaré.

La Nation le 05/10/2004.

2 - Travailler dans les champs 10 heures par jour en se battant contre la malaria ou d'autres maladies pour 60 US$ par mois.

3 – Laver les sols dans un hôtel pour 80 US$ par mois, ou être serveuse 10 heures par jour avec deux jours de repos par mois pour 120 US$.

Ce sont les raisons qui poussent tant de filles à quitter leurs villages pour Bangkok, Pattaya, Kho Samui ou Phuket et autres lieux de villégiature. Nous choisissons de rencontrer et de coucher avec des touristes plutôt que de travailler comme ouvriers dans cette Thaïlande qui s'industrialise rapidement, en surface, mais avec quand même toujours, une économie d'agriculture et d'atelier clandestin en profondeur.

A 13 ans... la vie commence

TUI

Mon amie Tui (une fille qui ne travaille pas dans les bars) a trouvé un bon job dans un hôpital important de Pattaya, l'un des plus grands endroits de vacances de mon pays. Le salaire est d'environ 140 US$ par mois, c'est considéré comme un bon salaire. Il a fallu qu'elle donne une garantie de sécurité de 110 US$. Les Farangs n'ont pas à fournir de garantie à leurs employeurs dans leur pays, pas plus qu'en Thaïlande, mais c'est nécessaire pour les Thaïs. Un soir, elle a oublié d'arrêter l'air conditionné dans son bureau. Le jour suivant elle a été à l'amende de 22 US$, ce qui représentait 15 % de son salaire mensuel. La consommation d'électricité ne peut pas avoir excédé 3 US$. Récemment son oncle est mort, et elle devait retourner dans son village pour assister aux obsèques pendant trois jours seulement. Son employeur a retenu 33 US$ soit 23% de son salaire mensuel. Ceci est la politique courante dans une entreprise thaïe de renom. On ne peut qu'imaginer ce qui se passe dans une entreprise de moindre réputation. C'est pourquoi j'ai décidé de suivre mon chemin. Je ne voulais pas travailler pour un patron thaï, ni avoir d'intermédiaire entre moi et l'acheteur de mes services.

Une fille de 20 ans, jolie mais sans éducation, peut gagner 180 US$ par mois comme salaire de base de danseuse dans un Gogo. Si on rajoute les pourboires sur les verres, les sorties de bar (que les admirateurs lui paient) et les paiements directs pour avoir couché avec le client, elle gagne au minimum 700 US$ par mois. Les filles des Gogos gagnent plus les filles de bars. Mes copines qui étaient jolies et moi gagnions rarement moins de 1 200 US$ par mois. Un week-end Thip a gagné plus de 2 400 US$ avec un client. Le mois suivant cet homme lui a envoyé 1 000 US$ par la poste. Il l'a rencontrée dans une galerie marchande et l'a invitée à dîner. Il n'a jamais su que c'était une prostituée, mais il lui donnait de l'argent en attente de l'épouser.

Nous avons appris à ne jamais sous-estimer la générosité d'un homme qui vient juste de passer un excellent week-end avec une fille jeune et jolie – de 20, 30 ou 40 ans sa cadette.

Thip

En 1997, Thip, l'une de mes plus jolies copines est partie travailler au Japon. Elle gagnait environ 3 000 US$ par mois. Sa vie

A 13 ans… la vie commence

au Japon se déroulait sans histoire, jusqu'au jour où, alors qu'elle mangeait dans un restaurant thaï des officiers de l'immigration sont venus pour la questionner. Thip avait dépassé de 21 mois la date autorisée sur son visa de 3 mois comme étudiante. Après deux semaines en prison, elle et d'autres femmes thaïes ont été obligées de faire leurs bagages pour repartir en Thaïlande.

A leur arrivée en Thaïlande, les autorités thaïes ont récupéré leur passeport et les ont conduites dans un centre où elles devaient suivre une formation pour devenir couturières, esthéticiennes, ou tout autre métier qui leur plaisait. Aucune de ces professions n'aurait pu rapporter 120 US$ par mois. Donc elle a fait ce que n'importe quelle fille de bar qui travaille en « free- lance » intelligente aurait fait, elle est revenue à Pattaya, où elle pouvait gagner 40 US$ par jour. Les travailleurs du sexe en Thaïlande peuvent retourner dans leur village avec une image non ternie, aussi longtemps qu'ils ont mis de côté assez d'argent pour subvenir aux besoins de leur famille, pour avoir « la Face ». Ceci est primordial dans la société thaïe. Il n'y avait pas de problème pour elle de revenir dans son village après qu'elle fut rejetée du Japon comme prostituée, car elle avait envoyé tellement d'argent de là-bas tous les mois.

Une fois je lui ai dit qu'elle avait beaucoup de chance d'être née aussi belle. Et elle m'a répondu : « C'est sûr comme ça je peux encore gagner plus d'argent comme prostituée ».

Suputa

« Je ne suis pas une fille de bar. J'ai faim et je n'ai pas d'argent, c'est pour ça que je vais avec un homme ». A vingt ans, Suputa ne mesurait pas 1,50 m et pesait 38 kg toute mouillée. Elle venait de Surin près de la frontière Cambodgienne. Sa langue maternelle était le Suay, un dialecte thaï proche du Khmer (le Cambodgien). Elle a commencé à travailler dans une usine de vêtements quand elle avait douze ans. Elle gagnait 80 US$ par mois pour des journées de 12 heures et ceci 6 jours par semaine. Bien que ce soit illégal pour l'entreprise de l'employer à cet âge, elle profita du fait que sa mère était elle aussi employée, et elle fut accueillie à bras ouverts. Après plusieurs années de ce travail d'esclave, à produire des vêtements pour l'exportation, elle est venue sur Pattaya au « 19°trou » un bar-club. Bien qu'elle fut employée comme serveuse, gagnant en moyenne 4 000 Baths (95 US$) par mois comme salaire et 2 000 à 3

000 Bahts (48 à 72 US$) comme pourboire, elle arrondissait son salaire en rencontrant des clients en dehors du bar pour 1 000 Bahts (24 US$) la passe. Le choix n'était pas difficile car travailler comme couturière pour 80 US$ par mois se plaçait nettement en dessous d'être une serveuse hôtesse avec un bien meilleur salaire. La 'Face' gagnée par un bon salaire estompait la 'Face' perdue par un métier de prostituée à mi-temps.

Un jour elle m'a raconté une histoire. Quand elle avait dix ans, il n'y avait pas de nourriture à la maison. Sa mère lui a dit d'aller chez sa grand-mère pour voir si elle avait quelque chose à manger pour elle. Quand Suputa est arrivée avec ses 15 kg et qu'elle a demandé à sa grand-mère si elle avait de la nourriture, elle lui a répondu « Ok, mais ne mange pas trop ».

C'est le genre de pauvreté qui existe dans les villages Isaan, qui constituent le tiers de la Thaïlande. C'est aussi le genre de difficultés familiales qui créent la situation qui conduit tellement de filles dans les bordels et dans le tourisme sexuel en Thaïlande. Même ma famille n'était pas aussi pauvre.

Certaines filles thaïes grandissent en attendant l'âge de pouvoir aller à Bangkok, à Pattaya ou Phuket pour y gagner le genre d'argent qu'elles ne pourraient jamais gagner autrement – avec le peu d'éducation que le gouvernement a mis à leur disposition. Je n'avais jamais pensé aux métiers du sexe quand j'étais à Ubon, mais pour d'autres c'est seulement une période d'attente. Même si elles ont une bonne éducation, beaucoup de jeunes femmes thaïes se tourneront vers le plus vieux métier du monde, pour gagner plus et ainsi s'occuper de leur famille et leur permettre d'améliorer « la Face » dans leur communauté locale.

L'argent : la quête nationale.
uête nationale.
ête nationale.

Nous voudrions tous avoir plus d'argent. Tout le monde en Thaïlande veut plus d'argent. Mais en Thaïlande l'argent est une recherche nationale. En plus d'aider mes sœurs à aller à l'école je voulais aussi améliorer le niveau de vie de ma famille, et l'état de notre maison à Ubon. *En Thaïlande celui qui a de l'argent et une vie*

A 13 ans… la vie commence

confortable - cet argent provenant de la sueur, du travail harassant, et de l'angoisse des pauvres – ou bien on est « Pauvre ». En Thaïlande pour « La Face », il faut avoir de l'argent, au plus on a de l'argent au plus les autres vous manifestent du respect. Je voulais que ma famille *soit respectée*, plus que d'avoir à *montrer du respect* aux autres et je voulais qu'elle n'ait pas à se *prosterner devant* ceux de la caste des riches.

La seule façon pour moi de gagner « Beaucoup » d'argent en Thaïlande était de me vendre – en suivant les principes très anciens du « *sexe pour de l'argent* ». La Thaïlande possède une très grosse industrie touristique, et la majorité de cette industrie repose sur des hommes qui viennent dans mon pays pour y rencontrer des jeunes filles comme moi. Très souvent ces hommes sont plus vieux, quelque fois beaucoup plus vieux.

Dans la Thaïlande des campagnes, on ne pratique le sexe qu'après le mariage. Je ne savais pas quoi penser du fait de coucher avec des touristes pour de l'argent, car c'était une option que je n'avais jamais envisagée, tant que j'étais en Isaan. Après mon arrivée à Bangkok, je me suis rendue compte que les filles dans les bars n'avaient aucun problème à « *partir avec les hommes* » qui le leur demandaient. Ces filles avaient beaucoup d'argent et des bijoux en or. Elles pouvaient envoyer chez elles des dizaines de milliers de baht (10 000 Bahts = 400 US$) chaque mois, elles portaient de beaux vêtements et parlaient bien l'Anglais. Je voulais avoir ce qu'elles avaient, et être ce qu'elles étaient. *Je voulais avoir de « la Face » pour ma famille et je voulais que ma mère me souhaite la bienvenue chez moi.*

Qui est responsable ?

De façon à endiguer le problème irrésistible de la prostitution en Thaïlande, aux Philippines, au Cambodge et partout ailleurs, il vaut mieux d'abord traiter le problème, qui a crée cette prostitution, plutôt que le mal lui-même. La prostitution avec les étrangers, en regard de celle avec les locaux, est le seul moyen que 30 000 filles ont, rien qu'en Thaïlande, pour améliorer leur niveau de vie. Ce chiffre ne tient pas compte des centaines de milliers de filles qui ne vont qu'avec les locaux. Les filles ne sont pas à blâmer, ni les touristes – pas plus que vous ne blâmeriez les acheteurs occidentaux de vêtements fabriqués dans les ateliers clandestins et les consommateurs d'aliments ramassés dans les champs d'Asie du Sud-est. Il ne faut pas non plus condamner le consommateur pour une exploitation qui existe déjà. La faute revient aux gouvernements et à l'élite des affaires qui contrôle ce système. Ils sont les seuls responsables.

Chapitre 9

Le travail à Bangkok.
La journée de travail d'une fille de quatorze ans.

L'un des différents boulots, que j'ai fait pendant mes deux ans à Bangkok a été caissière au « Food Center », un restaurant qui sert à la fois de la nourriture thaïe et farang, situé sur Sukhumvit Soi 5. Je vivais alors à Sukhumvit Soi 93, je me réveillais à une heure de l'après midi, prenais ma douche, m'habillais et grimpais sur le bus 26 ou le 2 pour 2.5 Bahts (0.06 US$). Le trajet durait environ trente minutes. Après plusieurs heures de travail les employés, avaient une pause pour manger avant sept heures du soir, moment ou la foule arrive. Bien que le choix des plats pour les employés soit limité, le repas offrait l'avantage d'être gratuit.

Quand j'avais fini mon travail de caissière vers onze heures du soir, je vérifiais les notes, jusqu'à onze heures trente. Ensuite je partageais les pourboires entre les employées du comptoir. Nous recevions en moyenne entre 20 et 40 Bahts (0.50 à 1 US$) chacune. J'avais terminé mon travail. J'allais à la salle de bains pour me changer dans mes vêtements sexys. Vêtements que je n'avais achetés que pour plaire aux touristes sexuels. Je disais à mes collègues que j'allais à une fête. J'arrivais pour travailler avec un accoutrement digne des posters montrant les enfants pour l'Unicef, et je repartais absolument adorable et désirable. Je marchais quatre blocs jusqu'au Thermae au Soi 13 de Sukhumvit. Il m'arrivait souvent de trouver un client, sur le court chemin, avant d'y arriver. Je recevais entre 700 et 1 000 Bahts (28 à 40 US$) pour une passe. Il n'y avait pas de problème, pour une jolie gamine de quatorze ans, marchant près d'un des quartiers chauds de Bangkok aux bars de mauvaise réputation, pour rencontrer le genre d'homme, qui ne visite la Thaïlande que pour chercher des filles comme elle. Je les recherchais comme ils me recherchaient. Il m'en fallait peu ensuite pour les subjuguer, après tout

162

j'étais jolie, petite, et précoce. Ils vidaient généreusement leurs poches, pendant que je leur prodiguais du plaisir, en remplissant tous leurs désirs de sexe avec une Lolita exotique.

Le personnel du « Food Center », à l'époque se composait de deux serveuses, une caissière, un cuisinier et deux autres filles de comptoir. Tôt un matin, le cuisinier me vit dans les rues avec un « Farang ». Le lendemain, il me fit perdre « la Face » en le racontant à tout le monde au restaurant. J'étais très gênée et extrêmement en colère, il fallait que je parte. Bien que la prostitution soit souvent une « carrière » de choix dans les endroits touristiques de Bangkok, parce qu'il n'y a pas d'autre moyen de gagner « bien sa vie », personne dans mes collègues ne savait que j'avais opté pour cette source de revenu alternative. J'avais promu l'allure d'une « fille normale », et ma couverture était éventée.

Mes relations personnelles.
Jorg d'Allemagne.

C'est au « Food Center » que j'ai rencontré Jorg. Il exportait des roses pour vivre. Je suis restée avec lui pendant quelques mois après avoir quitté mon travail. Il était gentil, il m'a entretenue et m'a envoyée à l'école. *C'était plus que mon gouvernement ou ma mère ne m'ont jamais offert.*

Robert d'Angleterre.

Ma rencontre avec Robert a presque coïncidé avec celle de Jorg. Robert avait seulement trente ans et il était très beau. La première nuit, il m'a donné 1 000 Bahts, il m'a aussi promis de me donner 300 Bahts par jour pour que je sois sa petite amie. J'ai bien entendu accepté son offre, tout en continuant les « à côté » -y compris l'aide de Jorg. Je n'allais sûrement pas refuser le salaire garanti par Robert, de 9 000 Bahts (360 US$) et oublier les possibilités financières, illimitées, disponibles, dans et autour du Thermae.

Un peu de repos dans ma chambre.

Âgée de quinze ans.

A 13 ans… la vie commence

Jongler entre les relations.
Robert et Jorg : doubles gains égalent doubles problèmes.

Le hasard fait bien les choses, Robert et Jorg vivaient tous les deux dans l'immeuble « Sai Ban Pen », proche de l'hôtel Malaysia. Robert vivait au quatrième étage et Jorg au deuxième. Chaque fois que je disais à Robert que je partais pour aller chez moi, je lui demandais mes 300 Bahts. J'allais ensuite chez Jorg au second. Quand je disais à Jorg que je rentrais chez moi, je rentrais vraiment dans ma chambre. Un jour, alors qu'ils étaient tous les deux au Thermae, ils se sont parlé. Inutile de dire qu'ils se sont vite rendus compte que je les voyais tous les deux – pas de chance. Cette révélation s'est transformée en bataille rangée dans le bar.

Jorg était un homme bon qui voulait que j'aille avec lui en Allemagne, où il pourrait s'occuper de moi. L'ambassade d'Allemagne lui a répondu que comme je n'avais que quinze ans, j'étais trop jeune pour avoir un visa. Mais je lui ai demandé de m'envoyer, 6 à 8 000 Bahts (150 à 200 US$), pour subvenir à mes besoins et continuer d'aller à l'école pendant son absence. Il a dit oui, et est rentré en Allemagne peu de temps après. Je ne suis pas allée à l'école pendant longtemps, mais j'ai oublié de le lui dire, je ne voulais pas tuer « la poule aux œufs d'or ». Il avait vu des photos de mes sœurs. Quand un homme voyait que je m'occupais de mes sœurs, il voulait toujours m'aider, plus encore quand il avait vu à quel point elles étaient mignonnes.

Steve des Etats-Unis.

Après le départ de Jorg, j'ai rencontré Steve, un Américain très sympa qui travaillait comme enseignant à Chiangmai. Il m'a dit que j'étais charmante, une formule que j'ai souvent entendue. Il dit qu'il n'avait pas d'argent, mais il voulait quand même que je l'accompagne chez lui. J'ai répondu : « *Vous n'avez pas d'argent ?! »*. Il m'a dit qu'il chercherait dans sa chambre en arrivant. En arrivant dans sa chambre d'hôtel, il me dit qu'il me trouvait trop jeune, je lui ai dit que j'avais dix sept ans. Il ne m'a pas cru. J'ai fait monter la réceptionniste dans sa chambre, pour qu'elle puisse lui lire les informations de ma carte d'identité, elle a menti pour moi. Je n'avais que quinze ans. Ensuite nous avons pris une douche, nous sommes embrassés, et nous avons couché ensemble.

Sai et Ying à une cascade près du village.

A 13 ans... la vie commence

Il fallait qu'il retourne rapidement à Chiangmai et j'ai promis d'aller le voir. Il a pris le train, le moyen de transport de la majorité des Farangs. Je suis allée à Chiangmai par le bus, le moyen de transport de la majorité des Thaïs. C'était un voyage de douze heures, et Steve m'attendait à la gare routière. Nous avons passé quelques semaines à Chiangmai. Je n'avais jamais vraiment voyagé à travers la Thaïlande avant, et c'était agréable de découvrir mon pays. Malheureusement, je savais aussi que ce n'était pas une relation qui allait me rapporter beaucoup d'argent. Il ne pourrait jamais prendre soin de l'entretien de ma famille, et j'ai donc pris la décision de retourner à Bangkok.

Une fois de plus, mes espoirs d'une relation saine et « normale » étaient mis en périls, à cause de mes besoins financiers pour ma famille. *Pour arriver à mes fins, il fallait que je soulage de ses biens, l'homme accessible le plus disponible, immédiatement.*

Jongler entre deux relations.
Ma Mère contre mon Bonheur.

Les deux relations avec lesquelles une fille de Bar doit apprendre à jongler sont, celles qu'elle a avec sa famille et celles avec ses clients. Les rares fois où j'ai rencontré un jeune homme agréable, avec lequel j'avais envie de prolonger les rapports, il fallait que je pense à l'avis de ma mère, sur cette envie d'affection réelle. Aucun homme n'aurait l'envie de remplacer mes revenus provenant du Gogo, pour que je reste avec lui pendant une longue période. Ma mère de l'autre côté s'attendrait à ce que je continue d'envoyer à la maison le même genre d'argent qu'auparavant, jour après jour, qu'il pleuve ou qu'il vente, quel que soit celui avec lequel je serai.

Pour elle il n'y avait pas de différence, que je sois en train de travailler comme prostituée ou que je sois au beau milieu d'une relation amoureuse agréable.

Les jeunes gens qui en valent la peine, cherchent des petites amies, pas des filles de bars avec leur mère parasite. Je ne pouvais pas rester avec un homme bien, parce que ma mère m'aurait gâché la vie à perpétuité, pour avoir le revenu qu'elle était habituée à recevoir. Elle

A 13 ans… la vie commence

était seulement intéressée, de me voir continuer à nourrir son besoin insatiable d'argent, pour s'acheter les biens, qui lui permettaient de conserver la Face.

Toujours le centre de l'attention.

Âgée de quinze ans.

A 13 ans... la vie commence

Traits communs aux filles de Bars et aux Gogo Girls.

1 – Nous sommes Isaan. Nous ne sommes pas d'une ethnie thaïe. Notre héritage est Lao. Les différences visibles : nous sommes plus sombres de peau et notre visage est plus aplati que les Thaïs. Nous sommes des gens de la campagne, des régions les plus pauvres de Thaïlande.

2- Les Isaans ne sont pas sur un plan d'égalité avec les Thaïs.

3- Nous avons quelque fois terminé le primaire. Nous ne sommes pas qualifié pour quoi que ce soit, sauf les emplois les moins bien payés – ou la *prostitution*.

4- Nous sommes issues de familles, qui ne sont pas seulement pauvres économiquement, mais beaucoup de ces familles sont dépourvues de conscience et de sens moral. Il est fréquent, que les filles aient été violées, par leurs oncles ou leurs beaux-pères.

Même après que nous ayons décidé d'arrêter la prostitution de façon journalière, peu d'employeurs nous embaucherons pour travailler à Bangkok ou Pattaya. Ils pensent que nous n'accepterons pas de rester longtemps aux conditions qu'ils proposent pour le salaire et le travail. Ils ont bien raison. Ils savent que si un touriste veut nous emmener pour quelques jours, nous accepterons avec plaisir car il nous paiera l'équivalent d'un mois de salaire, sans compter les cadeaux dont il nous couvrira. Il y a quelques années, un restaurateur du secteur touristique de Bangkok a écrit : « *Je ne peux pas garder une bonne serveuse plus de quelques mois. Il y aura toujours un touriste ou un expatrié pour lui faire une meilleure offre, une proposition qu'aucun restaurant ne peut battre* ».

Traits communs aux touristes sexuels.

Les touristes sexuels qui fréquentent les Gogos, les Discos et les bars d'Asie du Sud-est sont là pour du sexe et de la compagnie. J'imagine qu'ils n'en n'ont pas assez dans leur pays. Je ne suis pas sûr de savoir pourquoi ils veulent des prostituées, mais je vais vous soumettre un certain nombre d'observations basées sur mes années d'expérience.

1- Ceux qui viennent ici ne sont pas les plus beaux du monde. Ils n'ont rien à voir avec les hommes que nous voyons à la télé ou dans les films américains. Et l'occasionnel beau mec est tellement « sûr de lui » qu'il pense ne pas avoir à payer. *Personne n'est suffisamment beau pour ça.* C'est la raison pour laquelle souvent nous évitons les beaux, jeunes hommes.

2- Les hommes plus âgés paient mieux, ils l'ont toujours fait et le feront toujours. Ils sont aussi plus respectueux, ils boivent souvent moins et ne font pas les fous comme les jeunes.

3- Beaucoup d'hommes sont là parce que leurs femmes les ont quittés, ils ne communiquent plus avec leur famille, ou parce qu'ils ne peuvent pas trouver une compagne chez eux. Quelques fois ils sont la pour trouver de la compagnie, même si ce n'est pas sexuel (bien que ce soit souvent le cas). C'est cette compagnie qu'ils ne peuvent pas trouver chez eux. Les Thaïs même les plus pauvres d'entre nous, ceux qui viennent d'Isaan, n'avons pas le même problème de socialisation que ces hommes. S'ils connaissaient vraiment et comprenais les problèmes de pauvreté auxquels nous devons faire face, il se peut fort bien qu'ils puissent raccommoder leurs propres problèmes aux USA, en Europe ou en Australie. La majorité de leurs problèmes est dans leur imagination. *Les nôtres ne le sont pas.*

4- Certains de nos clients nous traitent comme leurs petites amies, d'autres comme leurs femmes, et d'autres encore nous traitent comme des ordures. C'est une question de respect. La qualité du service que nous offrons dépend de leur conduite envers nous.

Dans les Gogos il y a des hommes qui passent leur temps à nous toucher ou à tripoter la partie de notre anatomie qui est le plus à portée de main. Ces « Barbares » n'ont jamais pensé que nous étions des humains avec des sentiments. En fait je ne pense pas que beaucoup d'hommes dans le monde aient la moindre idée que les prostituées sont des êtres vivants qui vivent et qui respirent. On entend souvent : « ce ne sont que des putes, fais ce que tu veux ». Pour la plupart d'entre eux nous sommes seulement des objets sexuels, nous sommes là pour leur amusement et leur plaisir sexuel, rien de plus. Nous sommes « prêtes pour le tripotage » tant que nous sommes dans le bar. J'ai souvent pensé que j'aimerai prendre des photos de ces hommes et les envoyer à leurs mères, leurs femmes, leurs filles, leurs employeurs. J'ai aussi souvent rêvé de voir ces hommes grossiers, malpolis, immatures, ces brutes sans cœur se faire mettre à la porte de leur boulot. Il nous arrive de devenir très méchantes et très outrées.

A 13 ans... la vie commence

Nous utilisons nos corps pour gagner notre vie, ce n'est pas une marchandise « prête à tripoter ». Le paiement marque la différence entre se sentir un peu – ou beaucoup dégradée, dans notre métier. Le paiement constitue aussi une compensation pour le tripotage comme pour le sexe. Que vous le croyez ou non « une pogne gratuite » nous donne le sentiment d'avoir été violées. La majorité des filles n'ont pas de problème avec ce tripotage, à condition que les verres (et leurs pourboires) arrivent où qu'une compensation en terme d'argent intervienne pour cette « palpation ». Ce qui en fait un vrai échange. Ceux qui tripotent pour rien sont ressentis comme des hommes qui manquent de respect envers nous. Quand les filles reçoivent de l'argent pour cet échange, alors la transaction devient acceptable. Bien que ceci puisse être une surprise pour le lecteur, les Gogo girls ont-elles aussi des valeurs.

Les règles des filles de bar et des Gogo girls.

Certains hommes que mes amies ou moi-même avons rencontrés, nous ont demandé de rester avec eux pour quelques semaines, quelques mois ou même plus. Si certains clients préfèrent voir une fille différente tous les jours, c'est leur choix. Nous ne leur reprochons pas leur décision. Mais d'un autre côté nous n'acceptons pas, qu'un homme prenne une nouvelle fille, dans le même bar, s'il en a déjà pris une la veille pour coucher avec lui. Cette conduite est considérée comme très grossière et représente pour nous un manque de respect. La règle est que, si un touriste n'est pas content de telle ou telle fille, il devrait essayer un autre Gogo. Les deux filles se battront, car la première aura perdu « la Face » en n'étant pas reprise. Le fait de prendre la deuxième représente un manque à gagner pour la première. La Mamasan veut recevoir des « bar fine », mais elle préfère éviter les problèmes de jalousie entre les filles qui se battent sur l'argent du même homme.

Courtoisie culturelle.

Il est possible qu'aux USA ce ne soit pas un problème de toucher la tête des gens, mais ici en Thaïlande c'en est un. Bien que beaucoup de filles s'habituent, et l'acceptent en pensant qu'elles vont avoir un « bar fine » en échange. Nous préférerions que les touristes ne nous touchent pas la tête dès qu'ils nous voient. C'est un précepte bouddhiste. Nous ne nous attendons pas à ce que les touristes le comprennent mais nous aimerions qu'ils le respectent. C'est la première ou deuxième règle à suivre dans tous les guides de voyage sur la Thaïlande.

Ma copine Nan.

Pendant que je travaillais à Patpong, j'ai fait la rencontre d'une jolie fille de mon âge qui s'appelait Nan. La première fois que je l'ai vue c'était au Crown Disco. Nous avions toutes les deux quatorze ans et étions toutes les deux là pour rencontrer des touristes. Comme nous avions le même âge, parlions le même dialecte, voulions aussi nous éloigner de la pauvreté de nos villages, nous sommes rapidement devenue amies. A Patpong, nous étions des « starlettes », jeunes, jolies, et raisonnablement à l'aise financièrement. C'était un énorme changement par rapport à la vie dans nos villages pauvres. C'est ce qui fait que beaucoup de jeunes filles veulent venir ici et c'et aussi ce qui fait qu'ensuite nous y sommes restées.

Elle a été ma meilleure amie pendant très longtemps. Nan venait de Mukdahan. C'est une ville Isaan sur les bords du Mékong à la frontière du Laos. La population n'est pas très importante et il y a peu à faire en termes de business ou de tourisme. Son village, comme le mien n'offrait rien de bien pour changer sa vie. Donc, comme moi et des milliers d'autres jeunes filles elle est venue à Bangkok pour améliorer sa vie.

Elle avait commencé comme moi à rencontrer des touristes à l'âge de treize ans. Tout comme moi elle n'avait pas eu d'enfance, elle était d'une famille pauvre qui n'avait aucun autre moyen de s'occuper d'elle. Sa famille ne la soutenait pas non plus. Elle était même l'une des rares à avoir commencé avant moi. Nous dansions toutes les deux dans les Discos et nous gagnions beaucoup d'argent. Nous partagions une chambre et avions une vie « confortable », considérant que nous étions « free lancers » à Bangkok et que nous couchions avec des touristes pour assurer nos revenus. Nous avons toujours eu beaucoup d'argent pour faire tout ce qui nous plaisait, pour aller où nous voulions, manger et acheter ce que nous avions envie. Nous avions tout l'argent nécessaire pour acheter la « Face » au pays du « faire croire ».

172

A 13 ans… la vie commence

NAN et moi au Peppermint Disco, des 'tombeuses' à 15 ans

Quand ils nous voyaient à la porte les touristes sexuels s'arrêtaient net.

A 13 ans... la vie commence

Nan ne parlait pas très bien l'anglais, mais sa beauté compensait cette lacune. Elle avait quinze centimètres de plus que moi, elle était plus fine. Elle avait aussi de plus longs membres et une poitrine plus forte, des cheveux et la peau plus claire, une silhouette plus subtile en un mot. Moi, de l'autre côté j'étais mignonne, plus menue et je pouvais parler un peu l'anglais. J'avais appris les rudiments de l'Anglais rapidement parce que ça me permettait de gagner beaucoup plus d'argent. Pour être très honnête, l'anglais m'aidait à éloigner plus rapidement mes clients de leur argent. *J'avais la chance d'apprendre vite.*

Nan gagnait beaucoup d'argent avec des Farangs ou les Asiatiques, qu'elle rencontrait dans les rues, où dans les endroits que fréquentent les touristes qui recherchent des filles mineures. Pour une fille de quatorze ans elle gagnait beaucoup d'argent, qu'elle allait ensuite dépenser dans les discothèques. Elle offrait des verres à de beaux jeunes hommes thaïs, en se faisant passer pour une fille de la bonne société. C'était sa façon d'échapper à la réalité. C'était l'opposé de ma démarche, je ne pensais pas du tout à faire quoi que ce soit pour un Thaï. Je ne m'intéressais pas à ce qu'il pouvait penser de moi. Je ne cherchais pas non plus à les aider, ni a être reconnue par eux. Je n'aimais pas les hommes thaïs. J'envoyais seulement, que tout ce que je pouvais à ma famille. Je m'assurais aussi qu'aucune de mes sœurs n'ait à suivre mes traces. De son côté Nan, n'avait qu'à s'occuper d'elle. Elle avait quittée sa famille à l'âge de treize ans, et n'avait jamais entendu parler d'eux depuis.

Je suis toujours allée avec des Farangs, alors que quelque fois elle allait avec des Asiatiques du Japon et de Hong-Kong. Ce n'était pas seulement à cause de ses faiblesses en Anglais – les Farangs ne nous prennent pas pour parler. Mais comme sa peau était plus claire les Asiatiques la préféraient. Elle aimait mieux aussi la façon dont les Asiatiques la traitaient et moi je préférais la façon dont les Farangs s'occupaient de moi. En fait il ne me serait pas venu à l'idée d'aller avec un Asiatique, même s'il payait plus. J'avais mes préférences elle avait les siennes.

Nan et moi gagnions plus d'argent que la majorité des filles. Ce n'était pas seulement parce que nous étions jeunes et jolies.

A 13 ans... la vie commence

Beaucoup de touristes farangs, ne sont là que pour le sexe qu'ils ne pourraient pas trouver dans leur pays, principalement avec des filles comme nous. Il ne faut pas non plus oublier, que certains d'entre eux, sont à la recherche d'autres activités, moins courantes ; certains aiment coucher avec deux filles au lieu d'une. Nan et moi étions là pour ça. Nous offrions même souvent l'idée d'une partie à trois, quand un client n'avait de l'intérêt que pour l'une d'entre nous. La majorité des hommes ne voulait qu'une fille, mais on arrivait quand même à en convaincre quelques uns qu'une partie à trois serait un fantasme assouvi et le sommet de leurs vacances. Bien sur il fallait payer un peu plus cher. Si le tarif habituel de la nuit était de 1 000 Bahts (40 US$), pour Nan et moi c'était 4 000 Bahts (160 US$) qu'il fallait payer. On gagnait ainsi le double, pour la moitié du travail.

Quand nous partions avec un client, elle voulait toujours passer du temps avec lui, alors que moi j'étais plus « boulot, boulot ». Nan voulait se faire copine, je voulais faire de l'argent. Elle était très amicale et feignait de s'intéresser beaucoup à leurs affaires, bien qu'elle n'ait pas la moindre idée de ce qu'ils lui racontaient. Cela avait le don de m'énerver. Rien d'autre que le dollar à venir n'avait d'importance pour moi. Chaque minute passée avec un homme était une minute perdue pour trouver un autre client. J'étais toujours à la course et j'essayais de le rendre suffisamment heureux pour qu'il nous paie le plus tôt possible, afin de pouvoir retourner dans le disco pour trouver un nouveau client.

L'avortement.

J'avais quinze ans et je voyais un Anglais depuis plusieurs mois. Il me traitait très bien, et j'étais si heureuse d'être avec lui que j'étais devenue sa petite copine attitrée. Il était beaucoup plus âgé que moi, mais plus jeune que la majorité des hommes que je voyais à Patpong. Le temps du retour dans son pays arriva et j'en fus très triste.

C'était l'un des premiers Farangs avec lequel j'avais vraiment envie de rester. Comme beaucoup des filles de Patpong, j'avais espéré qu'il m'emmènerait avec lui, loin de la Thaïlande. C'est le rêve qui est dans le cœur et l'esprit de presque toutes les filles de bar. Un jour, elle

Des rêves de mariage

Amoureuse et seulement âgée de quinze ans.

A 13 ans... la vie commence

trouvera un homme qui l'aimera sincèrement et l'emmènera loin vers une vie meilleure. Il prendra soin des responsabilités financières, pour elle et pour sa famille, pour toujours. Trouver un copain c'est seulement le premier pas. Faire qu'il vous demande de ne plus travailler dans les bars et qu'il vous offre de s'occuper des problèmes de la famille, c'est le deuxième. Etre mariée en Thaïlande, ou obtenir un visa de fiancée, pour aller dans son pays est le troisième. *J'étais sur la première marche de l'échelle et j'étais très heureuse, je n'avais que quinze ans.*

Un jour il m'a annoncé qu'il devait retourner en Angleterre, seul. J'en avais le cœur brisé. J'étais non seulement devenue très attachée à lui mais mes rêves de déménagement futur en Europe, pour y vivre une vie prospère et quitter définitivement l'industrie du sexe, étaient réduits à néant. Immédiatement après son retour en Angleterre, je suis retournée travailler restant au disco jusqu'à deux heures du matin et ensuite au Thermae jusqu'au matin ou au moins jusqu'à ce que je trouve un client. J'aurai bien préféré aller en Angleterre, même avec le froid, le climat humide et bruineux.

Un peu plus d'un mois après son départ, je n'ai pas eu mes règles. Au début, je n'y ai pas prêté attention. Quand je ne les ai pas eues pour le deuxième mois consécutif, j'ai réalisé que j'étais enceinte, je ne pouvais pas le croire. Je ne voulais pas être mère, je n'avais que quinze ans. Mais si je devais avoir un enfant, je serais contente d'avoir le sien. Il y avait tellement de possibilités. Nous pouvions nous marier et vivre en Angleterre, je pouvais obtenir un visa avec notre enfant. Il pouvait, aussi, m'envoyer de l'argent et je resterais ici, pour m'occuper de notre enfant. Il pouvait, encore, venir en Thaïlande pour un mois deux fois par an, un schéma courant pour de nombreux Occidentaux, qui ont des femmes thaïes et des enfants.

Quelle que soit la décision finale, je savais qu'il serait avec moi et que je serais avec lui – pour toujours. J'étais en paix. Bien que je ne sois pas prête à avoir un enfant, j'étais prête à faire tout ce qu'il fallait, pour avoir et conserver cet homme, et pour améliorer le futur de ma famille.

A 13 ans... la vie commence

Ce fut un dur réveil pour moi, quand je lui expliquais au téléphone, les différentes possibilités qui s'offraient à nous. Il me répondit par une option qui ne m'avait même pas traversé l'esprit. Il me dit qu'il allait envoyer l'argent pour un avortement.

J'étais surprise, horrifiée et très blessée. Je répondis : « *c'est un bébé que je porte, pas un chien* ». Je lui ai crié qu'on ne pouvait pas le tuer comme un animal de ferme. Il ne montrait pas d'intérêt pour moi, ni pour le bébé – mon bébé, son bébé, notre bébé ! Il refusait toute responsabilité future pour notre enfant. Il ne ferait rien de plus que de m'envoyer l'argent de l'avortement. Il ne voulait plus être mon amoureux, encore moins mon mari. Mes rêves de bébé, de mariage et d'avenir heureux pour ma famille à Ubon, avaient complètement disparus, dans l'horreur de ce terrible coup de téléphone.

Si je devais garder cet enfant, je ne pourrais plus continuer à travailler et envoyer de l'argent à la maison. En larmes et à contre cœur, j'ai accepté l'argent et je suis allée me faire avorter. La peine émotionnelle et la douleur de la perte subie, m'ont amené un profond chagrin que j'ai eu du mal à surpasser. Je n'avais que quinze ans. Au lieu de réaliser mes rêves de mariage et de départ vers une vie confortable en Europe, j'allais à l'hôpital pour sacrifier la vie de mon enfant à venir, et tout ça pour pouvoir continuer à travailler et entretenir ma famille. Ce n'était pas encore le moment de croire à la chance, et de laisser derrière la pauvreté et la dégradation que je connaissais trop bien. Je retournerais à ma vie de Free lancer. J'étais au désespoir, mais je n'avais pas le temps de me soucier de mes états d'âme.

Dès leur plus tendre enfance, on dit aux femmes thaïes, qu'elles sont des « filles » et qu'elles ne seront femmes que quand elles auront eu un enfant. C'est seulement avec cette maternité accomplie, que nous sommes considérées, par la société, comme des femmes. En d'autres termes nous devons d'abord être « Mère » avant d'avoir le droit de porter le terme de « Femme ». Nous n'avons aucune valeur en temps qu'individu. Une fois que nous avons des enfants nous n'avons que très peu de temps et d'énergie ou d'argent, pour continuer à poursuivre les autres possibilités de l'existence, en termes d'éducation et de travail. La société nous classera par nos performances en temps que mère et/ou par nos relations avec les hommes de notre vie – pères, frères, ou maris. Les femmes thaïes pauvres ne sont jamais vues comme des humains productifs – comme individu, de plein droit, même si nous sommes responsables financièrement de nos familles.

**« Trop de Femmes…
De trop de pays …
Parlent le même langage…
Du silence »**

Une lettre titrant *« La Brigade des femmes a montré au monde qu'elle ne sera pas réduite au silence »,* envoyée au Bangkok Post le 08 Août 2004, citait les vers ci-dessus écrits par une adolescente Est Indienne. L'auteur notait que, en temps qu'homme thaï, qui avait grandit en Thaïlande, il « s'était rendu compte que beaucoup de femmes, étaient traitées comme des esclaves soumises, et des objets sexuels, par nombre d'hommes ». Sa lettre était en réponse à l'exploit de Yaowapa Boorapolchai, qui avait gagné une médaille d'or, en haltérophilie féminine, aux derniers Jeux Olympiques. *Ceci prouve au monde entier que les femmes parlent maintenant de leur vraie voix. J'espère que vous êtes toutes fières de vous appeler « femme » car vous en avez gagné le droit.*

Les femmes thaïes, issues de mon pauvre secteur socio-économique, veulent avoir des enfants, pour subvenir à leurs besoins de mères, quand elles ne pourront plus le faire elles-mêmes. La Thaïlande est tout d'abord une nation agricole.

Les gens pauvres de Thaïlande travaillent souvent dehors. Ils sont au contact du soleil accablant, de l'air empoussiéré, et des rivières aux eaux contaminées. Ils travaillent de l'aube, à longtemps après le coucher du soleil. En conséquence, ils sont souvent épuisés à l'âge de cinquante ans. Une femme de cinquante ans, en paraîtra souvent dix ou vingt de plus. Ils ont besoin que leurs enfants prennent le relais financier, pour supporter la famille, quand ils ne peuvent plus l'assumer. Les enfants ne sont pas seulement un système de Sécurité Sociale, pour leurs mères ils sont beaucoup plus. Les hommes Thaïs ont la réputation d'être coureurs de jupons. Ils commencent à aller voir ailleurs, quand leurs femmes sont jeunes et ils vont toujours voir ailleurs (ou ils ne sont même plus là) quand leurs femmes sont âgées. Les femmes asiatiques et les femmes thaïes pauvres en particulier, ont des enfants pour que quelqu'un les aime et s'occupe d'elles quand leurs maris ne le font plus.

John de Bangkok.

Je travaillais depuis deux ans à Bangkok, depuis femme de ménage au Cockatoo Club, jusqu'à caissière au Food Center, en passant par le ramassage de client dans les rues, quand j'ai rencontré un Américain qui s'appelait John. J'avais quinze ans à l'époque. Il travaillait pour une grande Société Américaine, qui avait une succursale à Bangkok, et il gagnait beaucoup d'argent. Il avait un bel appartement, une superbe voiture, une télé grand écran, un téléphone portable avant tout le monde, tout le confort en fait. Il s'intéressait beaucoup à moi, plus qu'aucun autre auparavant. Il ne me fallut pas longtemps pour comprendre dans quel sens cet intérêt allait.

John avait tellement d'argent qu'il pouvait s'acheter tout ce qu'il voulait spécialement dans un pays pauvre comme le nôtre.

Il aimait son argent et le dépensait sans compter. Il mangeait dans des endroits bien, et n'attendait jamais pour quoi que ce soit. Il sortait simplement son porte feuille et payait pour tout ce qu'il voulait – au moment où il le voulait. On dit parfois que l'argent « parle » dans le reste du monde, il « crie » en Thaïlande. Il connaissait beaucoup de propriétaires de bars et de restaurants et beaucoup d'autres riches Américains qui vivaient à Bangkok. On aurait pu penser qu'il possédait cette ville excitante, tant il se pavanait d'un endroit de la nuit à l'autre. Il restait tard dehors et appréciait tout ce que Bangkok avait à offrir – y compris de très jeunes filles comme moi. En fait John préférait les jeunes filles. Il avait aussi d'autres désirs lascifs. Je n'étais ni la première, ni la seule fille de quinze ans que John rencontrait. Il savait où les filles de mon âge travaillaient et il écumait la ville pour nous trouver. Ce n'était pas le seul homme qui aimait les mineures, mais il était celui qui m'attirait le plus.

A 13 ans… la vie commence

J'ai commencé à voir John assez régulièrement – au moins une fois par semaine - quelques fois plus. Il était un peu différent, et un peu plus brutal que la majorité des autres clients. J'ai toujours pensé qu'il y avait quelque chose de particulier chez lui, mais je ne savais pas ce que c'était. Il y avait déjà un certain temps que nous nous voyons, quand j'ai appris ce qu'il cherchait vraiment. John avait des désirs parmi les moins fréquents. Ce n'était pas seulement qu'il aimait les mineures, mais il aimait aussi pratiquer du sexe S&M (Sadomasochiste) avec elles. Je n'étais encore jamais allé avec un homme qui voulait pratiquer du S&M. Qu'un homme prenne du plaisir à me gifler n'était pas dans ma ligne de pensée. Comment cela pouvait il lui faire du bien ? Comment pouvait il retirer une satisfaction d'infliger, des plaies et de bleus à mon petit corps. Je pensais qu'il était sexuellement attiré par moi, que j'étais quelqu'un dont il voulait recevoir du plaisir sexuel. Comment pouvait-il me faire ce mal intentionnellement. Je me demandais où il avait pu apprendre cette perversion. *Que penserait sa famille si seulement elle savait ?*

Je n'avais pas besoin de parler beaucoup l'anglais, pour comprendre combien d'argent John offrait de me payer, pour être l'objet de sa perversion. Il n'avait pas non plus besoin de parler le Thaï pour comprendre que j'acceptais. Il ne payait pas seulement bien, il payait extrêmement bien. En fait, c'était le meilleur payeur que je n'ai jamais eu, parmi mes clients habituels. Il me payait deux fois plus que beaucoup d'autres. J'ai appris à vivre avec sa personnalité bizarre, ses comportements pervers, ses blessures physiques cruelles, et son manque total de respect pour moi. Je détestais les moments passés avec lui, et je me détestais encore plus. Mais j'avais pris la décision de supporter ses folies pour l'argent, tout l'argent qu'il me donnait.

En Thaïlande l'argent est tout. L'argent est si important pour les Thaïs, que riches ou pauvres, feraient n'importe quoi pour en avoir. Non seulement, j'avais commencé à coucher avec des hommes à quatorze ans, mais un an plus tard j'étais dans le S&M, pour une extra de 20, 30 ou 40 US$. Chaque dollar comptait. Alors que les jeunes adolescents américains et européens en secondaire, découvraient le sexe opposé, j'autorisais le sexe opposé à me brutaliser, pour le montant colossal de 60 ou 80 US$. J'étais d'accord pour sacrifier mon corps et mon âme, afin que mes sœurs puissent aller à l'école secondaire, que le taudis de ma famille soit plus agréable, que je puisse retourner chez moi. Mais, par-dessus tout, je voulais être aimée et à nouveau accepté par eux.

John avait été marié pendant de nombreuses années, auparavant. Il avait une fille adolescente aux USA. Je l'ai rencontrée quand elle est venue en Thaïlande. Ce qu'elle m'a dit sur elle était intéressant, mais ce que j'ai appris sur son père l'était encore plus. C'était une belle, grande fille de treize ans.

Elle possédait tout ce dont j'avais envie : de grandes jambes, des cheveux blonds, une peau claire et des yeux bleus. Je pensais qu'elle devait ressembler à la femme de John. Lors de ses visites, je faisais des bons petits plats, ou j'allais chercher des plats « tout prêts » à manger à la maison. Je faisais tout ce que je pouvais pour être sa grande sœur. Elle me tolérait, mais elle n'était pas amicale, elle était de toute façon mécontente que je sois autour de son père. Après sa première visite je me suis rendue compte à quel point elle ne m'aimait pas, et j'ai essayé de limiter ma présence à la maison quand elle était là.

J'ai appris que John n'avait pas été un bon père pendant qu'il était marié, et encore moins après son départ. Il pensait que l'argent remplaçait de façon suffisante son absence. Comme beaucoup d'étrangers qui habitent la Thaïlande, il se trompait. John protégeait sa fille – bien plus que beaucoup d'autres parents. Il était obsédé par ses déplacements et imposait de nombreuses restrictions sur le choix de ses relations. Il vivait dans la crainte qu'elle ait des rendez-vous avec des petits copains, une activité normale pour une adolescente, mais qui lui était interdite. S'il apprenait qu'elle avait enfreint une des règles, il devenait incontrôlable. Sa plus grosse crainte était qu'un jour, elle puisse rencontrer un homme – un homme comme lui.

John m'a emmené à Singapour deux fois, quand il avait du travail à faire là-bas. Il avait environ cinquante ans, et moi seize. Quand nous sommes passés au contrôle des Passeports à Bangkok, l'officier d'immigration m'a dit que j'étais trop jeune pour rentrer à Singapour car je n'étais pas majeure. Mais il n'avait pas non plus de moyen légal pour m'empêcher de partir. Après l'immigration, je suis entrée dans le hall des départs. Le vol fut sans surprise, mais pour moi, c'était agréable d'être dans un avion. J'allais découvrir un nouveau pays. A Singapour l'immigration m'a posé quelques questions, puis m'a laissé entrer. John m'attendait tranquillement un peu plus loin.

A Singapour, je suis restée dans un bel hôtel, pendant que John allait travailler tous les jours dans les bureaux de sa société. Nous avions voyagés en première classe aux frais de la société, et nous profitions de la meilleure nourriture et des boissons que l'hôtel pouvait offrir. Je mangeais dans la chambre, car John voulait que je reste dans l'hôtel toute la journée. Il avait peur que je sorte et que je rencontre quelqu'un de beaucoup plus jeune, et surtout moins compliqué que lui. Il craignait aussi que la police m'arrête, car les jeunes ne sont pas dehors en plein milieu de la journée. A Singapour tous les jeunes de seize ans sont encore à l'école – pas comme en Thaïlande où beaucoup d'enfants de plus de douze ans sont souvent déjà au travail. Ma taille et mon apparence, aurait immédiatement attiré l'attention de la police. John m'a emmené dans beaucoup de coins touristiques, et il m'a acheté mon premier téléphone portable. J'étais enchantée de mon nouveau jouet ! Je l'ai gardé pendant quelques semaines, jusqu'à ce que je réalise que j'étais encore plus intéressée par l'argent qu'il pourrait me rapporter si je le revendais. Nous dînions souvent dans des restaurants thaïs, car je n'avais aucun intérêt pour les cuisines chinoises ou occidentales. Il m'a aussi fait connaître le MRT (métro souterrain et aérien). C'était très silencieux et très rapide. La première fois que je l'ai pris j'étais très excitée. Le métro aérien de Bangkok a été en construction pendant de nombreuses années et terminé en 1999, trois ans après l'ouverture prévue, et avec des millions de dollars de dépassement de budget. C'est typique de la façon dont mon pays fait des affaires.

Déjà professionnelle et seulement âgée de quinze ans.

A 13 ans... la vie commence

La journée ordinaire d'une « fille de bar »,
Maintenant j'ai seize ans.

Après mes trois ans à Bangkok j'étais devenue une professionnelle expérimentée, bien qu'encore jeune. J'étais recherchée par certains clients anciens, comme par de nouveaux. J'étais jolie et il m'en fallait peu pour attirer les yeux les plus exigeants. J'étais à l'aise dans ma nouvelle profession et je connaissais bien mes limites.

Je me levais vers quinze heures, je prenais ma douche et je m'habillais. J'allais ensuite dans l'un des salons de beauté (magasin de couleurs...) pour me faire peigner et maquiller. J'en avais pour 50 Bahts (2 US$). Je m'arrêtais ensuite à l'un des restaurants de nouilles ambulants dans Patpong, avant d'arriver au Crown Disco, (où une autre disco) vers vingt heures. J'y dansais toute la nuit, ou jusqu'à ce que je plaise à un client. Ceci pouvait arriver à 20, 23, 2 heures du matin ou pas du tout.

Si un client voulait de moi, nous allions à son hôtel pour bais**. Après avoir fait l'amour, je récupérais mes 1 000 Bahts (40 US$) et je retournais à ma petite chambre. Sinon, je m'arrêtais en cours de route pour manger un morceau, dans un de ces « restaurants » ambulants sur le bord de la route, ils sont ouverts toute la nuit. Pendant l'heure précédente, j'avais gagné autant qu'une laveuse de vaisselle gagne, en deux semaines. Ensuite, c'était l'heure d'aller dormir. Après avoir vendu mes charmes toute la nuit j'avais besoin de sommeil, un grand besoin.

Si la soirée avait été calme, et qu'aucun client ne m'avait remarquée ce soir, mes amies et moi nous rendions au Thermae. On partageait un taxi ou un tuk-tuk (un taxi en plein air à trois roues) pour y aller. Le Thermae était toujours rempli de clients. Il y avait beaucoup de touristes qui allaient au Thermae pour éviter de payer le « Bar fine ». J'avais souvent la possibilité de trouver un client au Thermae, parce que comme j'étais une des plus jeunes et la plus menue des filles, je sortais du lot. Du Thermae, nous partions à son hôtel pour le sexe. Je récupérais ensuite mes 1 000 Bahts (40 US$) et je rentrais chez moi à 4 heures du matin, ou je m'arrêtais en route pour manger un morceau.

A 13 ans… la vie commence

Qui est mignonne?

A 13 ans... la vie commence

Les rares fois où je n'avais pas trouvé de client au Thermae, je rentrai chez moi au lever du jour et je dormais jusqu'à 5 h de l'après midi. Cet emploi du temps se répétait six jours par semaine, 52 semaines par an. Il fallait aussi quelque fois que je m'arrête au cabinet du docteur et que je paye 200 Bahts (8 US$) pour avoir un certificat de bonne santé. Le coup de tampon garantissait que je n'avais pas de MST (Maladie Sexuellement Transmissible). C'était bien de montrer aux clients, que je n'avais pas de maladie. En fait on ne vérifiait pas les MST car le certificat coûtait 12 US$. Mais il y avait des docteurs qui étaient d'accord pour nous donner le coup de tampon sur le certificat pour 8 US$.

Pourquoi j'ai quitté Bangkok.

La Police de Bangkok a décidé, de faire appliquer, les Lois contre le « travail des filles mineures » dans les discos. Ma copine Nan et moi nous trouvions dans une fâcheuse situation, car nous n'avions que seize ans. A ce jour, nous étions sans emploi et non employable dans Bangkok. Mais nous avions une idée. Nous avons décidé de prendre le bus pour aller à Pattaya (la ville des Gogos et des bars à ciel ouvert), où la Police N'APPLIQUAIT PAS les lois pour les mineures (en échange de pots de vins réguliers). « Jimmy cran d'arrêt » nous a aidées à déménager de Bangkok à Pattaya. A notre arrivée, il s'est assuré, que nous avions une chambre et de la nourriture. Cette ville au bord de la plage, était un changement salutaire, par rapport à la chaleur, à la circulation et la pollution de Bangkok.

A Bangkok et dans le reste de la Thaïlande, la Police possédait ses propres bordels, remplis de filles de quatorze, quinze et seize ans, qui étaient là pour les Thaïs et les touristes chinois. Mais quand les médias étrangers ont montré des mineures à Patpong, et à Nana Plazza, le gouvernement n'a pas voulu se « salir les mains ». Ils ont choisis de faire appliquer les règles sur les mineures, dans ce domaine, pour que la presse étrangère s'apaise et que la Thaïlande retrouve une « Face honorable ». En fait ils ont fait semblant. Ils ont fermé les portes de leurs bordels et les ont rouverts en les appelant salon de massage, karaoké, bars et restaurants – alors que certains devinrent clandestins. Aucune des mineures, moi comprise, ne remercia les médias étrangers, de mettre au grand jour une situation qui nous fit perdre notre emploi. *Bien que la presse étrangère ait fait changer les lieux de notre travail, ils n'ont pas pu changer la définition de notre métier.*

Il est très important pour les jeunes filles de partout, que la presse étrangère ait exprimé cet intérêt, dans le drame de la prostitution des mineures. Le fait d'exposer les raisons pour lesquelles les filles thaïes pauvres, recherchent ce moyen tragique, d'échapper à la pauvreté, est très important. Il fait comprendre au monde entier, qu'il faut arrêter ceux qui profitent de leur situation désespérée. Il y a trop de filles qui sont vendues par leurs parents, consciemment ou inconsciemment, dans les métiers du sexe – une situation inhumaine qu'on retrouve dans toute l'Asie du Sud-est.

Chapitre 10

Pattaya le paradis des touristes sexuels.

Pattaya, LA "ville du péché", est un cas dans son genre. L'industrie du sexe y représente des milliards de Dollars, elle est gérée par des multinationales, qui ont des liens avec le trafic de drogue, le blanchiment d'argent et le trafic de femmes, provenant des pays limitrophes est en constante augmentation.[64]

Lon et son château de sable. Âgée de 16 ans.

A 13 ans... la vie commence

Jimmy le tordu.

« Jimmy le bi», ou « Jimmy le Tordu » vivait à Bangkok. Je l'avais rencontré alors que j'étais avec « John de Bangkok». Qui se ressemble s'assemble. C'était le plus pervers sexuellement, de tous les hommes que j'aie rencontrés. Il avait des demandes particulières pendant les « préparatifs » avant l'amour. Je n'ai jamais vu des hommes sains d'esprit avoir de tels désirs.

Le nom de « Jimmy le bi » lui venait du fait qu'il était « à voile et à vapeur ». Il allait aussi bien avec les jeunes garçons qu'avec les jeunes filles. Il aimait aussi beaucoup frapper ses victimes avec une baguette. Son autre surnom « Jimmy le Tordu » venait du fait qu'il était sadique et malsain dans ses demandes. Le S&M, pour lui, comme pour « John de Bangkok», était non seulement un plaisir mais plutôt un délice. Je n'aimais pas me faire frapper avec une baguette, c'était très douloureux. Mais je m'en arrangeais, pour l'argent. Je ne trouvais rien d'autre qui puisse m'en rapporter autant.

Le comportement de Jimmy était au-delà du bizarre. Sous prétextes d'apprendre aux jeunes filles des techniques sexuelles sophistiquées, il les entraînait vers des actes de plus en plus dégradants. Il urinait sur elles, les forçait à dire *« je suis une petite merde »*, les battait, en détruisant leur image personnelle et le respect d'elle-même, qu'elle pouvait encore avoir. Il leur faisait mal physiquement et les détruisais psychologiquement. Et ceci sous couvert d'augmenter leur plaisir sexuel. En vérité, il les punissait d'être femmes. Il était incapable de répondre aux désirs qu'elles éveillaient en lui. Il ne pouvait pas les satisfaire, car il ne maintenait pas une érection de longue durée. De plus il avait des problèmes de dos ce qui diminuait encore ses capacités amoureuses. Il punissait les femmes pour ses incompétences. Il avait du plaisir à dire qu'il était un pervers. Je pense qu'il ne mesurait pas l'étendue de son vice. *Il était diabolique, un point c'est tout.* Il ne montrait pas la moindre compassion pour les filles qu'il maltraitait. C'était des objets « d'expérimentation sexuelle » et de torture, et rien de plus.

J'ai été l'un de ces objets. Jimmy aimait me frapper sur la poitrine avec sa baguette et m'uriner dessus. Il commençait à uriner sur mon sexe quand j'étais assise sur les toilettes, en remontant pour continuer sur ma poitrine, et finir sur mon visage. Bien que je déteste ça, je lui laissais faire ce qu'il voulait parce que tout au fond de moi, je n'avais plus d'amour propre. Son comportement de malade allait même grandissant, car je lui laissais faire ce qu'il voulait. Il me battait, me dégradait et m'humiliait, mais tout cela pour de l'argent. Il n'y avait que l'argent, qui pouvait empêcher que mes sœurs vivent le « cauchemar » que je vivais. J'étais à Pattaya pour faire de l'argent, et je ferai tout ce qu'il fallait pour en avoir, tant que je le pourrai.

Pourquoi est ce que moi, et d'autres, supportent l'abus sexuel, la dégradation et la douleur physique jusqu'à une telle limite ? La réponse est simple : 600 US$ par mois pour environ une heure par jour. Avec ce système j'étais libre de mes nuits pour aller travailler dans les Gogos, ou pour rechercher des clients ailleurs. C'était les termes de notre contrat. Pour les filles comme moi, c'était un bon arrangement. L'autre option aurait été de trouver un homme qui se soit apitoyé sur ma condition et qui m'aurait envoyé l'équivalent en argent, de son pays, en attendant son retour en Thaïlande.

Jimmy me payait mon « salaire » de 15 000 Bahts (600 US$). Il tenait aussi un compte journalier des bahts qu'il me donnait. 5 Bahts pour un paquet de chips, 10 Bahts pour un bol de soupe de nouille. A la fin du mois, il me montrait les comptes, et déduisait les achats de mon salaire. Ce qui fait que quelques fois, je n'ai reçu que la moitié de mon dû. Je ne pensais pas du tout à la fin du mois pendant qu'il me faisait subir ses sévices. Il aimait aussi jouer au « Mac ». Il appelait ses copains pour savoir qui voulait acheter mes services. Il disait qu'il faisait ça pour m'éviter l'humiliation d'un refus. En vérité, il aimait s'imposer entre les autres hommes et moi.

Une fois, un client avait fait peindre un portrait de moi, tiré d'une photo. Il l'avait fait encadrer, et voulait me le donner pour mon anniversaire. Il a fait l'erreur de le montrer à Jimmy qui est venu directement pour m'en parler, brisant ainsi la joie de l'autre de voire ma surprise. Jimmy était tordu, petit d'esprit et malsain.

Une autre fois, il m'a demandé de venir le voir. A mon arrivée, j'ai découvert qu'il était avec un jeune garçon thaï de seize ans. Il voulait que je les regarde faire l'amour tous les deux. A partir du moment où j'étais payée pour regarder, j'ai accepté. Ils ont commencé à flirter pendant un moment et Jimmy m'a fait signe de m'approcher pour faire une fellation au garçon thaï. Ma réponse a claquée: « Toi, tu la fait! Je ne touche pas les Thaïs". Il a changé d'avis, il savait bien qu'autrement il risquait de me perdre.

Quand mon frère et ma sœur ont eu un grave accident de moto, Jimmy a appelé tous mes clients pour moi, leurs demandant des donations pour payer les frais d'hôpital. Un de mes clients qui était en avance de paiement avec moi, parce que je lui avais emprunté de l'argent m'a quand même donné 16 000 Bahts. Jimmy ne m'a rien donné prétextant la pauvreté, comme chaque fois que j'avais besoin d'argent, puisque j'envoyais presque tout à ma mère. Tous ceux qui ont donné m'ont recommandé de prendre l'argent et de le remettre en personne à l'hôpital. Je n'ai pas écouté et j'ai mis l'argent à la banque. Ma mère l'a bien évidemment tout de suite retiré. Plus tard, j'ai appris qu'elle n'avait jamais payé les notes d'hôpital. Elle avait tout gardé, pas un seul baht ne lui avait échappé.

L'accident de mon frère, fait simplement ressortir la quantité de problèmes que nous avons en Thaïlande. Il y a beaucoup d'accidents de motos, souvent à cause des jeunes conducteurs. Mon frère a causé cet accident. Ma sœur Ying a été blessée sérieusement à la jambe, ses factures d'hôpital s'élevaient à plus de 16 000 Bahts, l'équivalent pour moi de seize clients âgés. La moto était détruite, une moto que j'avais payée en couchant avec trente clients. Ma sœur était blessée, ma mère empochait l'argent, mon frère ne supportait aucune responsabilité et je devais payer pour tout le monde.

Le travail à Pattaya.

Après avoir vécu avec Jimmy, tout en travaillant en « free lance », pendant deux mois, il était temps que Nan et moi trouvions du travail. Pattaya a environ deux cent bars et quarante Gogos. Comme nous étions jeunes et jolies, ce ne serait pas difficile pour nous de trouver du travail. Peu de temps après notre arrivée, Jimmy m'avait demandé de l'épouser. Après avoir refusé, j'ai pensé qu'il serait mieux pour Nan et moi, de trouver notre propre logement.

A 13 ans... la vie commence

Pattaya était et est encore, un endroit de choix, pour que des filles mignonnes rencontrent des touristes. Il y en avait énormément, nous les appelions « CLIENTS », de plus le coût de la vie est moindre qu'à Bangkok. Le climat de bord de mer est bien plus agréable que celui de la capitale, chaud et humide. La douce brise marine, séchait les traces de transpiration, qui marquaient nos visages baignés de néon. Il y avait aussi moins de circulation et beaucoup moins de pollution que dans la mégapole de Bangkok. Pour faire mon métier, c'était un endroit de rêve. Ce sont certainement ces raisons, qui font que l'emploi des filles de bars se situe aux envions de dix mille, tout au long de l'année. Il n'y a pas d'autre ville au monde, qui puisse rivaliser avec Pattaya, pour le nombre de prostituées disponibles pour les touristes sexuels. Le plus il y a de filles, le plus les touristes viendront. Je ne me faisais pas de soucis au sujet de la concurrence. J'étais jolie, charmante, intelligente, et mes connaissances en anglais s'étaient bien améliorées.

Quand Nan et moi sommes arrivées à Pattaya, nous avons fait le tour de la ville, pour cibler les clients possibles, en regardant ceux que nous intéressions. Nous avons cherché un peu avant de trouver quelques clients que nous voyons ensuite régulièrement. *Les clients étaient nombreux pour des jolies filles de seize ans !* Nous avons rencontré des hommes qui vivaient à Pattaya et qui étaient heureux de nous voir deux ou trois après-midi par semaine. Nous avions beaucoup de temps devant nous et aussi beaucoup d'argent dans les poches. C'était une vie qui rapportait, financièrement, pour deux filles Isaan pauvres. C'était bien mieux que d'être à Bangkok. L'une des choses qui nous plaisait le plus dans cette ville, c'était qu'il y avait beaucoup de ressortissants Isaan, parlant notre langage. Les boutiques étaient pleines de vendeuses Isaan, les restaurants ambulants regorgeaient de nourriture vendue par des Isaan. Je pouvais parler Isaan, partout où je me déplaçais. C'était super, nous aurions du venir ici plus tôt.

Tony.
J'ai rencontré un anglais qui s'appelait Tony, pendant que j'habitais à Soi Buakhow. Un jour, j'ai reçu un coup de téléphone d'une femme qui s'appelait Lo et qui téléphonait d'Angleterre.

A 13 ans... la vie commence

« Oh désolé, » dit-elle, *« Est-ce que je peux parler à Tony ? »* Je répondis : *« Il n'y a pas de Tony ici, seulement Lon et Nan ».* Elle reprit : *« Oh, ce n'est pas l'appartement 304 »*, j'ai répondu, *« Non vous avez fait un mauvais numéro ».* Elle raccrocha. Comme j'ai toujours la tête à trouver de nouveaux moyens pour améliorer mes revenus, je me suis demandée si Tony ne pourrait pas être mon prochain client. J'ai appelé la pièce 304 et j'ai demandé Tony. Quand il a répondu et confirmé qu'il était Tony d'Angleterre, j'ai fait celle qui était surprise. Je m'étais trouvé un nouveau client et un ami pour toujours.

Tony m'a toujours bien traitée. Il m'emmenait dans les pubs anglais du soi 8, et nous sommes partis en vacances à Phuket. Nous sommes aussi allés voir les animaux dans les parcs de l'île de Samet, Nong Nooch village et la Ferme aux Crocodiles. Nous avons aussi vu des shows et volés en avion. Je commençais à aimer voler. Parfois, il emmenait même Nan. Tony était tombé amoureux de moi.

Mes meilleurs moments avec mes amis.

Dumbo.

Smokey.

A 13 ans… la vie commence

Tony.

George.

197

A 13 ans... la vie commence

Le retour de Jorg en Thaïlande.

Juste un an après avoir rencontré Jorg à Bangkok, il est venu à Pattaya pour me chercher, en vain. Je lui avais dit que j'avais trouvé une nouvelle école à Pattaya, il payait pour que j'aille dans cette école. Il est revenu encore une fois et là il a réussi à trouver mon appartement au Marine Plaza. Je n'étais pas à la maison, mais à l'île de Larn avec Tony. Jorg a glissé une enveloppe sous ma porte. Quand je suis revenue, j'ai ouvert l'enveloppe, vu l'argent, mais je n'ai jamais lu sa lettre. Je n'avais aucune envie de lire un courrier. *Son argent, comme l'argent de n'importe qui, était la seule chose qui m'intéressait.* Quand Tony arriva, il me demanda de qui était le courrier. Je lui ai dit que c'était une lettre de ma mère. Il ne savait pas que ma mère était analphabète.

Plus tard la même soirée, Jorg à téléphoné. J'ai conseillé à Tony de rester avec se amis pour la nuit. J'ai donc pu renouer des relations avec Jorg, ou tout du moins cette partie qui me faisait gagner de l'argent. Jorg est venu à vingt heures. Il parlait thaï, et nous avons discuté pendant deux heures. Il m'a demandé de l'épouser, bien qu'il soit mécontent que j'aie arrêté l'école. Je n'ai pas répondu à sa question. Je lui ai suggéré de rentrer chez lui en disant que je le rejoindrai plus tard.

Je suis arrivée très tard chez lui ce soir là, l'obligeant à m'attendre très longtemps. Quand j'ai été chez lui, je lui ai annoncé que j'avais le SIDA. Il ne m'a pas crue. Je lui ai dit : « *Ok faisons l'amour et ensuite on ira voir le docteur.* ». A travers ses larmes, il m'a insulté, sans fin. D'une certaine façon, j'ai toujours aimé mettre les hommes en colère et leur faire du mal. C'était ma façon d'équilibrer avec toute la peine qu'ils m'avaient causée. Après qu'il eut fini sa crise, il est reparti à Bangkok. Il m'a appelé tous les jours ensuite.

De l'autre côté, Tony me rapportait 1 000 à 1 500 Bahts par jour, plus le shopping que nous faisions ensemble, la nourriture, les cadeaux et la joie de vivre. *En un mot, il m'achetait le bonheur.* Donc j'ai décidé de rester avec lui. Je n'étais pas très attirée par Jorg, l'Allemagne, le mariage, ou l'école, mais j'étais très intéressée par l'argent que je recevais de Tony. Tony lui décida de devenir mon petit copain à long terme, bien qu'il ait eu à retourner en Angleterre pour trois mois. D'Angleterre il m'envoyait 10 000 Bahts par mois. A mes yeux c'était un très bon petit copain. Je me sentais bien seule, sans Tony autour, donc j'ai acheté un chien avec une partie de l'argent, pour rompre ma solitude. Je l'ai appelé « Chanceux ».

Chanceux et moi.

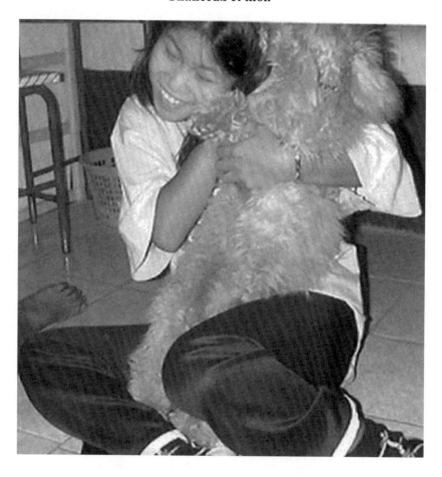

A 13 ans... la vie commence

Cédric.

Après le départ de Tony, Nan et moi avons recommencé nos carrières au « Pretty girl à Gogo ». J'étais dans ce bar depuis peu de temps, quand j'ai eu une bagarre avec la Mamasan (âgée de 35 ans). Sa jalousie provenait du fait que je gagnais beaucoup d'argent en bar fine, pourboires, et commissions sur les verres. Bien qu'elle soit contente de l'argent que je générais pour le bar, elle n'appréciait pas que je gagne autant et que je sois aussi populaire, alors qu'elle avait si peu d'attention et de gains. Après la bagarre, je suis partie et Nan est venue avec moi. On a trouvé du travail au « Sexy à Gogo », où j'ai rencontré le premier homme que je devais épouser. Un Suisse de vingt cinq ans, qui s'appelait Cédric. Il avait seulement huit ans de plus que moi, et c'était l'homme le plus jeune avec lequel j'étais jamais restée.

Cédric et moi nous sommes rencontrés, lors de son premier voyage en Thaïlande. Il est devenu fou quand il m'a vu pour la première fois. Je suis partie avec lui tous les soirs, à partir du jour de notre rencontre. Nous passions les journées ensembles avec ses amis et les copines thaïes de ses amis. Il parlait français et ne connaissait qu'un peu d'anglais, il était difficile pour nous, de communiquer. Quelquefois ses amis traduisaient, et d'autres fois il hochait simplement la tête, comme s'il m'avait compris. J'étais étonnée qu'un Suisse ne puisse pas parler anglais, compte tenu de tous les avantages de l'éducation dans un pays européen riche. Je pensais que, si moi, une pauvre fille thaïe sans éducation, pouvait apprendre il devait en être de même pour lui. Ce ne fut pas le cas.

Cédric était spécialiste en ordinateur. Il n'avait aucune expérience des filles, pas plus que du monde qui nous entoure. Mais surtout, il ne savait rien des filles de « *mon monde* ». C'était un fils à Maman, tout neuf en Thaïlande. C'était le rêve de toute fille de bar, beaucoup d'argent et le besoin de le montrer. Les filles qui ont travaillé avec les touristes pendant un certain temps, ont en général la capacité d'aider ces jeunes hommes naïfs et sans connaissances du monde, à vider leurs poches. Cédric voulait vraiment faire une impression sur moi. On mangeait dans des restaurants chics et dormions dans des hôtels de qualité. C'était l'opposé de ce qu'il faisait en Suisse, car il vivait chez lui avec sa mère. Son père était mort des années plus tôt, et sa mère et lui vivaient l'un pour l'autre. Il ne connaissait rien du monde, mais il allait vite apprendre. Il allait prendre deux semaines « d'apprentissage » et je serai son maître.

J'aimais beaucoup rencontrer des homes qui découvraient la Thaïlande. Une phrase que l'on entend souvent parmi les filles de bars : « *J'aime l'homme qui vient en Thaïlande pour la première fois* ». Pour lui j'étais douce, caressante, et charmante, des qualités qui ne le préparaient pas à la ruse et aux astuces que je pouvais déployer. Mon apparence fragile et mon sourire innocent, étaient des appâts. Des hommes comme Cédric sont des proies faciles. Il a payé le « bar fine », à mon Gogo pour deux semaines d'avance, la totalité de son séjour à Pattaya. J'ai appris très vite qu'il était très possessif et qu'il voulait toujours faire l'amour. Je ne pense qu'il ait eu une activité sexuelle prononcée, avant de venir à Pattaya, donc la possibilité de passer son temps avec une jolie et jeune fille, était l'accomplissement de sa vie. Avant de repartir, il voulait m'épouser. En ce qui me concerne le temps que nous avons passé ensemble était sans surprise et sans grand intérêt. Son attirance pour moi n'était pas réciproque. En fait je ne me suis jamais attachée à lui. Il était par contre au Paradis. C'était pour lui, le début d'une histoire d'amour, un rêve réalisé, ou tout du moins le croyait-il.

Les touristes sexuels qui viennent en Thaïlande, ont en principe déjà une expérience des femmes. Bien que leur gestuelle au lit soit souvent puérile, comme leur connaissance du sexe opposé. D'autres sont incapables de rencontrer des femmes dans leur pays, parce qu'ils ne sont pas beaux, immatures, ou que leur développement social a été retardé. Tout ceci pour dire qu'ils n'ont pas la capacité de voir des femmes, ni de communiquer avec elles.

J'ai dit à Cédric que je voudrais apprendre à me servir d'un ordinateur. Les Farangs aiment toujours, entendre les filles thaïes exprimer le désir de se perfectionner, dans un nouveau domaine, ou dans leur éducation. Ils pensent que nous voulons nous sortir de la prostitution. Ils apprécient encore plus quand nous montrons de l'intérêt dans leur domaine de prédilection. J'ai convaincue Cédric, que j'apprendrais à me servir d'un ordinateur, s'il me laissait le sien. Il accepta sans se poser de question.

Pour Cédric, un ordinateur, pour moi 700 US$.

Après son départ je me suis rendue compte que je ne savais pas quoi faire de cet engin. A une exception prête : *je pouvais le vendre*. Je l'ai vendu pour 700 US$. Il lui avait coûté deux fois plus cher. Je l'avais convaincu de me laisser cet équipement de valeur, dans le but inavoué de le vendre. J'avais développé des qualités extraordinaires de persuasion.

Pendant les derniers jours de vacance de Cédric, nous sommes restés dans un bel hôtel à Bangkok, où ma mère vint nous rejoindre. Elle était éblouie par tout ce luxe, en dehors de notre village elle ne connaissait que la banlieue de Bangkok. En entrant, nous sommes passées devant la table du réceptionniste, pour aller vers l'ascenseur. Elle me demanda pourquoi personne ne nous arrêtait ou nous demandais où nous allions. Je lui ai répondu que Cédric donnait toujours de bons pourboires, ce qui faisait de moi une VIP.

Nous sommes entrées dans l'ascenseur pour rejoindre notre chambre au troisième étage. Quand nous sommes sortis de l'ascenseur elle regarda par terre et me dit : « *Regarde, on m'a volé mes chaussures* ». J'ai demandé à ma mère où elle les avait quittées. Les Thaïs ont l'habitude d'enlever leurs chaussures en rentrant dans les pièces, donc ma mère avait quitté les siennes en entrant dans l'ascenseur. « *Je les ai laissé là dit elle* » en pointant un endroit près de l'ascenseur. Je lui ai dit que nous étions montés de quelques étages et que ses chaussures devaient se trouver où elle les avait laissées, au rez-de-chaussée. Nous avons fait le chemin en arrière et elle a retrouvé ses chaussures. Elle était rassurée. C'était son premier voyage dans un ascenseur.

Pendant que ma mère se reposait, nous avons parlé avec Cédric. La seule chose pour laquelle nous n'avions pas de problèmes de communication ensemble, était mon besoin d'argent. Je l'ai convaincu de m'envoyer 25 000 Bahts (625 US$) par mois, dès son retour en Suisse. Il croyait que j'allais lui être fidèle et attendre son retour. Il était resté en Thaïlande deux semaines mais à son départ il était aussi inexpérimenté et naïf que quand il est arrivé. Il avait pourtant suivi un cours intensif sur: « La vie selon les règles des filles de bar », mais il n'a pas réussi l'examen. Il était pathétique. Ma mère est retournée à la maison, ravie de voir qu'il avait échoué, et rassurée sur le fait que j'avais rempli mes obligations. *Ses rentrées d'argent continueraient sans défaillir.*

Nan change de direction et s'enfonce dans un nouveau chemin d'autodestruction.

Un peu plus d'un an après que nous ayons déménagé à Pattaya, Nan a commencé à voir souvent un dealer de Yabah (amphétamines). Elle ne voyait plus les touristes. Nous n'étions plus dans le même secteur de travail. Je ne voulais rien savoir sur sa vie tant qu'elle était avec ce dealer, donc nous avions peu de contacts.

A cette époque là, cela faisait plusieurs années que nous nous étions rencontrées. Maintenant Nan change de nom et de numéro de téléphone tous les mois. Elle déménage aussi de chez une copine à une autre. Elle a vécu comme ça depuis deux ans, depuis qu'elle a été libérée de prison, où elle était retenue pour vente de drogue. Je ne l'ai revue qu'une fois après bien des mois, bien qu'elle m'ait promis de nombreuses fois, de me rendre visite. Elle emprunte les vêtements à l'une, pour les laisser chez l'autre, où elle emprunte de nouveaux vêtements. Heureusement pour nous, nous sommes minces et nous pouvons partager nos garde-robes... On peut aussi dire la même chose pour l'utilisation de son téléphone mobile. Je n'ai jamais reçu de coup de téléphone, de sa part, du même numéro, pendant une semaine. Elle a pris une habitude de vie constamment « en mouvement ». Le fait de vendre son corps à treize ans, suivi d'une période de drogue, a fait d'elle une fille triste, tourmentée, mais toujours jolie, qui se court après, mais qui ne peut pas courir assez loin pour être libre ?

Sai vient habiter à Pattaya.

J'étais à Pattaya depuis dix huit mois, Nan et moi étions sur des chemins séparés, c'est ce moment que ma mère choisit pour envoyer Sai vivre avec moi. Sai avait été abandonnée par sa mère (ma tante), sur le seuil de notre porte, quand elle était encore bébé. Elle avait été élevée comme la jumelle de Ying, parce qu'elle n'avait que quelques mois d'écart avec elle. Maintenant qu'elle avait treize ans, elle posait de sérieux problèmes à ma mère. Sai avait appris à dix ans qu'elle n'était pas notre sœur naturelle. Elle se sentait abandonnée par sa mère, et elle en était inconsolable. Elle avait maintenant mon âge, quand j'ai été chassée de la maison. Je me suis toujours demandé si, aux yeux de ma mère, le fait d'envoyer Sai à Pattaya vivre avec moi, allait lui permettre de recevoir plus d'argent tous les mois ?

D'un autre côté, je pouvais comprendre, l'envie qu'avait ma sœur de quitter Ubon. Elle se rendait compte de l'argent que j'avais, de ma facilité à parler l'anglais, et de tout ce que je pouvais envoyer à la maison. Elle voulait elle aussi connaître « la belle vie ». Elle n'avait aucune idée de ce que je faisais, et de ce que ça me coûtait pour gagner cet argent.

Dès que Sai est arrivée à Pattaya, je l'ai immédiatement inscrite à l'école secondaire. S'occuper d'elle prenait beaucoup de mon temps. Je n'avais que dix sept ans à l'époque. Je rentrais souvent, de mes rencontres, tard dans la nuit. J'arrivais à l'appartement entre deux et quatre heures du matin, je dormais un peu et je la réveillais à sept heures pour qu'elle aille à l'école. Je m'assurais toujours qu'elle ait au moins 100 Bahts pour payer le bus, le repas, et les fournitures scolaires.

L'attraction principale.

Âgée de 17 ans.

A 13 ans… la vie commence

Elle était plus à l'aise que la majorité des filles dans son école. Même les mauvais mois je gagnais entre 40 000 et 50 000 Bahts (1 000 à 1 250 US$). Nous avions donc tout ce qu'il fallait. En termes d'argent, j'avais une carrière prometteuse.

Un jour Sai est arrivée à la maison en pleurant. Elle m'a demandée si, j'avais autant d'argent parce, que je faisais l'amour avec des touristes. Je lui ai dit la vérité. Je couchais avec des touristes, pour que nous puissions payer le loyer, acheter de la nourriture, et payer pour que elle et Ying puissent aller à l'école afin d'avoir de bons emplois. Qu'est ce qui avait poussé Sai à pleurer ? Elle avait discuté avec une autre fille de sa classe, qui lui avait expliqué que, si je rentrais tard et si j'avais tant d'argent c'était parce que j'étais une prostituée. Je sais que cette fille a intentionnellement blessé et humilié Sai, parce que Sai avait plus d'argent à dépenser qu'elle. Sai avait réfuté l'idée de cette fille, bien qu'elle n'ait pas d'idée précise sur la source de mes revenus. Elle se jeta à terre, dans notre chambre, et pleura jusqu'à ce que ses yeux soient vides. Elle criait qu'elle n'avait pas besoin d'aller à l'école, et qu'elle allait chercher un emploi. Elle me supplia d'arrêter. Ma mère, n'aurait jamais fait la même demande. Sai m'aimait beaucoup plus, que ma mère ne m'a jamais aimée.

Les premiers signes de délinquance chez Sai.

Deux jours avant le départ de Cédric en Suisse, j'ai appelé Sai à Pattaya pour savoir si tout allait bien. Elle vivait avec moi, depuis un certain temps déjà. C'était un coup de téléphone cher, selon mes standards, 10 Bahts (25 cts) la minute. Les filles de bars utilisent toutes les opportunités qu'elles trouvent. Mon jeune et généreux client, se ferait un plaisir de payer ce coup de téléphone placé de sa chambre. Ma sœur n'était pas à la maison. Il était huit heures du soir, et elle savait qu'il fallait se lever tôt pour l'école du lendemain. J'étais en colère contre elle, j'étais «sa mère porteuse» à Pattaya, je n'étais pas que sa sœur aînée. Une demi heure plus tard j'ai rappelé, toujours pas de réponse. J'étais de plus en plus en colère et inquiète. J'ai essayé encore à dix heures du soir. J'essayais toutes les dix ou vingt minutes, sans réponse. J'ai eu très peur, elle n'avait que quinze ans. Je ne pouvais pas imaginer ce qui lui était arrivé. J'avais peur de penser à ce qu'il pouvait lui arriver. J'avais toujours craint qu'elle commence à voir des hommes pour de l'argent, comme moi.

J'étais à Bangkok, et elle était à Pattaya – à deux heures de route. Je ne savais pas où elle pouvait se trouver à Pattaya. Je ne savais pas non plus que faire. Je ne pouvais pas en parler à Cédric car il ne comprenait pas l'Anglais. Il ne comprenait pas pourquoi je pleurais. Je n'avais plus qu'une solution, appeler quelqu'un qui s'arrangeait toujours pour être là pour moi. J'ai appelé Dave et j'ai pleuré. Il avait enseigné l'Anglais à Bangkok et c'était mon copain depuis deux ans. Il me prêtait de l'argent quand j'en avais trop envoyé à ma mère, quand j'en avais trop dépensé, ou tout simplement quand j'en avais besoin. Il fallait que je parle à quelqu'un.

Il était maintenant une heure du matin, je savais qu'il ne pourrait rien faire, mais au moins il écouterait, et il comprendrait ma peine. J'ai appelé malgré ma crainte de le réveiller. Je craignais aussi qu'il ne réponde pas. Qui pouvait l'appeler à cette heure, en sachant qu'il devait se lever pour aller travailler le lendemain matin ? Moi ! Finalement, il a décroché. J'avais peur qu'il soit en colère. J'avais tort. En fait il était heureux de m'entendre, malgré l'heure, et la raison de mon appel. Je lui ai expliqué que ma sœur n'était pas encore rentrée à la maison, que j'étais terrifiée qu'elle ait eu un accident de moto, ou pire encore, qu'elle soit allée sur la Rue Piétonne pour trouver un Farang. Il n'ay avait aucune raison valable pour qu'elle ne soit pas encore rentrée, à cette heure de la nuit. Elle était bien trop jeune, pour être dehors à cette heure.

Á travers mes larmes, j'ai expliqué la situation à Dave du mieux que j'ai pu. Il me consolait tout en me disant qu'il ne voyait pas comment il pouvait m'aider. Je savais bien qu'il ne pouvait rien faire mais j'avais besoin de quelqu'un à qui parler. Je voulais qu'il m'écoute et me permette ainsi d'apaiser mes craintes. Nous avons parlé pendant dix minutes et j'ai commencé à me calmer.

Peu de temps après, j'ai rappelé à la maison et ma sœur était rentrée. Elle ne m'avait jamais, encore, entendu crier si fort et si longtemps. J'étais en colère et j'avais vraiment eu très peur. Elle a vite appris, qu'à partir de ce moment, il lui faudrait suivre mes règles, sinon elle devrait rentrer au village. Elle avait vraiment très peur que je la renvoie vers notre mère. Il lui faudrait quitter la Mecque des touristes qu'est Pattaya, et la plage comme terrain de jeu, qu'elle s'était mise à beaucoup apprécier. Une fois mes menaces bien comprises, elle m'a promis de rentrer à la maison, tous les jours d'école à huit heures au plus tard, à partir de ce jour. Une fois que j'ai su que ma sœur était saine et sauve, et après avoir expérimenté les émotions depuis la peur, la rage, jusqu'au calme, je pouvais aller dormir. Il n'y aurait pas de sexe pour Cédric ce soir. J'étais épuisée.

J'avais essayé de m'occuper de l'éducation de Sai depuis un certain temps. Elle avait maintenant presque terminé le secondaire, il lui restait une année. C'était un exploit pour une fille venant de l'Isaan. Une éducation jusqu'en fin de secondaire, lui permettrait de trouver un meilleur emploi, que je n'en aurai jamais eu la possibilité. Je n'allais pas lui laisser rater cette chance. J'avais trop souffert, et trop longtemps. Nous étions arrivées trop loin pour nous arrêter maintenant. Elle allait corriger le tir, il n'était pas question de faiblir.

La demande de Cédric.

Cédric a demandé de m'épouser avant de rentrer chez lui. Bien sûr j'ai accepté. Pour quelqu'un dans ma profession, le mot « Mariage » représente un contrat de travail, avec un bon salaire mensuel, et la possibilité d'un bonus, aucune mention de productivité tout au long du contrat. Il ne faut pas oublier non plus le visa européen. Cédric est rentré chez lui, le sourire aux lèvres et avec l'assurance de ma fidélité. Il avait promis de m'envoyer 25 000 Bahts (625 US$) par mois pour que je n'aie pas à travailler. Je l'avais garanti de mon amour et j'avais promis d'être fidèle. Je disais tout ce qu'il souhaitait entendre. Je lui ai dit que je ne travaillerais plus jamais dans un Gogo. Ma chance a été, qu'il crût tout ce que je lui disais.

Il a demandé à m'épouser après m'avoir connue pendant seulement deux semaines. N'importe quelle personne censée, aurait vu que ses murmures d'affection, ne venaient pas du fond de son cœur, mais bien plus de ses reins dans le feu de la passion. Il avait été emporté par l'irrésistible et débordante sensation de luxure – pour la toute première fois. Quel que soit le sentiment qu'il ressentait, ce

A 13 ans... la vie commence

n'était pas de l'amour. Il essayait de m'orienter sur le choix de mes vêtements, de la nourriture que je mangeais (il n'aimait l'odeur de la nourriture thaï ou Isaan – Ma nourriture). Il voulait toujours faire l'amour que j'en ai envie ou pas. Il me traitait comme si j'étais son employée et pas comme si j'étais sa copine. Je le tolérais de façon à pouvoir quitter la Thaïlande, pour trouver une meilleure vie en Suisse, pour faire mon premier voyage en Europe, et pour tout l'argent qui, venant de lui, irait par moi, vers ma famille.

Une fois qu'il était rentré chez lui, grâce à sa générosité, je recevais des rentrées régulières. Néanmoins je ne pouvais plus travailler à Sexy Gogo où ses amis auraient pu me voir. Je suis donc devenue freelance, rencontrant des touristes dans les discos, les « Shopping Center ». Il m'arrivait même de faire plus d'argent de cette façon. Je gagnais entre 50 000 et 60 000 Bahts (1 250 à 1 500 US$) par mois.

Cédric reparti, je vivais avec un autre homme qui me donnait 30 000 Bahts (750 US$) par mois, tout en continuant à travailler. Le mois suivant le départ de Cédric, et plusieurs mois durant, j'ai gagné 77 000 Bahts par mois, l'équivalent de 1 925 US$.

Pour bien comprendre ce que représente 77 000 Bahts (1 925 US$). Le PIB par habitant de Thaïlande qui est de presque 150 000 Bahts (3 750 US$), n'est pas réparti de façon uniforme, au niveau de la population. En janvier 2002, seulement 19% de la population gagnait plus de 350 US$ par mois (4 200 US$ par an), selon l'une des principales compagnies de carte de crédit. Pour voir ces chiffres de façon plus significative, c'est-à-dire de l'autre côté, 81% de la population thaï se bat, avec moins de 350 US$ par mois, et nombre de Thaïs ont encore beaucoup moins – environ 800 US$ par an. Dans les provinces les plus pauvres c'est moins de 600 US$ par an. Nous n'avons pas de classe moyenne comme dans les pays occidentaux. Nous avons une poignée de millionnaires et de milliardaires qui dirigent notre pays, et qui font tout ce qui est en leur pouvoir pour maintenir le reste (nous) dans une grande pauvreté. C'est ce qui fait que les filles comme moi voient des touristes, pour avoir de l'argent

A 13 ans… la vie commence

Tony contre Cédric.

Tony revint et m'acheta un autre chien que j'ai appelé « Gigi ». Bien que Cédric m'ait envoyé de l'argent tous les mois, je pensais que Tony était mieux pour moi. Je l'ai donc emmené à Ubon pour faire la connaissance de ma mère. Mais comme Tony avait cinquante deux ans, ma famille ne l'aimait pas. Pendant que nous étions à Ubon, Tony m'acheta un autre chien que j'appelais « Nul ». Il espérait ainsi se faire aimer de ma famille. *Il ne savait pas que l'argent était le seul moyen d'amadouer ma famille.* Nous avons laissé Nul avec ma mère et sommes repartis vers Pattaya.

Ma famille préférait Cédric à Tony parce qu'il dépensait plus d'argent pour eux et aussi parce qu'il était beaucoup plus jeune. Donc ils voulaient que j'arrête de voir Tony pour épouser Cédric. Ils espéraient ainsi beaucoup plus d'argent du mariage. Mais ils étaient quand même contents, de recevoir de l'argent, provenant des deux alors qu'ils n'étaient pas en Thaïlande. Quand j'ai dit à Tony que je prévoyais d'aller en Suisse pour voir Cédric, il en eut le cœur brisé, et il quitta l'appartement. Peu de temps après il trouva une nouvelle petite amie qui apaisa sa peine.

Travailler dans un nouveau Gogo :
Encore la danse.

Après avoir été freelance pendant un moment, j'ai décidé de reprendre un travail. Il fallait que je trouve un Gogo pour danser, mais il devait être loin du Sexy Gogo. J'étais très bonne danseuse, et la peau bronzée – le genre de couleur que les femmes occidentales recherchent. Elles dépensent des fortunes dans les salons à bronzer, ou sur les plages pour l'obtenir. Les Farangs adorent aussi cette coloration. Se faire payer des verres et des « bars fine » par les clients était assez facile, et les Gogos étaient toujours prêts à m'embaucher. Celui que j'ai trouvé s'appelait le Baby à Gogo. C'était le plus joli de Pattaya. J'ai été embauché immédiatement, avec un salaire de 6 000 Bahts (240 US$) par mois. C'était le salaire pour danser. Il y avait aussi l'argent des verres que les clients me payaient, les « short-times » dans les chambres au-dessus, et les « bar fines » quand les clients me ramenaient chez eux.

Crève cœur.

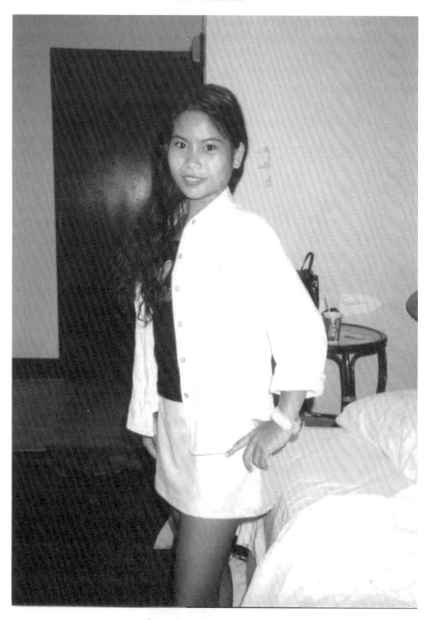

Âgée de dix sept ans.

A 13 ans... la vie commence

Approximativement, mes gains mensuels.

Salaire	Bt 6,000	US$ 150
Verres payés (Bt 30) par verre	Bt 2,100	US$ 52
Short Times (Bt 200) par sortie	Bt 3,000	US$ 75
Short Time. pourboire (Bt 1,000) par client	Bt 15,000	US$ 375
Bar-fine (Bt 150) par sortie	Bt 2,700	US$ 67
Bar-fine Tip (Bt 1,000) par client	Bt 18,000	US$ 450
Sous total	**Bt 46,800**	**US$1,169**
L'envoi de Cédric $625	Bt 25,000	US$ 625
TOTAL des revenus mensuels	**Bt 71,800**	**US$ 1,794**

On peut comparer, ce que je gagnais avec les revenus mensuels de n'importe quelle autre fille, avec mon éducation – ou son manque, à Pattaya, un lieu de villégiature, où les salaires sont plus élevés que dans le reste du pays, sauf Bangkok.

Femme de ménage	Bt 3,000	US$ 75
Serveuse + Pourboires	Bt 5,000	US$ 125
Couturière non qualifiée	Bt 3,000	US$ 75

Âgée de dix sept ans.

A 13 ans… la vie commence

Les filles à Bangkok et à Pattaya, y compris moi, prennent beaucoup d'argent aux touristes, en leur racontant simplement les histoires les plus folles. Ils nous croient à chaque fois. Ils n'ont jamais, auparavant, eu quelqu'un qui les « aime » et qui « s'occupe » d'eux aussi bien que nous. Ils n'ont jamais, non plus, eu quelqu'un qui leur mente, comme nous, en permanence, pour avoir tous les dollars, livres, marks ou francs, que nous pouvons récupérer.

Exemple de nos mensonges:

1.	**Ma mère est malade** et elle a besoin de 5 000 Bahts pour **l'hôpital**
2.	**Ma sœur à besoin de 5 000 Bahts pour l'école.** (5 000 bahts couvriraient en fait les frais scolaires - et beaucoup plus, d'une année d'école publique).
3.	**Ma sœur est malade** et elle a besoin de médicaments, j'ai besoin de 2 000 Bahts. L'hôpital public ne lui donnera pas de médicaments avant des semaines, donc elle à besoin d'aller dans un hôpital privé.
4.	**Le buffle est mort,** j'ai besoin de 10 000 Bahts.
5.	**Le toit de ma maison** à Ubon fuit, j'ai besoin de 3 000 Bahts.
6.	**Les pluies** n'ont pas été bonnes, donc il y a une **mauvaise récolte,** j'ai besoin de 10 000 Bahts. (Les touristes ne connaissent pas les saisons).
7.	**Le réfrigérateur** est en panne. j'ai besoin de 4 000 Bahts.
8	J'ai besoin de plus d'**argent** pour envoyer à ma **mère** pour le **Nouvel An** Chinois, le Nouvel An Thaï, le Nouvel An Isaan, le Nouvel An Bouddhiste, ou n'importe quel Nouvel An qu'on peut imaginer.
9.	**Ma cousine** vient d'avoir un **bébé,** j'ai besoin de 2 000 Bahts pour lui envoyer comme **porte-bonheur** de **Bouddha**.
10.	C'est mon **Anniversaire** (ou celui de n'importe quel membre de ma famille, bien sur), il faut toujours que **j'envoie** de **l'argent ou un bijou en or** comme **cadeau.** J'ai toujours eu plusieurs anniversaires, comme tous les membres de ma famille.

A 13 ans… la vie commence

Les Farangs me donnaient l'argent sans sourciller. Ils voulaient améliorer mes conditions de vie car ils étaient malheureux pour moi. C'est la raison pour laquelle j'ai fait ce que j'ai fait, et c'est aussi pour quoi il me serait difficile de faire autre chose que fille de Bar. J'ai vraiment aimé mentir aux hommes et leur soutirer tout ce que je pouvais. Ma famille aussi s'était habituée à ce genre de revenu.

Pendant de nombreuses années, je n'ai pas fait d'économies, mais j'ai fait le sauvetage de mes sœurs. Il fallait que je sois sure qu'elles ne finissent pas comme moi. Elles ne devaient jamais rencontrer des hommes comme « Bangkok John » ou « Jimmy le tordu ». C'était l'une des raisons, qui m'obligeait à envoyer de l'argent à ma mère, le plus d'argent possible et le plus souvent aussi. Je voulais être sure qu'elles restaient toutes les deux à l'école. On vivait tous de mes revenus. Ma famille et moi, profitions de ce que cet argent pouvait offrir dans un pays pauvre comme le nôtre. Personne ne voulait revenir en arrière – une vie dans laquelle rien n'était accessible, où tout futur était sombre et où nous étions sans ressources. Je n'imagine pas quelqu'un puisse en avoir envie. *Il n'y a pas de vie sans « La Face ».*

S'il y avait eu une autre voie pour que je survive
J'aurai sauté dessus
Mais mon pays, n'offre pas d'autre issue, intentionnellement,
Tous les autres chemins mènent à la pauvreté

Les filles viennent dans les coins à touristes pour gagner de l'argent pour leur famille, pas pour elles. Quelque fois elles gagnent beaucoup plus qu'à d'autres moments. A la haute saison quand il y a beaucoup de touristes, il semble que l'argent coule à flots. Les filles n'ont pas toujours besoin de coucher avec beaucoup de touristes, pour faire beaucoup d'argent. Les pourboires provenant du bar, comme les pourcentages sur les verres (30%) nous apportent de bons revenus. Les touristes sont extrêmement généreux avec leur argent, car ils font une compétition aveugle entre eux, pour retenir notre attention. Ils éprouvent du plaisir à distraire notre attention des autres clients. J'étais toujours très demandée et j'aimais tous les instants de l'attention et du pouvoir que cela me procurait sur les hommes.

A 13 ans… la vie commence

Quelques unes d'entre nous ont cherché des emplois dans d'autres domaines, mais l'argent qu'on leur proposait n'avait rien à voir avec ce que rapportait notre profession. Même si nous sommes d'accord pour gagner beaucoup moins, notre famille exercera une forte pression pour que nous ayons un emploi mieux payé. J'ai eu beaucoup de chance plus tard, j'ai trouvé un emploi de guide touristique, de starlette, de modèle et de traductrice. J'ai aussi fait l'entremetteuse entre filles et clients.

Des ATM qui marchent : Les filles de bars thaïs.

Aux yeux de nos familles, nous les filles de bars de Pattaya, Bangkok et Phuket, ne sommes devenues rien de plus que des ATM qui marchent. Nos familles ne cherchent même plus à gérer leur vie en fonction de leurs propres revenus. Elles attendent simplement que « la fille de bar» de la famille, envoie de l'argent par mandat. Ou encore mieux avec les techniques modernes, qu'elle fasse un dépôt à la banque et passe un coup de téléphone chez elle, pour qu'avec la carte ATM, le prélèvement soit immédiat. Nos familles nous pressent constamment pour avoir de plus en plus d'argent. Comme si l'argent qui vient des Farangs par notre intermédiaire, tombait tout simplement du ciel. Ils ne cherchent même pas à comprendre le coût que nous devons supporter.

Les Farangs des ATM qui marchent.

A nos yeux les Farangs sont eux aussi des ATMS qui marchent. Nous ne savons pas, ce qu'ils ont fait pour gagner cet argent. Mais au lieu de chercher à comprendre, nous avons choisi d'apprendre toutes les possibilités, par la ruse, l'astuce et le métier pour que le touriste nous abandonne le plus possible de dollars. En fait, nous voyons le touriste, comme notre famille nous voit. J'éprouve du dédain pour ma mère qui valorise plus l'argent que je rapporte que moi. Comme fille Isaan, je ne peux pas vraiment le montrer. Mais d'un autre côté c'est le comportement que j'ai avec mes clients. J'ai fait beaucoup de mal aux hommes que j'ai connus mais je ne regrette rien.

Est-ce qu'ils pensaient, que les 1 000 Bahts qu'ils me donnaient pour faire l'amour avec eux quand j'avais quinze, seize ou dix sept ans étaient une compensation suffisante, pour la peine

---

216

mentale et émotionnelle que j'éprouvais en couchant avec eux ? S'ils l'ont cru, ils se sont tristement trompés, ce n'était pas suffisant. C'était le prix que je leur faisais payer mais il y avait des taxes additionnelles. *Ils n'ont jamais lu les petites lignes du contrat.*

Quand j'ai eu dix huit ans, j'étais l'une des danseuses les plus demandées dans mon Gogo. Je gagnais beaucoup d'argent, vivais bien, et j'aidais ma famille. J'avais aussi beaucoup de chance, car j'avais des hommes suffisamment naïfs, pour m'envoyer de l'argent quand ils étaient rentrés chez eux, sûr que j'avais abandonné la vie des bars, et que j'attendais haletante leur retour, en restant à la maison. Je n'ai jamais compris comment un homme mûr, pouvait croire, qu'une fille mignonne de dix huit ans, qu'il venait de rencontrer, dans son métier de prostituée, lui resterait fidèle. Mais, sans surprise, les hommes jeunes, étaient aussi crédules. Ils avaient, par contre, les poches beaucoup moins bien remplies. J'étais intéressée par chacun d'eux, enfin plus spécialement la partie d'eux qui me payait. Je ne peux qu'assumer que la majorité des hommes a un immense ego.

J'étais satisfaite de ma vie, mon travail, et mon revenu, jusqu'à ce que mon salaire au Gogo change de façon dramatique. J'étais plus furieuse de la façon dont c'est arrivé que de la diminution elle-même. J'étais même tellement furieuse que j'ai démissionné. Ces situations sont malheureusement trop fréquentes, les Mamasans sont souvent jalouses des jolies, jeunes danseuses de leurs bars, qui gagnent qui gagnent beaucoup plus d'argent qu'elles n'en ont jamais eu. Une fois, mon « bar fine » a été payé par un client qui voulait que je reste avec lui pendant quinze jours. A mon retour au bar, la Mamasan a dit que le « bar fine » n'avait jamais été réglé. A la fin du mois, elle a déduit le « bar fine » de mon salaire, 7 000 Bahts (175 US$), plus 150 Bahts pour chaque jours d'absence de mon poste. Il ne me restait quasiment rien sur mon salaire du Gogo. J'ai quitté aussitôt. Je suis partie pour un nouveau Gogo. *La technique propre à mon métier est aisément transportable. Elle l'est depuis plus de cinq mille ans.*

Il ne me fallut pas longtemps pour devenir, à nouveau, la danseuse numéro un. Il y avait beaucoup d'autres jolies filles dans ce bar, mais j'avais de la chance parce que les hommes m'aimaient.

A 13 ans... la vie commence

J'étais petite, avenante et charmante, ce qui les attirait pour me voire danser. Je parlais aussi très bien l'anglais. En Thaïlande, beaucoup de filles ne peuvent pas parler l'anglais, aussi celles qui comme moi parle cette langue ont un gros avantage.

J'avais beaucoup de temps libre pendant la journée, et je suis retournée à l'école. En Thaïlande, comme beaucoup de gens sont incapable de finir le secondaire, principalement des femmes, le gouvernement rend ces classes accessibles en procurant un enseignement les après-midi, les soirées et les week-ends. J'ai décidé d'aller à une école de Naklua, cité proche de Pattaya, et je n'avais pas à y aller trop souvent. Je prenais mes cours et rendais mes exercices tous les quinze jours. Je commençais à penser qu'il était temps de faire plus pour ma vie.

A 13 ans… la vie commence

Tout ça avec seulement 1 mètre 47

Âgée de dix huit ans.

Chapitre 11

"18 saisons des pluies. »
La chanson des 18 saisons des pluies.

Toute ma vie, les hommes n'ont été qu'un moyen d'arriver à mes fins. Je ne m'attends pas à changer d'idée dans l'avenir. Je les ai toujours utilisés autant que j'ai pu, tout en sachant, qu'en cas de besoin, je pouvais facilement les remplacer. Une fois que je leur avais soutiré tous les Bahts que je pouvais, j'en voulais encore. Je n'étais jamais satisfaite. J'étais indifférente à leurs difficultés, leurs problèmes ou même leurs peines à satisfaire mon insatiable besoin d'argent. J'en voulais toujours plus.

L'esprit Pattaya, un mode de vie auquel on s'habitue.

Pattaya est différente du reste de la Thaïlande, sauf les coins pour touristes que sont Patpong, Nana et Soi Cowboy à Bangkok, et les îles de Phuket et Kho Samui. La ville a été construite, et prospère grâce aux touristes sexuels. La majorité des filles qui y travaillent sont Isaan. Il y a beaucoup de filles qui ont un « vrai travail » et voient aussi des touristes « après leur journée ». Ces filles travaillent comme serveuses, vendeuses, et femmes de ménage. Il y a tellement plus d'argent à gagner, en couchant avec des touristes, qu'aucun autre travail ne supporte la comparaison. Un travail de jour, offre aux filles, de grandes possibilités de rencontrer des hommes, ce que ne garantit pas le fait d'aller en discothèques, ni le fait d'arpenter les rues à la recherche du client. Il n'y a pas de bornes, au nombre d'hommes qu'on peut rencontrer dans les discos, ou plus simplement dans un Gogo. Mais le fait de travailler dans un emploi normal, bien que mal payé et sans intérêt, aidera souvent la fille à rencontrer les « hommes du jour », plus agréables que « les ivrognes de la nuit ».

A 13 ans... la vie commence

Tout le monde dans la ville sait, que son existence, dépend des filles Isaan qui attirent les touristes. Le touriste qui cherche un paradis tropical, ne trouvera pas dans les plages négligées, remplies d'ordures, de plastique et de déjections animales, ou dans la baie polluée et le manque d'infrastructures, ce qu'il est venu chercher. La promotion de la Thaïlande par l'intermédiaire de sa beauté, en la rendant attirante pour le reste du monde, ce qui permet d'attirer les dollars des touristes est important. C'est la raison pour laquelle, la Ministre des Affaires Sociales en Thaïlande, a décrété qu'il n'y avait aucun signe de prostitution à Pattaya. *Même le plus naïf des touristes sait que la prostitution est « le miel qui attire les abeilles » à Pattaya. Les enseignes lumineuses de tous les bars et Gogo envoient leurs rayons à chaque coin de rue. Et des milliers de filles arpentent les rues dans des costumes affriolants, chaque jour à la nuit tombante.*

L'avantage d'être une fille de bar à Pattaya est simple. Il n'y a aucun stigmate de mon travail ici - absolument aucun. Il est impossible de voir ça dans aucun pays occidental, ni même dans la majorité des autres pays. A dix huit ans je peux marcher dans la rue avec un homme de cinquante ans et plus main dans la main sans problème. Je peux entrer dans les centres commerciaux, les banques et les restaurants, personne ne lèvera un sourcil. Environ 20% des locataires d'appartements sont des prostituées. Tous les autres, qui vivent dans les appartements, travaillent dans les boutiques et les restaurants, savent qui sont celles qui génèrent l'argent et maintiennent la ville hors de l'eau. Les touristes ne viennent pas à Pattaya pour ses plages, sa nourriture épicée, mais bon marché, ni ses temples ou ses danses culturelles. Ils viennent pour les filles qui se vendent pour de l'argent. Il n'y a pas le même dédain envers nous à Pattaya, Patpong, Nana Plaza, que dans le reste de Bangkok et dans beaucoup d'autres endroits du pays.

Quand je travaillais dans les Gogos à Pattaya, je passais la majorité de mon temps libre, l'après midi, à la maison, avec Sai, à regarder la télévision, et à attendre de reprendre le travail le soir. J'étais souvent trop fatiguée, pour faire quoi que ce soit pendant les heures de jour, car danser toute la nuit demande beaucoup d'énergie. J'avais aussi ma sœur dont j'étais responsable. J'avais très peur qu'elle finisse comme moi. C'était ma plus grande peur. C'était aussi

A 13 ans… la vie commence

la raison qui me faisait autant travailler, car je voulais qu'elle finisse ses études et ne soit ainsi jamais en contact avec les touristes sexuels pour de l'argent. Il fallait que je continue à la surveiller, elle et ses amies. Je voulais m'assurer qu'elle ne puisse jamais développer un cercle d'amies qui faisait mon travail. J'agissais, dans la sélection des amies de ma sœur, de la même façon que Bangkok John, regardait d'un mauvais œil, les amis garçons de sa fille. *Nous ne voulions, ni l'un ni l'autre, voir ceux que nous aimions, développer des relations avec des gens comme nous.*

Un jour au centre commercial "Royal Garden", le plus beau centre commercial de Pattaya, alors que j'achetais un verre de coca, au bar restaurant du troisième étage, j'ai trébuché sur l'homme qui se tenait près de moi et je lui ai renversé mon coca dessus. J'étais très embarrassée et je ne savais pas quoi dire ou faire. Ma première réaction, a été de prétendre que je ne parlais pas l'anglais. Mais bien que ma vie ne soit que ce qu'elle était, j'étais responsable et je n'avais aucune envie de lui mentir – ou tout au moins pas encore. Je me suis excusée en anglais. J'étais très surprise qu'il ne soit pas en colère. Au contraire, il riait. Il me dit de ne pas m'en faire et commença à me poser des questions. Il voulait savoir où je travaillais, je lui ai répondu : *« je vais avec des hommes ».* Ce fut son tour d'être surpris. Il me demanda : *« Que faites vous maintenant ? »* j'ai répondu *"Rien".* Il m'a demandé si je voulais aller avec lui, j'ai dit d'accord. J'ai pensé : *« Voila une bonne manière de trouver des clients »*

Ma rencontre avec Dave.

J'ai rencontré Dave un an ou deux auparavant. Un de mes anciens clients m'en avait parlé. Dave avait une amie à Bangkok, qui essayait de trouver des filles pour travailler dans son Bar à Bière (et à filles). Je lui ai dit que Nan et moi ne pouvions pas travailler à Bangkok. Il est retourné dans son pays pour travailler, peu de temps après notre rencontre. J'avais son adresse, j'ai donc décidé de lui écrire, d'autant plus qu'il parlait bien le Thaï, ce qui est très rare pour un Farang. Dave et moi sommes devenus amis, et il me semble, qu'il est toujours là quand j'ai besoin de lui. Il m'a prêté de l'argent et m'a donné de son temps – écoutant mes plaintes sur les hommes, l'argent, ma mère et tout le reste.

A 13 ans... la vie commence

Un jour, plusieurs années après pendant des vacances de Dave en Thaïlande, j'ai appris que Nan (ma colocataire) avait eu un accident de moto. J'ai pensé qu'elle était à l'hôpital de Chonbury à environ trente kilomètres. Il était six heures du matin, et je n'avais pas encore dormi. Il s'est sorti du lit avec peine et il m'a conduite à l'hôpital avec sa moto. C'était un voyage de quarante minutes, et j'ai somnolé contre son dos tout le long. A l'arrivée nous avons demandé Nan à la réceptionniste. Les Thaïs et plus particulièrement les Isaans s'appellent tous par leur surnom. C'est à ce moment là, que j'ai réalisé que je ne connaissais pas son vrai nom, alors que nous avions vécu ensemble, pendant quatre ans. Je l'ai décrite à la fille de la réception et je lui ai indiqué le peu de renseignements que j'avais appris sur l'accident. L'hôpital n'avait pas de patient qui corresponde à la description, mais ils avaient, il y a peu, admis un patient, male, qui avait eu un accident de moto. Dave et moi sommes montés à l'étage pour y trouver le copain de Nan (dealer d'amphétamines) recouverts de bandages, comme une momie. Bien que je ne souhaite pas d'accident à Nan, je dois reconnaître, que je n'étais pas mécontente de voir, que son copain avait eu de telles blessures.

Heureux à Pattaya?

La vie décontractée à Pattaya, l'argent facile, les plages, la température en contraste avec la chaleur et l'humidité de Bangkok, la pollution, tout cela rend la vie agréable à n'importe quelle fille Isaan. C'est la raison pour laquelle je suis restée si longtemps et c'est aussi pourquoi ma sœur était si heureuse. En Isaan, nous parlons beaucoup du Bonheur. Nous ferons tout ce qui est en notre pouvoir pour rendre notre famille heureuse, jusqu'à ce que le sacrifice devienne trop lourd et que nous cherchions une échappatoire.

Ma tentative de suicide.

Je n'avais que dix huit ans et j'avais déjà travaillé dans les métiers du sexe pendant quatre ans. Mes rapports journaliers, avec des centaines d'hommes pendant mes années d'adolescence, m'étaient devenus insupportables. Je ne voulais plus les voir, leur parler, ou faire l'amour avec eux, pas plus que je ne voulais voir ou parler à quiconque. J'étais épuisée. Je détestais ma vie, et plus encore, je me haïssais. *Les règles de ma culture ne m'autorisaient pas à haïr ma mère*. Les quatre années précédentes de ma vie, avaient été remplies d'hommes vautrés sur moi, et des demandes incessantes de ma mère pour encore plus d'argent. Pendant quatre ans j'avais vécu dans l'ombre de mes peines émotionnelles. J'étais désespérément à la recherche d'une issue et je n'en connaissais qu'une seule.

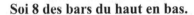

Soi 8 des bars du haut en bas.

Une vision typique des bars où je gagnais ma vie

Bien que Pattaya ait beaucoup de choses à offrir à une fille de bar fraîchement arrivée de Bangkok il y a aussi beaucoup de choses qui manquent. Pendant l'une des pires périodes de ma dépression, j'ai bu de grandes quantités d'eau de javel, dans une tentative désespérée d'en finir avec la vie, mais sans succès. Mon voisin m'a conduit à l'hôpital au Pattaya Mémorial, l'hôpital où on m'a fait un lavage d'estomac. J'étais remise après quelques jours et je suis retournée

A 13 ans... la vie commence

dans l'ombre des Discos et des Gogos. Je ne sentais plus que les relents fades de l'alcool et l'acre fumée me piquait les yeux. Aussi sombre que ces clubs soient, ils étaient quand même plus clairs, que la noirceur de mon âme à ce moment là.

Cette chanson thaïe aurait pu être écrite pour moi.

Dix huit saisons des pluies.
Quelque fois je suis perdue.
Si quelqu'un avait la patience d'écouter mes histoires.
Il y a des maisons, mais elles sont vides – rien, c'est l'enfer
Quelque fois j'ai mal
Si je continue à regarder, je suis jalouse de ceux
Qui ont une famille normale et parfaite
Alors que je suis si seule et que j'ai peur.
Mon cœur pleure et recherche quelqu'un qui pourrait le consoler
Et me comprendre. Je ne demande rien de plus.
Ce furent mes dix huit saisons des pluies et
mes dix huit saisons froides
Il y a eu des jours très difficiles et douloureux
Ne m'oubliez pas.
Ne partez pas
Aujourd'hui je pleure du plus profond de mon cœur
C'est un mur qui aveugle l'esprit
Il fait si froid et il y a si peu de chaleur humaine
C'est un problème. C'est comme ça
Ce sont les dix huit dernières saisons des pluies
C'est un carrefour dangereux
C'est comme s'il n'y avait pas de futur
Tout le monde me méprise mais qui connaît mes sentiments
Savez vous que mon cœur attend quelqu'un
Quelqu'un qui pourrait me consoler,
Quelqu'un qui me comprendrait,
Je ne veux rien de plus
J'ai dix huit ans
J'ai le cœur brisé
Ne m'oubliez pas
Ne partez pas
Aujourd'hui mon cœur ne sait plus où il en est.

225

Chapitre 12

Cédric et la Suisse.

Cédric avait un ami qui travaillait à Bangkok. Certains week-ends, il prenait l'autoroute, pour faire les deux heures qui le séparaient de Pattaya. Un mois ou deux après le départ de Cédric, son ami lui a annoncé qu'il m'avait vu marcher, avec un autre homme à Pattaya. J'ai immédiatement reçu un coup de téléphone de Suisse. Je l'ai tout de suite rassuré, en lui disant que je parlais avec quelqu'un et que je lui étais fidèle. Je lui ai dit que je l'aimais et que jamais plus je ne retournerai dans les Gogos. Je lui en ai fait la promesse. *La seule promesse sur laquelle je ne reviendrai pas est celle là : « Prendre soin de ma famille ».*Tant que Cédric envoyait de l'argent, il pensait que je ne le trahirais pas. C'était sa plus grosse erreur, c'est la faille dans le jugement de la majorité des Farangs. Ils croient que nous partageons leur système de valeur et que les prostituées sont fidèles. Je me demande d'où ils tirent cette idée ? Je doute qu'ils aient la même confiance dans les prostituées de leur pays.

Cédric m'a appelé au téléphone pendant deux mois. Au début, il m'appelait pendant la journée, mais après le message de son ami, il a commencé à m'appeler la nuit. Il fallait donc que je sois à la maison pour répondre. J'attendais jusqu'à onze heures ou minuit, et après « j'allais travailler ». Au bout d'un moment, je lui ai dit que ces coups de téléphone réveillaient ma sœur qui devait se lever tôt pour aller à l'école. Il m'a cru et a recommencé à m'appeler plus tôt dans la soirée. Je pouvais donc sortir moi aussi plus tôt.

Cédric est revenu à Pattaya quelques mois plus tard. Avant son retour j'avais travaillé et beaucoup gagné. Je gagnais au Gogo entre 20 000 et 30 000 Bahts par mois, je recevais 30 000 Bahts d'un Anglais avec qui j'avais très peu couché, et je recevais aussi la généreuse contribution de Cédric, ce qui portait le total de mes revenus à 77 000 Bahts par mois. Je ne compte pas le montant de la vente de son computer dans ce total. Les femmes thaïes, pauvres, feraient n'importe quoi l'argent continue de rentrer à la maison. J'avais crée une bonne situation pour ma famille et pour moi et rien ne me ferait changer d'idée.

Mon mariage Suisse.

Ma chance était sur le point de tourner quand Cédric est revenu, prêt à m'épouser. Nous sommes allés à Ubon pour faire « un mariage de papier » Bouddhiste. Pour moi c'était comme un contrat de travail avec un bonus au départ et une provision mensuelle. Il était tout content et très excité. Il a emmené quelques amis avec lui, de Bangkok à mon village pour la cérémonie. Il a payé à ma mère un Brideprice (sorte de dot inversée, où l'argent est donné par le prétendant à la mère de la fiancée en échange de sa main) de 50 000 Bahts (1 250 US$). Il lui a aussi remis 20 000 Bahts en bijoux en or et il a dépensé 1 000 US$ pour le mariage. C'est beaucoup d'argent pour un mariage dans la Thaïlande rurale. Son extravagance a permit à ma mère d'avoir de la « Face » dans la communauté. Elle n'avait pas seulement eu la « Face » pendant des années avec tout l'argent que je lui avais envoyé grâce à mon métier de prostituée mais maintenant elle pouvait en afficher encore plus avec mon mariage. Il n'y a pas un seul Thaï qui paierait aussi cher pour épouser une « ex »-prostituée. Les Thaïs savent que le but du « Brideprice » est d'acheter une fille vierge ! Les Farangs ne le savent pas. En Isaan, les Thaïs, épousent des prostituées seulement pour avoir accès à l'argent que les filles ont économisé. Alors que, en général, les prostituées Isaan épousent des Farangs seulement pour avoir accès à l'argent *qu'elles* ont économisé.

Pendant que nous étions au village j'ai envoyé Cédric à la boutique du coin pour acheter quelques bouteilles de Coca. Il a payé pour le Coca, pris les bouteilles, et ensuite est sorti de la boutique. La vendeuse de douze ans est sortie de la boutique en courant, lui criant après en Isaan. Il ne réalisait pas qu'elle hurlait après lui, et continuait de marcher. Elle commença ensuite à l'insulter en disant : « *Eh voleur, cochon de blanc...* » et bien pire.

Un cadeau de Cédric, je l'ai appelé Tim

Âgée de dix huit ans

A 13 ans… la vie commence

J'ai entendu les vociférations et j'ai compris, qu'il ne pouvait y avoir qu'une personne au village après qui elle pouvait crier comme ça. Je suis donc allée voir ce qui se passait. Cédric n'avait pas réalisé, que dans ces petites boutiques, on achète le Coca pour le vider dans des sacs remplis de glace. On n'emmène pas les bouteilles de la boutique. J'ai tout de suite retourné les bouteilles, et le malentendu était oublié. Jours après jours les voisins venaient voir Cédric, le seul homme blanc à Boontung.

Pour le mariage, des douzaines de membres de la famille, accompagnés de voisins et d'amis – dont je ne connaissais pas la majorité, sont arrivés de toute la province. Certains avaient même amené leurs filles pour qu'elles rencontrent les amis de Cédric. Une fois que ma mère leur avait parlé du mariage, de la nourriture et de la boisson gratuite, ils sont apparus comme par magie. Ils ont fait la fête tout la journée et toute la nuit, buvant jusqu'à ne plus pouvoir tenir debout. Ma famille, pour elle, célébrait la nouvelle source de revenus, que j'avais trouvée. Se marier à un Farang, indiquait qu'il y aurait un courant d'argent, matérialisé par des paiements mensuels, au profit de ma famille, pour toujours. Ma mère n'aurait plus jamais à « travailler », si tant est qu'elle n'ait jamais vraiment travaillé. Maintenant elle pouvait non seulement porter la tête haute, mais elle pouvait être arrogante. Ce n'était plus seulement une femme du village, avec une fille qui travaillait *clandestinement* à la ville. Elle était devenue la mère d'une fille, mariée à un Farang. La cérémonie de mariage, en elle-même fut un succès. Cédric devint un heureux époux. Il pouvait s'enorgueillir, auprès de ses amis, dans son pays, d'avoir épousé une jolie petite Thaïe. Nous n'avions aucune idée de ce qui allait bientôt advenir de nos épousailles.

Il était grand temps de préparer mon départ pour la Suisse, avec un visa et un billet d'avion en main. Il fallait que j'envoie le poste de télévision, le magnétoscope, les ustensiles de cuisine et les vêtements légers à Ubon. Je n'aurai pas besoin de vêtements d'été dans le froid suisse. J'ai loué une camionnette, pour tout renvoyer dans ma famille – à dix heures de route. Bien que le coût du transport soit minime j'ai demandé à Cédric de payer.

A 13 ans… la vie commence

J'ai fait, ensuite, ce qui allait devenir une habitude : prier pour mon père chaque fois que je prenais un avion pour l'Europe. Je ne sais pas au juste quelle distance peuvent parcourir les prières, mais je pense que l'Europe est trop éloignée pour que les prières reviennent jusqu'ici. D'ailleurs, les esprits ne vivent pas en Europe, mais en Thaïlande, au Cambodge, au Laos et au Myanmar.

Le plus important était ma sœur. Elle devait retourner à Ubon. C'était un vrai problème, car elle ne voulait plus du tout vivre dans un pauvre village. J'avais déjà organisé tout son voyage de retour. Elle ne pouvait pas rester à Pattaya seule. Je ne l'aurais pas autorisée à rester, où les Farangs chassent jour et nuit, à la recherche de filles de son âge, comme trophées, qu'ils s'échangent comme des cartes de collection.

Il ne fallut pas longtemps, pour que l'Ambassade de Suisse, m'informe par courrier, que mon visa m'attendait, à Bangkok. Tout était tellement simple. J'allais partir en Europe, pour la première fois, et j'étais très excitée. Je suis tout de suite partie pour Bangkok pour le récupérer et je suis retournée à Pattaya, pour faire mes valises et commander mon billet d'avion pour Zurich. En moins d'une semaine j'étais dans un avion à destination de la Suisse.

En arrivant en Suisse, je me suis rendue compte que même en été, il faisait froid et sec. Je n'avais aucune idée de ce que pouvait être l'hiver. Je ne savais pas non plus que je n'aurais pas l'occasion de le découvrir.

Quand l'avion a atterri à Zurich, j'étais fatiguée et désorientée. Les panneaux à l'aéroport étaient en Allemand, Anglais, Français et Italien, mais pas en Thaï. La Suisse n'est pas seulement très éloignée de la Thaïlande en distance mais aussi en culture. Cédric m'attendait après la Douane. La première chose qu'il fit fut de conduire jusqu'à un hôtel de « rendez vous » pour faire l'amour. Il ne m'a pas demandé si j'avais faim ou si j'étais fatiguée. Il ne semblait pas avoir le moindre intérêt pour moi. Le sexe était la seule chose qui occupait son esprit. Pour moi au contraire, c'était la dernière chose dont j'avais envie à ce moment et j'ai refusé. Il était très ennuyé pour ne pas dire plus. Notre mariage ne démarrait pas sous les meilleurs auspices. Il ne voulait pas me présenter à sa mère avant que nous ayons conclu entre les draps. Moi aussi j'étais très ennuyée, mais j'ai refusé d'accepter.

Sa maison était à une heure de l'aéroport. J'ai trouvé sa maison très belle. J'ai pensé aussi que c'était incroyable, que Moi, j'habite bientôt dans cette maison. Il n'y avait aucune maison de ce style à Ubon. La maison de Cédric avait de superbes tapis blancs. Sa mère avait trois voitures. J'étais entrée dans un nouveau monde pour moi, superbe, propre et confortable. Je savais que son père s'était suicidé, quand l'entreprise familiale avait battu de l'aile. Je savais moi aussi ce que c'était que de perdre un père. Mais heureusement pour Cédric sa mère l'aimait encore, elle aimait tout ce qu'elle pouvait faire pour lui, et elle s'occupait de lui. Elle était à l'opposé de ma mère qui n'aimait que ce que je pouvais lui apporter.

Pour les Suisses, chaque chose doit être exactement à sa place. Les Thaïs, par contre, vivent dans un monde de chaos, où tout ce qu'ils possèdent est à la vue de tous. Je n'avais aucune idée, de la façon dont ma philosophie Isaan allait s'accoutumer à ce nouveau monde, mais j'avais décidé d'essayer de m'y faire.

Je faisais la connaissance de la mère de Cédric pour la première fois, face à face, bien que l'on ait déjà parlé au téléphone. Elle parlait bien l'anglais, au contraire de son fils, et elle était beaucoup plus sage. Bien que notre première rencontre se passe bien, je sentais déjà, qu'à un moment ou à un autre du futur, elle pourrait me faire des problèmes. Nous avons parlé de mon avenir et de mon · amour profond pour son rejeton – le dernier sujet étant de la prime importance pour elle. Nous avons, aussi, parlé de mon adaptation à la Suisse, d'apprendre le français, d'aller à l'école pour poursuivre mon éducation et devenir un membre productif de la maisonnée. Je n'étais pas du tout en état pour cette conversation, bien que je ne laisse rien paraître, et que je fasse des efforts pour être agréable. Je venais juste de faire un voyage de dix heures, entre la Thaïlande et la Suisse, et j'étais très fatiguée. Je ne comprenais pas pourquoi, personne ne portait le moindre intérêt, à l'état dans lequel j'étais, après un aussi long voyage. Je ne voulais pas parler, je voulais seulement dormir. Je sentais que sa mère voulait profiter de mon état vulnérable, pour connaître les motivations qui m'avaient poussée à épouser son fils.

A 13 ans… la vie commence

Rien ne m'a rendue plus heureuse, que quand elle s'est arrêtée de parler, et que j'ai pu aller me coucher.

Chaque matin, Cédric partait travailler, me laissant seule à la maison avec sa mère retraitée. Nous parlions, ensemble, de beaucoup de choses, mais principalement de ma relation avec son fils. Elle avait le sentiment, que j'étais une mauvaise fille, qui n'avait qu'une envie : faire du mal à son fils. Il n'y avait rien, qui soit plus éloigné de la vérité. J'avais vraiment envie que Cédric, bien qu'il soit un jeune homme inexpérimenté et un « fils à Maman », soit le plus heureux possible. Elle ne voulait pas me croire. Mais il fallait aussi que je m'assure que rien, ni personne ne se mettrait en travers de mon but dans la vie, subvenir à ma famille. Et, c'est là, que nous allions trouver le désaccord.

J'aurai vraiment aimé que sa mère soit occupée en dehors de la maison. J'aurais eu plus de temps, seule, dans la maison. J'avais envie de visiter toutes les pièces, les étagères qui regorgeaient de bibelots. Nous n'avions pas l'argent, pour acheter tant de jolies petites choses, dans la maison où j'ai grandi. Nous avions assez d'argent pour manger et pour le strict nécessaire, mais pas assez pour que j'aille à l'école, et encore moins pour acheter de jolies céramiques peintes.

Deux fois par semaine, je prenais le bus pour aller jusqu'en ville. Même pendant l'été, le froid était désagréable pour une fille thaïe habituée aux rayons chauds du soleil, trois cent soixante cinq jours par an. Les passagers me fixaient du regard, je ne ressemblais pas, c'est sûr aux passagers ordinaires. J'étais petite, la peau sombre, et à peine plus grande qu'une Suisse de dix ans. Je payais mon ticket et je m'asseyais. Il se peut que certains ne me fixent pas mais beaucoup le faisait. Ou tout du moins je le pense, les Thaïs sont soupçonneux.

Quand le bus arrivait à mon arrêt, je descendais en sautant et je me promenais dans le pays le plus immaculé du monde. Je n'aurai jamais pu penser, qu'une ville puisse être aussi propre. Non seulement les rues n'avaient pas de détritus, mais les immeubles semblaient avoir été repeints à neuf, les voitures brillaient, et tout le monde était impeccablement habillé. Je me demandais comment ils pouvaient faire cela. Les voitures et les camions ne rejetaient aucune pollution visible. Je n'y comprenais rien. Pourquoi les camions, les automobiles et les motos en Thaïlande rejettent des fumées noires, qui rendent l'air impossible à respirer, laissent de la suie sur la peau, et brûlent les yeux ? Les ingénieurs thaïs, auraient ils des choses à apprendre, de ce pays montagneux et réfrigéré ?

Je regardais avec plaisir, les montagnes dont le sommet était recouvert de neige, pendant que je faisais la touriste dans la ville. Je pensais à ma mère et à mes sœurs, auxquelles j'aurais eu du plaisir, à faire découvrir ce beau pays qu'est la Suisse. Nous n'avions rien de pareil à Ubon, ni nulle part ailleurs en Thaïlande. L'air était sec et frais, c'était comme si on ouvrait la porte d'un réfrigérateur. Je fantasmais sur la possibilité de rester longtemps ici.

La Suisse n'est pas seulement un pays froid, c'est très cher. Combien gagnent-ils pour pouvoir s'acheter ce qu'ils veulent ici ? En Thaïlande, Je savais que les Suisses étaient des grands dépensiers. Plus tard, j'ai compris pourquoi. L'ARGENT. Les Suisses sont les rois de la Banque et ils s'occupent des fortunes du monde entier. Comme mon but était de faire de l'argent, j'ai trouvé que les Suisses et moi avions, définitivement des choses en commun.

Chaque fois que je revenais à la maison après mes explorations de la ville, la mère de Cédric m'attendait. Elle voulait savoir ce que j'avais découvert et elle me questionnait. J'étais assez honnête, je parlais des prix élevés, de la propreté impensable pour moi, et de la beauté exceptionnelle des montagnes. Je ne lui parlais pas de ce qui m'avait ouvert les yeux et avivait mon intérêt, plus que tout. *Je ne lui disais pas que j'avais côtoyé l'ARGENT*

Cédric rentrait tous les jours, à cinq heures. La seule raison qui me rendait heureuse de le voir, c'était que je n'avais plus à subir les questions incessantes de sa mère sur mes plans pour le futur. Mais toute communication avec lui était très difficile, son anglais était médiocre et il n'avait aucune envie de suivre des cours pour l'améliorer. Il me donnait plutôt des livres de Français, pour que j'apprenne cette langue dont je n'avais rien à faire. Je pense qu'il lui aurait été beaucoup plus facile d'apprendre l'Anglais que moi le

A 13 ans... la vie commence

Français. En Europe, l'Anglais est la langue qui prédomine, bien que ce ne soit la langue naturelle, que d'un des pays de la Communauté Européenne. On n'a pas besoin d'être intellectuel, ni grand voyageur, pour se rendre compte que l'Anglais est le langage universel. J'avais appris à parler l'Anglais et j'attendais le même effort des européens.

Je couchais avec Cédric toutes les nuits, mais notre sexe était ennuyeux et aseptisé. Il voulait même avoir un préservatif pour les fellations. Il n'avait aucune expérience dans la préparation amoureuse, ou dans les plaisirs sexuels – sauf son plaisir personnel. J'étais sûre qu'il n'avait jamais vu un film porno. Peut être aurai-je dû lui en suggérer un ?

Après une semaine, j'ai commencé à voir un plan prendre forme au sujet des finances. Pendant que je vivais à Pattaya, Cédric s'occupait très bien de moi – financièrement. Je recevais aussi de l'argent d'autres clients rentrés chez eux, tout en continuant à travailler. J'ai demandé à Cédric de continuer à me payer. Il m'a répondu que comme, j'étais maintenant en Suisse, et que j'étais sa femme, il prendrait soin de tous mes besoins. Il dit aussi que je n'avais plus besoin de revenus, pour mon entretien. Il ne comprenait pas que, sans prévenir, il venait juste d'arrêter toutes les entrées d'argent de ma famille. Il se plaçait entre moi et l'argent qui, je le sentais, m'était dû. Apparemment il pensait que je couchais avec lui pour assurer ma nourriture et mon logement. *Pour les filles dans ma profession, le sexe n'est jamais gratuit.* Il avait l'impression que, je ne recevais de l'argent que de lui pendant son absence, et que c'était seulement pour moi. En fait ce qu'il m'envoyait tous les mois, représentait à peine un tiers de mes revenus. C'était moins que, ce que j'envoyais à ma mère et ma sœur à Ubon. Je ne pouvais pas non plus lui dire que j'avais reçu de l'argent d'autres hommes alors que je continuais à travailler et que je me débrouillais très bien financièrement.

J'ai senti que j'avais perdu ma liberté, mais plus que tout j'avais perdu mes revenus. J'étais perdue, et ne voyais aucune solution *légale* pour créer une nouvelle source d'argent. J'avais épousé un jeune Suisse, dans le but d'améliorer ma vie et ma situation financière. Bien que la Suisse soit un beau pays et que je vive dans une maison confortable, je ne comprenais pas la langue et je m'ennuyais. J'étais

A 13 ans... la vie commence

aussi à neuf mille kilomètres de chez moi, du riz gluant, du Som-Tam (plat traditionnel Isaan – salade de papaye verte), de la nourriture épicée, des climats chauds et de la vie nocturne à laquelle je m'étais finalement très bien habituée.

Après en avoir discuté avec Cédric, ce qui était difficile en tenant compte de son faible niveau d'anglais, il me fallait prendre une décision. Je n'avais pas d'autre choix. Le dixième jour de mon séjour en Suisse, je lui ai dit, pour la dernière fois, que je devais envoyer de l'argent chez moi, tous les mois. Il était inflexible. Il dit qu'il avait envoyé de l'argent tous les mois, pendant qu'il était en Suisse, payé le *Brideprice*, acheté des bijoux en or pour la famille et un ordinateur pour moi. La discussion de son côté était close, je lui ai dit que je devais repartir chez moi et reprendre ma carrière précédente, comme il me refusait ma seule source de revenu.

Mariage écourté.

Cédric était très en colère, mais il avait aussi le cœur brisé. Il allait perdre le sexe pour lequel il pensait avoir payé d'avance. De plus, quoi de plus frustrant, pour un jeune marié, que sa jeune épouse lui préfère la prostitution ? Il était lessivé, embarrassé, mortifié, enragé, et par-dessus tout profondément peiné. Il me dit, qu'après avoir dépensé autant d'argent pour moi l'année précédente, il ne m'autoriserait pas à retourner en Thaïlande. Je resterais sa femme, et en Suisse. Malheureusement sa maturité sociale était bien plus jeune que lui, et il n'avait aucune connaissance des femmes, surtout des femmes thaïes. Enfin, il ne connaissait rien des femmes thaïes qui travaillent dans la prostitution. Bien que nous nous soyons rencontré, maintenant, depuis un certain temps, il ne me connaissait vraiment pas, et moi non plus. Nos expériences de la vie étaient diamétralement opposées. Nous ne pouvions pas être plus éloignées, nos différences étaient gravées dans la pierre.

J'ai attrapé mon passeport, et j'ai commence à faire mes bagages. Je ne savais pas exactement comment j'allais pouvoir retourner en Thaïlande, ni même comment j'allais aller jusqu'à l'aéroport. Ces détails étaient de moindre importance pour moi, que mes revenus. Si Cédric ne me donnait plus d'argent pour ma famille, je n'allais plus rien lui donner, donc j'allais retourner en Thaïlande. Il n'avait pas réalisé, que je ne l'avais épousé, que dans le but que l'argent continue d'arriver à ma famille, et c'est tout. Il devenait évident, qu'il croyait que j'étais très amoureuse de lui. Il avait encore beaucoup de choses à apprendre de la vie et encore plus des filles qui travaillent dans les bars.

J'avais mon passeport en main, mais Cédric me l'arracha, et une bagarre s'ensuivit. J'ai attrapé un couteau pour lacérer ses vêtements et des coussins, et je l'ai mordu au bras, aussi fort que j'ai pu. Quand il a crié, et enfin relâché mon passeport, j'ai desserré les dents et repris mon document. Je me suis excusée. Je lui ai dit qu'il n'avait aucun droit de s'emparer de mon passeport. C'était le mien. En ce qui me concernait, il ne m'avait pas achetée, il avait seulement procédé à un dépôt et ensuite une location, mais maintenant il était en retard de paiement.

Sa mère entendit le vacarme et vint en courant. Elle était en état de choc, quand elle réalisa que je l'avais mordu si fort, qu'il fallait aller aux urgences. Bien évidemment ni l'un ni l'autre ne comprenait mon désespoir. Ils ne pouvaient pas comprendre que si Cédric gardait mon passeport, ma famille ne serait pas couverte de ses besoins essentiels. Je ne pouvais et ne voulais pas, qu'une telle chose arrive. J'avais commencé à coucher avec des hommes à quatorze ans, pour ma famille. Je n'allais pas arrêter de me faire payer pour faire l'amour maintenant.

Tout d'abord, nous sommes passés aux urgences, pour que Cédric se fasse recoudre la blessure de son bras. La plaie était profonde. Je suis restée dans la salle d'attente, pendant que sa mère allait dans une autre pièce. Tout le monde parlait Français, et je ne comprenais rien. Si j'avais épousé un Anglais, j'aurai compris. Pourquoi avais-je épousé un homme qui parlait Français ? J'ai attendu pendant que l'on soignait Cédric.

La mère de Cédric est finalement revenue, elle était très irritée, c'est un sentiment que je peux comprendre. Je m'imaginais avec un fils qui ait entretenu une fille pendant plusieurs mois, et l'ait ensuite ramenée à la maison comme sa femme. Depuis son arrivée, elle n'avait fait preuve que d'ingratitude, et après seulement dix jours elle avait attaqué mon fils et voulait rentrer dans son pays. Je pouvais tout à fait m'identifier à elle. Elle me dit que je devais rencontrer un psychologue. En ce qui me concernait, tout allait bien. Mais j'étais d'accord, pour faire tout ce qui me permettrait de quitter la Suisse au plus vite, pour retourner à Pattaya, revoir ma famille et travailler pour qu'ils puissent toucher les fonds dont ils avaient besoin. En rechignant, je suis allée jusqu'au bureau du psychologue.

Tout de suite après que le bras de Cédric soit traité, nous nous sommes assis tous les trois pour parler, dans le bureau du praticien. La mère de Cédric pensait que j'étais folle, non seulement à cause de ma vive réaction, mais surtout parce qu'elle ne comprenait pas comment, quelqu'un pouvait ne pas aimer son fils – comme l'auraient fait beaucoup de mères je suppose. Elle ne pouvait pas comprendre, non plus, que mon comportement était dicté, par la perte inattendue, de mon transfert mensuel, ce qui m'empêchait de subvenir aux besoins de ma famille.

Le psychologue a parlé longtemps. Cédric et sa mère lui parlaient en Français et il me traduisait en Anglais. J'ai expliqué que je n'étais pas folle, mais que je voulais simplement mon passeport et retourner en Thaïlande. Il était d'accord et pensait que c'était la meilleure solution. Il a ensuite expliqué notre discussion à la mère de Cédric. J'avais mon passeport et les arrangements pour le départ furent faits.

Nous sommes retournés à la maison, après l'hôpital et j'ai fait mes bagages. Bien que, nous soyons tous les trois, d'accord, que je devais partir, je n'étais pas encore, tout à fait prête à partir, sans un gros cadeau de départ, ou même un moyen. La coutume à Pattaya, quand un Farang, quitte une fille de bar, est de lui donner quelque chose en dédommagement du temps et des efforts passés, comme cadeau de départ, sans tenir compte de ce qu'elle a déjà pu recevoir. Cédric et sa mère, qui ne connaissaient rien aux relations Farangs/bar girls, ne savaient rien de ces règles du jeu. Je suis donc repartie, sans rien de plus, que ce que j'avais à l'arrivée, sauf un billet d'avion de retour.

A 13 ans… la vie commence

La mère de Cédric prit mes bagages, pensant certainement que j'essaierai de trouver un autre client, au lieu de retourner en Thaïlande. Elle appela la police pour me reconduire à l'aéroport. On m'a gardée dans une petite pièce, pendant environ quatre heures, avant que je puisse monter dans l'avion qui me ramenait à la maison. Sur Swiss Air, c'était très agréable d'être servie par des Farangs, plutôt que de les servir*. C'était un rêve devenu réalité. Je ressentis l'atterrissage à l'aéroport de Don Muang à Bangkok comme un retour de grandes vacances qui se seraient mal passées. Mais j'étais mon maître, à nouveau.

---

*Quelques années auparavant, alors que j'avais déjà travaillé à Pattaya pendant un an ou deux, j'ai décidé de travailler comme serveuse. J'ai appris que les serveuses, ne volent pas l'argent qu'elles gagnent. Il ne faut jamais oublier les bons pourboires. Ma carrière de serveuse a durée très peu, moins d'une journée. Ce n'était pas à cause du travail très dur, du service des Farangs, ni même du très faible salaire. Le problème du salaire aurait pu facilement se régler, par les clients que je pouvais voir après le bar, et que je rencontrais grâce à mon travail. Les touristes paient plus, une fille, qu'ils croient être serveuse (une fille normale), qu'ils ne le font d'une fille de bar. J'aurai pu doubler mes gains avec chaque client et ainsi en voir beaucoup moins. La raison pour laquelle mon travail de serveuse n'a pas fonctionné, c'est qu'il aurait fallu que je sois présente pendant huit à neuf heures par jour, vingt huit jours par mois dans un travail répétitif et ennuyeux.

En Thaïlande, comme dans beaucoup d'autres pays pauvres, les gens qui détiennent le pouvoir et l'argent, exploitent ces avantages de façon cruelle, surtout pour nous les employeurs thaïs. Le propriétaire de ce restaurant n'était pas une exception. Il traitait tous ses employés très mal. Quand il m'a crié dessus, pour la première fois, je lui ai répondu en l'insultant en anglais et je suis partie. Les clients, touristes, présents étaient choqués de voir une serveuse répondre à son patron en Anglais, de cette façon, sans tenir compte de son emploi. Ils ne savaient pas, que je pouvais gagner beaucoup plus d'argent, simplement, en rencontrant des clients, tout en faisant la fête, la nuit durant dans les discos. Malheureusement sans compter les séquelles émotionnelles.

A 13 ans… la vie commence

Je rêvais de repartir en Europe, le pays des Farangs. Ils vivent si bien et sont si courtois. Quelle différence avec mon pays. Je me demandais pourquoi mes compatriotes ne sont pas aussi prévenants. Mais pour le moment, il fallait que je reste à Pattaya et que je recommence à travailler. Je pourrai toujours, essayer de savoir, pourquoi les gens de mon pays, sont si différents, mais ce n'était ni le lieu, ni le moment.

Chapitre 13

J'agrandis mes horizons.
Retour à Pattaya.

Le lendemain matin, je suis arrivée à Bangkok, et l'après midi j'étais à Pattaya. J'ai laissé ma valise dans une chambre que j'avais choisie. Je suis allé voir Dave qui était très surpris de me revoir. *« Que s'est il passé ? Je pensais que tu allais rester en Suisse plus de douze jours »* furent les premiers mots qui sortirent de sa bouche. Je luis expliquais que je n'avais aucune idée sur la durée de ce mariage, mais que je serai restée plus, si l'argent avait continué à rentrer. La source s'est tarie, alors, moi aussi. Comme mes revenus subissaient un recul, mon séjour prit le même chemin. *J'étais là bas, pour assurer des paiements mensuels à ma famille, et c'est tout.*

J'ai expliqué à Dave, que j'avais besoin de lui emprunter, 6 000 bahts pour la chambre et la location d'une mobylette. Je suis ensuite repartie à Bangkok pour retrouver Steve (je l'avais rencontré il y a un ou deux ans au Thermae et nous avions passé de super vacances à Chiangmai). Je l'avais appelé à mon arrivée à Pattaya et nous avions convenus d'un rendez-vous. J'ai toujours pensé que c'était le type « idéal » pour une relation de longue durée. Avec de l'argent en main, j'ai sauté dans le bus. A mon arrivée, j'ai trouvé une chambre bon marché, et j'ai attendu là jusqu'à tard dans la soirée pour aller au Thermae. En cherchant Steve, j'ai revu Jorg. C'était vraiment la mauvaise personne au mauvais endroit. Il me regarda et dit: *« Tu as le SIDA ! Pourquoi travailles-tu ici? »*. Je lui ai répondu, *« Et alors? Il faut bien que je continue à manger, à payer mon loyer et à envoyer de l'argent à ma famille »*

Après des heures d'attente, à boire des sodas, Steve est enfin arrivé. Ses premiers mots pour moi, n'étaient pas du tout ceux que j'attendais. Il trouvait que j'avais grossi. J'ai pensé, *« il a un sacré*

240

culot ». S'il y avait une chose dont j'étais sûre c'était bien de mon apparence! J'étais surprise mais ma réponse fut immédiate. *« Ho, on ne me l'a encore jamais dit »*. J'étais petite, avec le corps ferme d'une danseuse de Gogo, et j'étais très, très sexy! Je le savais! Après nos retrouvailles, plutôt mouvementée, nous avons passé quelques jours très agréables à Chiangmai. Un mois plus tard il est reparti pour son travail, et moi aussi. A ce jour, Steve était la meilleure relation que j'avais eue.

Je me suis organisée dans ma petite chambre, et j'ai pensé à mon prochain plan d'attaque. Financièrement, ce n'était pas plus brillant que quand j'avais quitté pour la Suisse, quinze jours plus tôt. Le côté positif était que je revenais d'un pays riche et beau. J'avais connu l'Europe pour la première fois. Je savais que j'y retournerais, *d'une façon ou d'une autre.*

L'équipe de nuit du Soi 7.

L'appel des clients.

A 13 ans… la vie commence

Ma première nuit à Pattaya a été comme toutes les autres. C'était comme si je n'étais jamais partie. La météo n'avait pas changé ? En fait le climat de Pattaya ne change que très peu tout au long de l'année. Il fait toujours bon, même pendant la saison froide et la saison des pluies. Mes amies étaient toujours là comme la majorité des touristes, que j'avais vus quinze jours auparavant.

Je commençai mon tour des bars, je voulais que mon prochain travail soit dans un bar rempli de clients. Je n'aime pas être assise dans un bar et faire la retape pour que les clients entrent, mes futurs clients. Attirer les clients c'est la responsabilité du bar. Une fois assis, je m'en occupe. Il y a des filles qui attirent les clients, c'est généralement les plus jeunes et les plus jolies. Ensuite, les filles les plus rusées, essaient de se faire payer des verres et après des « bar-fines ». Je pouvais remplir les deux fonctions, mais j'avais décidé de laisser les « jeunes poulettes » faire le premier travail pendant que je m'appliquais à séparer les clients de leur argent. Après tout cela faisait plusieurs années que j'étais dans le métier et j'étais une pro.

J'ai décidé de travailler dans un bar de Pattaya Nord. Comme j'avais dix huit ans, j'avais le droit de travailler dans un bar. De toute façon même si j'avais eu seize ans, comme la première fois que j'ai travaillée à Pattaya, la police aurait détourné les yeux, pour toucher son bakchich – qui était déjà inclus, dans les primes, que devais payer le patron du bar. Les efforts du gouvernement, ont fait beaucoup, pour que les filles mineures, soient retirées de la vue dans les bars et les Gogos. Je n'aurai jamais pensé, que je verrai un tel résultat, en si peu de temps. Mais il y a quand même, encore, un grand nombre de policiers, qui sont plus que prêts à tourner les yeux, pour que les mineures restent - et qu'eux touchent leur argent. Leur capacité à attirer les clients et les plus financiers dégagés par elles, compensent les suppléments que les patrons ont à payer.

La pression mise par les ONGs locales et étrangères, de même que les nouveaux services étrangers (prostituées d'Europe de l'Est) ont mis en pleine lumière, un nouveau pan de la vie nocturne en Thaïlande et plus précisément à Pattaya. Le gouvernement voulait enlever cette « *perte de Face* » rapidement, et il y a réussi, bien que ses efforts ne soient qu'une « façade ». Les filles mineures ne sont

A 13 ans… la vie commence

plus « *facilement visibles* »dans les bars. Mais il y a quand même un nombre incalculable de filles pauvres à Pattaya, qui trouvent toujours un moyen de rencontrer des touristes sexuels pour de l'argent. Il y a aussi un nombre énorme, de touristes sexuels et d'hommes en retraite, qui sont à la recherche de ses filles. Il arrive aussi qu'ils attendent chez eux, *ces très jeunes filles*. Maintenant ces filles sont employées comme « *service en chambre* », plutôt que comme « plat à emporter ».

Qui frappe à la porte ?

Il y a encore beaucoup de mineures qui travaillent à Pattaya. Le fait qu'elles ne puissent pas travailler, légalement, dans les Bars à bière ou les Gogos à cause de la décision du gouvernement, d'appliquer à la lettre, les règles de l'interdiction « des moins de dix huit ans », ne les empêche pas de voir leurs clients. Les mineures, rencontrent toujours, les hommes dans les centres commerciaux, les marchés, les restaurants et la route de bord de mer.

A mon époque, « Toc, toc, toc » était le signe des mineures, à la recherche des clients. Bien que les téléphones mobiles soient de plus en plus utilisés de nos jours, celles qui ne peuvent pas encore s'en acheter un, vont vers les domiciles de leurs anciens clients, à la recherche d'un « short time ». Les filles passent le début d'après midi, et/ou de la soirée à arpenter les blocs d'immeubles, ou les lotissements plus chics, qu'habitent les retraités occidentaux et les (s)expatriés, si elles n'ont pas déjà trouvé un client sur la plage ou dans le centre commercial. Il n'y a pas de différence entre elles et les vendeurs de « porte à porte ». Il nous est arrivé à Nan et moi de faire ce genre de commerce avec les clients. Si l'un des nos « anciens » était disponible, alors c'était lui que nous voyons, sinon, nous faisions notre tour, en tapant à la porte jusqu'à ce que nous trouvions quelqu'un.

Les filles de la rue qui cherchent des clients étrangers, malgré les efforts du gouvernement et des ONGs nous sommes encore loin d'une pénurie de mineures, ou de clients, à leur recherche, de jour comme de nuit.

A 13 ans… la vie commence

La promenade de la plage à Pattaya, de mauvaise réputation.

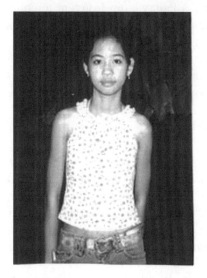 

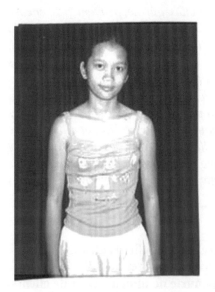 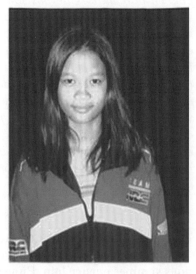

De haut en bas et de gauche à droite
âgées de seize, quinze, quatorze et quatorze ans.

A 13 ans… la vie commence

Sur la route de bord de mer, la mère (à gauche) vend ses filles, âgées de dix sept ans au centre et de quinze ans à droite. Alors que la majorité des mères Isaan reçoivent, l'argent par ATM, celle-ci prend une part active dans la négociation.

**Une fille de seize ans, qui cache son âge,
vole le téléphone portable d'un de ses clients.**

Un touriste australien, a amené une fille au commissariat de police de Pattaya, parce qu'elle lui avait volé son mobile, pendant qu'il était dans la salle de bain, avant de coucher avec elle. Il a été très surpris quand les officiers lui ont appris qu'elle n'avait que seize ans.

Groski Koming, un Australien de soixante ans, a expliqué au policier de faction, qu'il se promenait sur la route de bord de mer, quand la fille - dont l'identité ne peut pas être révélée, pour des raisons légales, mais que l'on appellera Wan – s'est approchée de lui, et a proposé de coucher avec lui pour 500 Bahts. Koming a indiqué qu'il lui avait demandé son âge, car elle semblait vraiment très jeune. Elle lui a dit qu'elle avait vingt ans. Satisfait, il a accepté son offre et l'a ramené à sa chambre.

Il est allé dans la salle de bain, pour prendre une douche, pendant que la fille s'asseyait sur le lit pour attendre. Pendant qu'il prenait sa douche, la fille lui vola son téléphone et s'enfuit. Il l'a poursuivi et a demander de l'aide au chauffeur d'une moto taxi. Ils ont réussi, ensemble, à arrêter la fille, et Koming a décidé d'amener la fille au commissariat, pour que la police lui fasse peur. Wan a indiqué qu'elle n'avait que seize ans, et qu'elle avait menti sur son âge. Elle admit qu'elle avait pris le mobile. La police l'a ensuite menacée pour le vol, et lui a aussi rappelé qu'il lui est interdit de proposer ses services, car elle est encore mineure. Il n'y eût aucune action de prise, contre l'étranger, pour avoir emmené une mineure dans sa chambre d'hôtel.

Pattaya Mail 10-16 juin 2005

Le client Australien et la fille de seize ans rencontrée sur la route de la plage,
Remerciements pour la photo au Pattaya Mail.
Il n'y eut aucune mesure de prise contre l'étranger, pour avoir emmené une mineure dans sa chambre d'hôtel.

Je vivais dans le centre de Pattaya et je travaillais au Nord, un tout petit trajet entre les deux. Ce n'était pas vraiment un bar, bien qu'il y ait suffisamment de clients. Je n'avais pas, non plus beaucoup, de rivales dans ce nouveau bar. Je ne travaillais que depuis quelques jours, quand j'ai eu un coup de « chance ». A la fois, une bonne et mauvaise surprise. J'ai vu Paul, une vieille connaissance. Paul était photographe et j'avais souvent posé pour lui. Il payait bien, entre 2 000 à 3 000 Bahts (50 à 75 US$) pour une session de deux heures. On ne s'était pas revu depuis longtemps, principalement, parce que nos caractères ne s'accordaient pas.

Mais j'ai pris la décision de changer. Cette fois je ferai des efforts et ce sera différent. Il n'y avait plus de clients qui m'entretenaient en pensant que je leur appartenais. J'avais besoin d'argent et si pour en avoir il fallait que je travaille avec Paul et bien je travaillerais avec lui. Nous avons pris rendez-vous pour le lendemain et je recommençais ainsi une carrière de modèle.

"Miss photogénique."

Paul m'avait demandé si je voulais gagner plus d'argent avec lui qu'en allant avec les clients. J'étais toujours très intéressée à gagner de l'agent. Il m'a demandé si une fois de plus je serais intéressée de faire des photos de nu. J'avais l'habitude qu'on me voit déshabillée sur scène où dans les chambres d'hôtels et ce travail ne me faisait pas peur pas plus que l'argent qu'il pouvait me rapporter. Il n'y avait pas de rapports sexuels dans ce travail et j'allais toucher deux fois plus qu'en couchant avec les clients. C'était un très bon marché.

L'argent que Paul me donnait pour faire des photos, représentait bien plus que les 1 000 Bahts (25 US$), payés pour rester pendant deux heures avec un client. Je pensais que je recommençais une nouvelle carrière, tout au moins un « extra ». Les sessions, avec Paul, duraient environ deux heures, et il m'emmenait, souvent, ensuite manger. Dans son atelier, il y avait plein de vêtements sexys et de bijoux pour accessoiriser les prises. Il lui arrivait aussi de me donner de l'argent pour acheter des vêtements, pour nos photos. Comme il me payait très bien, je lui rendais toujours la monnaie, pas comme avec les autres avec qui j'avais travaillé. A ceux là, je demandais toujours plus, même s'ils m'avaient assez donné. Mon séjour, au bar, de Pattaya Nord, ne dura donc que quelques jours. Je n'avais pas besoin du bar pour rencontrer des hommes, et de plus je ne voulais pas être coincée, sept heures par jour, vingt huit jours par mois. Je pouvais utiliser mon temps, pour des activités plus rémunératrices. Mais surtout, j'étais maintenant un modèle.

Les séances de pose avec Paul, eurent lieu, deux ou trois fois par semaine, pendant un peu plus d'un mois. Entre les séances, je voyais des clients quand j'avais le temps, et l'envie. Il a pris des centaines et des centaines de photos, capables de tenter n'importe quel homme. Je commençais toujours, presque habillée, et ensuite, mes vêtements s'effeuillaient jusqu'à ce que je sois complètement nue. Il avait une multitude de vêtements colorés et suggestifs, pour moi, à mettre ou enlever. Il avait aussi une malle aux trésors de bijoux. Certains, avec des vraies pierres, étaient très chers, d'autres, fantaisies, étaient sans valeur. Tous étaient très jolis. A la fin de chaque session, je n'avais plus que les bijoux sur la peau.

Il prenait des photos provocantes, pendant la douche, le bain, assise, ou couchée. Chaque pose, chaque moue, était calculée, pour éveiller « l'instinct animal » chez l'homme. Je les excitais, les entraînais, et les trompais, dans leurs plus profonds désirs. Flirter avec la caméra, était pour moi une seconde nature. C'était exactement le même scénario, que sur la scène et dans les chambres d'hôtels. Je le faisais depuis mes quatorze ans. On prenait des photos, dans tous les coins possibles. Depuis sa chambre d'hôtel, jusqu'à certaines des plus belles plages de la côte, à Phuket, Kho Samui, aux îles Similan. Je gagnais beaucoup plus d'argent qu'avant et je n'étais pas obligé de coucher.

Mes photos ont été dans: Poupées Orientales, Femmes Orientales, Beautés Asiatiques, et Chaudes Asiatiques. Paul aimait beaucoup mes expressions et c'était un bon photographe. Je gagnais tellement d'argent, que je n'avais même plus besoin de rechercher des clients, sauf si j'en avais envie. Je vivais confortablement, et j'envoyais de l'argent chez moi, rien que sur les revenus de mon activité de modèle. A cette époque, je n'avais pas besoin d'argent, d'autres hommes, que Paul. Je me débrouillais très bien toute seule.

Après deux mois, Paul avait plus de photos de moi, qu'il n'en avait besoin. Il avait besoin de nouvelles têtes. Mais il lui était très difficile, de trouver de nouvelles filles, pour travailler avec lui. La majorité des filles thaïes, même celles qui dansaient nues, dans les Gogos, n'acceptaient pas son offre. Il leur proposait pourtant, de les payer plus, que ce qu'elles auraient fait, en allant avec des clients. On dédaigne, tellement, la pornographie en Thaïlande, que ses offres leur faisaient peur. Elles ne pouvaient pas accepter sa proposition d'en faire des modèles. C'est une tâche difficile, que de faire peur à une fille de bar, au point qu'elle refuse de l'argent. Le côté le plus surprenant dans leur refus, est qu'elles gagnent leur vie à danser nue, pour beaucoup moins d'argent, et qu'elles ne seront jamais riches. Mais, quand on leur propose de devenir modèle nu, pour augmenter de façon importante leurs revenus, elles refusent. La pornographie, en Thaïlande n'est pas seulement inacceptable, elle est surtout illégale. La prostitution est en constante augmentation, mais les photos sont interdites. Nous aimons cacher tout ce qui n'est pas « bon teint » et présenter seulement une façade. Les photos, détruisent complètement, cette façon d'approcher le problème. Elles sont un souvenir que nous ne pouvons pas nier. Les difficultés de Paul à trouver de nouvelles têtes m'ont conduit vers une nouvelle carrière.

L'agent des modèles !

Comme Paul avait beaucoup de problèmes, pour trouver de nouvelles filles comme modèles, il m'a demandé si je pouvais l'aider. Je lui ai explique que son problème, n'avait rien à voir avec ce qu'il offrait comme salaire, car sa proposition était très alléchante L'ennui, c'était que, « *Lui* », faisait la demande. Je savais qu'il me serait beaucoup plus facile, que pour lui, de convaincre des filles pour faire ce travail. De plus, je pourrai gagner une commission, pour ce travail. Bien qu'il n'ait plus besoin de nouvelles photos de moi, je pouvais encore gagner pas mal d'argent avec ce nouveau système. Je suis très rapidement devenue, l'agent des modèles.

Paul et moi descendions dans tous les bars et Gogos de Bangkok et de Pattaya, pour trouver les filles les plus mignonnes avec de beaux corps. Nous visitions des douzaines de bars par soir. Il était très sélectif. Je voyais des filles, que je trouvais bien pour ses photos, mais il n'était jamais satisfait. Alors nous continuions notre chasse dans tous les bars et Gogos jusqu'à la fermeture. Il ne pouvait pas se décider. Quand il avait enfin trouvé une fille qui lui convenait, il lui payait un verre et je commençais à discuter avec elle, au sujet de sa proposition. Au début la fille refusait toujours, mais à la fin j'arrivais à la convaincre d'accepter son offre. Je lui disais que, cette nuit, elle n'aurait peut être pas d'autre client. Et même si elle avait une demande, ce serait pour le tiers, ou la moitié de notre offre. J'avais toujours, beaucoup de persuasion. En principe, elle finissait par accepter. Je lui disais aussi, qu'en tant que modèle, elle ne pouvait pas

A 13 ans... la vie commence

attraper le SIDA, ou aucune MST (Maladie Sexuellement Transmissible) par les photos. Je lui parlais aussi de l'avenir, car elle pouvait faire plusieurs sessions de photos.

C'est à ce moment là, alors que je recrutais les filles pour les photos, que je me rappelais de mon arrive à Bangkok et de mes premiers boulots – nettoyer les sols, laver les plats, couper les citrons, et presser les oranges. Je me rappelais le Thermae, les discos de Bangkok, et les Gogos de Pattaya. Je pensais aussi, à ma courte mais néanmoins très profitable carrière de modèle.

Maintenant je travaillais comme agent de modèles. Je gagnais 1 000 Bahts par fille que je recrutais, et j'étais très bonne pour trouver de nouvelles têtes, pour Paul. Je ne faisais pas que, lui trouver de nouvelles filles, mais je traduisais aussi pendant les sessions.

L'argent rentrait bien, le travail agréable, et je le ferai encore avec plaisir, n'importe quand. C'était bien mieux que d'aller avec des hommes pour de l'argent.

Ma carrière dans le cinéma.

Après que nous ayons développé une bonne « écurie » de filles, qui était à la fois photogéniques et plaisantes, nous avons développé une autre forme d'expression : le cinéma. Au début, j'étais la seule actrice. Je parlais en séduisant la caméra, tout en me déshabillant de façon provocante. J'avais toujours eu l'impression, que les sessions de photos payaient bien, mais j'ai bien vite appris, qu'il y avait encore plus d'argent à faire avec les films. J'étais payée 3 000 Bahts (75 US$) pour une heure de prise de vue.

J'ai eu le rôle titre dans « Incroyable Bangkok 1999 » et j'ai fait la narration dans « Péché, Sexe et Soleil ! À Phuket ». Paul avait pris des milliers de photos. Il y avait vraiment de très jolies filles – moi y compris. Il était facile de travailler avec certaines filles, alors que d'autres étaient plus difficiles, et n'avaient qu'une envie : partir. Les filles qui étaient photogéniques, et faciles à travailler, on eu des offres de films complémentaires. Les autres, se sont vues refusée toute possibilité, de faire de l'argent facile.

A 13 ans... la vie commence

Quand je faisais des films, je jouais comme les femmes que j'avais vues dans les vidéos sexy, ou les films X Américains ou Européens. Ce n'était pas difficile et c'était très drôle. Je n'aimerai pas que ma petite sœur le fasse, mais pour moi c'était sans importance. En fait c'était devenu une routine. J'en oubliais que j'étais venue, au début, à Pattaya pour rencontrer des hommes pour de l'argent. Je n'aurai jamais pensé que je pouvais faire autant d'argent, simplement parce que j'étais mignonne et que je permettais à des hommes de voir mes prouesses cinématographiques. Je continuais à poser et à faire des moues, à me baigner, me doucher, et sauter à travers la pièce – tout ça pour la caméra.

Il ne fallut pas longtemps, pour que Paul, se mette à filmer deux filles en même temps. Toutes les filles avaient le même salaire. Paul ne supportait pas les « têtes d'affiches ». Filmer est un sacré travail, et Paul était en même temps le metteur en scène et le caméraman. Tant qu'il payait les modèles, elles faisaient exactement ce que nous leur demandions.

J'étais maintenant en scène avec d'autres filles. C'était pareil que quand j'étais la seule à être filmée. Nous prenions des douches ou des bains ensemble, tout en nous caressant doucement l'une l'autre de la tête aux pieds. Ensuite, c'était, de la façon la plus ordinaire, le séchage à la serviette de toilette. Puis comme par miracle les serviettes tombaient et nous nous retrouvions sur le lit, en poses lascives et pleines de séduction. C'était ensuite le spectacle pour la caméra, en créant le désir. Tout au moins, c'était notre intention. Quelque fois nous étions deux, trois, même quatre. C'était de très bonnes conditions pour tout le monde. Les filles touchaient 3 000 Bahts (75 US$), ce qui représente trois fois le prix d'une nuit avec un client. C'est aussi ce que nos frères et sœurs gagnent par mois, dans les provinces, pour un travail éreintant.

Paul faisait une vidéo d'une heure, pour 12 000 Bahts (300 US$). Il vendait ces films érotiques en Occident, montrant des jeunes beautés thaïes, séduisantes et bronzées. Les Farangs ont énormément d'attrait pour les femmes asiatiques, à la fois exotiques et mystérieuses. Paul gagnait beaucoup d'argent, nous gagnions beaucoup d'argent. Les Occidentaux, eux, fantasmaient sur les beautés, petites, aux cheveux de jais et à la peau bronzée, qu'ils n'auraient jamais.

Plusieurs fois nous sommes allés sur les îles à coté de Pattaya, et aussi sur celles du sud de la Thaïlande, prêt de Phuket et de Kho Samui. On louait un bateau à moteur, ensuite on renvoyait le capitaine, et on filmait pendant des heures. Nous courions sur les plages de sable blanc, tout en sautant dans les vagues d'écume. C'était sur des îles désertes, où les touristes ne venaient presque jamais. Nous avons fait une bonne douzaine de vidéos en un an. J'aimais faire ces films, parce que l'argent rentrait bien et que j'étais tombée amoureuse de la caméra. J'étais devenue la première « starlette» de Paul, et je ne craignais personne au niveau de la compétition.

Paul nous avait expliqué que, c'était le rêve de tous les hommes, de se retrouver sur une île sous les tropiques, avec autant de beautés exotiques nues. Il ne faisait que mettre leur rêve sur film. La vente de ses vidéos, était bien la preuve qu'il avait raison. Les commandes pour ces films étaient de plus en plus nombreuses. La Thaïlande est remplie de jolies îles et encore plus de jolies femmes. En temps que jeunes femmes thaïes, nous ne comprenions pas le fantasme des occidentaux, ni la finalité des efforts de Paul. Nous n'en n'avions pas besoin. Si les farangs étaient prêts à payer beaucoup d'argent à Paul pour ses vidéos, si lui était prêt à nous payer beaucoup aussi, nous étions d'accord pour jouer. Nous aurions même été d'accord pour courir pendant des heures et même des jours, aussi longtemps que l'argent suivait.

Nous avons fait beaucoup de films dans les îles. C'était fantastique de passer ses journées comme ça. Nous aurions toutes accepté de partir sur les îles gratuitement s'il nous l'avait demandé. Nous avions l'habitude de recevoir de l'argent pour nous déshabiller, mais recevoir beaucoup d'argent, pour enlever nos vêtements, jouer sur la plage, dans les vagues et avoir du bon temps, c'était encore mieux.

Guide touristique.

A 13 ans… la vie commence

J'ai aussi travaillé comme guide touristique, pour des films sur la Thaïlande, qui se sont vendus dans le monde entier. C'est incroyable, tout ce qu'une jeune fille peut faire, quand elle y met tout son cœur. Malheureusement, en Thaïlande, c'est surtout les métiers de la prostitution, la pornographie, et la vente de sa sexualité qui permet à une jeune fille, de compenser, ses efforts, par l'argent. J'ai quitté mon village à Ubon à *seulement treize ans*. Je n'avais aucune idée de ce que j'allais faire, je savais seulement que j'allais tout faire pour améliorer la vie de ma famille, tout comme mon père avait essayé, si durement, de faire, auparavant.

Toute ma vie j'avais essayé de gagner ma vie avec les métiers du sexe. Plus tard, je suis passée sur les photos érotiques et les films. Je voyais encore des touristes pour l'argent, mais je commençais à faire plus. Je commençais à faire dans le propre, des vidéos légales, que l'on pouvait montrer à sa mère. J'ai fait des vidéos pour les voyages à Bangkok, les belles plages de Phuket, Kho Samui, comme pour les plages moins attirantes de Pattaya. J'étais payée plusieurs milliers de Bahts par vidéo, et par-dessus tout, je gardais mes vêtements. Ces films duraient trois heures, et je devais fournir plus de travail que pour les premières vidéos. Mais c'étaient des films tous publics, et je m'amusais bien. J'avais eu beaucoup de chance de pouvoir faire ce travail, parce que je parlais bien anglais, que j'étais jolie et que j'aimais bien rire. Si j'avais très bien parlé l'anglais, mais avec un physique moyen, je n'aurai jamais eu la possibilité, d'apparaître dans ces films, pour la promotion du tourisme.

Pour faire la première vidéo, on m'a transporté par avion jusqu'à Phuket. Il y eut ensuite beaucoup d'autres vols. J'étais une ex-pauvre fille de la province et je volais à destination d'îles exotiques, pour faire des vidéos qui seraient vendues dans le monde entier. Je vivais un rêve, bien plus beau, que je n'aurais jamais pu espérer. *Je vivais un rêve devenu réalité.*

A l'aide d'une autre fille, qui voulait commencer le métier.

Un jour, une voisine, me dit que son amie voulait gagner autant d'argent que moi. Elle voulait savoir si je pouvais aider son amie. Je lui ai répondu qu'elle savait très bien ce que je faisais, et que

A 13 ans... la vie commence

je ne faisais rien de différent des autres 10 000 filles de bar de Pattaya. Elle admit qu'elle savait, mais elle pensait que je pouvais l'aider, puisque je connaissais tant de clients. Peu de temps après, j'appris que cette fille de seize ans ne voulait pas seulement travailler dans un bar, mais aussi qu'elle voulait vendre sa virginité. Je ne voulais pas vraiment m'occuper d'elle, mais elles ont continué à me demander de les aider, en me disant à quel point *la famille* avait besoin d'argent, j'ai fini par accepter. *Une nouvelle fois, une fille vendait sa virginité pour aider sa famille.* Tout ceci rajoute de l'eau au moulin du proverbe que j'ai déjà cité plu haut : « *Les femmes thaïes ne sont qu'une autre sorte de récolte.*

Il ne me fallut que quelques jours pour trouver un homme qui voulait acheter une virginité en payant un « bon prix ». Il n'en manque jamais à Pattaya, parce qu'ils ne s'agglutinent ici que pour cette raison. Il offrait de payer 20 000 Bahts (500 US$) pour la virginité d'une fille de seize ans. J'ai pensé que c'était une offre raisonnable. Ce n'était pas le montant que j'avais reçu quelques années plus tôt, mais c'était un bon prix pour Pattaya. J'ai informé la fille de cette proposition, et elle a tout de suite accepté. Quand elle eu l'argent, elle me donna 3 000 Bahts de commission et lui me donna 2 000 Bahts aussi. J'avais gagné 5 000 Bahts dans cette affaire. Je ne voulais vraiment pas le faire au début, mais je l'ai fait ensuite, pour que la fille puisse avoir de l'argent, et non pas pour toucher une commission. Maintenant, j'aimerais avoir refusé la commission, que j'ai reçue de la fille et le pourboire que m'a donné l'homme, à l'époque. J'aimerais aussi, avoir pensé à donner le pourboire à la fille. Je ne valais pas plus que la Mamasan, qui avait vendu ma virginité, quatre ans plus tôt.

J'avais fait tout ce qui était possible, pour que mes sœurs n'aient pas à se frotter aux métiers du tourisme sexuel, et là, je venais de faire rentrer une fille de seize ans, en plein dedans. C'était pour moi, l'une des pires choses que je n'ai jamais faite. Je continue encore à regretter cette décision. Je ressentirais toujours le besoin de compenser, pour cette terrible erreur de jugement. Je veux dédier le reste de ma vie, à la protection et au sauvetage des jeunes filles, pour éviter qu'elles entrent dans l'industrie du « Sexe à Vendre ». Je ne veux plus leur en faciliter l'entrée.

Chapitre 14

Tant de soupirants et si peu de temps.
Johan de Suède.

La première fois que j'ai vu Johan, il mangeait avec un ami, à côté du super Bar : « le19° Trou », dans la rue piétonne. Bien que je ne travaille pas cette nuit là, j'étais dans le coin, pour acheter des fruits et regarder les Farangs. J'ai vu que Johan me regardait, et nous nous sommes souris. J'ai tout de suite compris, qu'il était nouveau à Pattaya, il ne portait pas le costume décontracté, et il semblait mal à l'aise. J'avais déjà vu son copain, assis à côté de lui, de nombreuses fois. J'ai offert des bananes à Johan, mais il a refusé. Je n'avais pas l'habitude qu'on me snobe, et je voulais vraiment le rencontrer. J'ai décidé de laisser tomber ma mobylette, en espérant qu'il m'aiderait à la remettre debout. Avant qu'il ait pu se lever, un touriste Japonais, avait volé à mon secours. J'étais furieuse, que Johan n'ait pas eu la possibilité de m'aider. Je m'en voulais aussi, de ne pas avoir séduit Johan au premier coup d'œil. Les autres hommes ne résistaient pas. J'ai appris plus tard, qu'il était très timide.

Deux jours plus tard, j'ai revu Johan et son ami, ils étaient deux bars plus loin, que celui où je travaillais. Quand ma copine est allée aux toilettes, je lui ai demandé, de lui dire où je travaillais. Quelques instants plus tard, il m'a salué de la main, et il a marché vers moi. Nous avons bu quelques bières. Je l'ai convaincu, que je valais la peine d'être essayée pour qu'il paye le « bar-fine ». J'ai essayé, de faire payer aussi, le bar-fine de ma copine, mais il a refusé, et elle s'est mise à pleurer. Elle savait très bien faire semblant. Dans notre profession, il faut avoir ce talent... Elle n'avait aucune envie particulière de venir avec nous, mais elle ne voulait pas rester travailler ce soir là. Elle aurait aimé, avoir sa commission, s'il avait payé le « bar-fine ».

A 13 ans... la vie commence

J'ai passé les douze jours suivants avec Johan, pendant son premier voyage en Thaïlande. Il me donnait 1 000 Bahts (25 US$) par nuit, et se plaignait que c'était trop cher. Je ne lui pas proposé de rabais, parce que je savais qu'il pouvait facilement payer cette somme. Après que nous ayons passé douze jours ensemble, je commençais à m'attacher à lui. Il était différent des autres hommes que j'avais rencontré jusque là. Il était gentil avec les femmes, et tout le monde en général. Il était doux, poli, et bien élevé. Son compagnon de voyage, Jesper, ne payait jamais une femme, plus de 500 Bahts (12 US$) la nuit, il s'était même moqué d'une fille en ne lui payant sa virginité que 2 000 Bahts (50 US$). Le prix normal pour une fille non « salie », était à l'époque d'environ 20 000 Bahts (500 U$). C'était pour moi un homme de la pire espèce. Il n'y a qu'un individu, diabolique et méprisable, qui peut prendre à une fille, son bien le plus cher et le plus « vendeur », sans lui payer le juste prix.

La veille du départ de Johan, de Pattaya, le Bureau de Change était fermé, et l'ATM le plus proche était en panne, il ne pouvait donc pas avoir d'argent. Je n'arrive toujours pas à comprendre, pourquoi je lui ai fait confiance, mais je l'ai dépanné de 5 000 Bahts (125 US$), pour que nous fassions une fête pour son départ. Le lendemain, Johan, devait reprendre le chemin de la Suède, et je l'ai accompagné à l'aéroport de Bangkok. Nous avons échangé nos photos et la promesse de rester en contact. Toutes les deux semaines, je passais un coup de téléphone en Suède. J'ai arrêté d'appeler Johan, quand John, un ancien client d'Angleterre, est revenu en Thaïlande.

John d'Angleterre

La première fois que j'ai rencontré John, je travaillais au Soi 8. John, qui marchait devant le bar, m'a vu, il est instantanément revenu sur ses pas. Il s'est assis, m'a payé un verre. Il a très rapidement décidé de payer mon « bar fine ». Après seulement un jour, il souhaitait, que je reste avec lui pour longtemps. Il m'a donné 2 000 Bahts par jour pendant six mois, la totalité du temps qu'il a passé à Pattaya. Ca c'est un « bon copain » ! Finalement, il a bien fallu qu'il retourne en Angleterre, mais seulement pour trois mois. Quand il est parti, je me suis installée au « Nirun Condotel ».

A 13 ans... la vie commence

Après les trois mois dans son pays, il est revenu en Thaïlande. Il a passé beaucoup de temps à me chercher, et m'a finalement retrouvé, à ma nouvelle adresse. John savait que Sai était avec moi. Il voulait créer une société ici. Mais il ne savait ni comment s'y prendre, ni quel genre de créneau il devait attaquer. Il est allé voir une boutique de glace sur la deuxième rue, mais au lieu de ça, nous avons crée un petit restaurant sur le Soi Buakhow. C'était un gros travail ! Comme il était en période de dépense, je l'ai convaincu de m'acheter une moto.

Une fois, John m'a donné 250 000 Bahts, pour acheter un commerce, mais je n'étais prête à acheter, quoi que ce soit, et je lui ai rendu l'argent. *Je sais que le lecteur aura du mal à me croire, mais je lui ai vraiment rendu son argent.* Il m'a redonné l'argent, pour ouvrir mon restaurant sur Soi Buakhow, mais pas tout à fait 250 000 Bahts. Il a aussi recherché Dave, pour lui rendre les 6 000 Bahts, que j'avais empruntés à mon retour de Suisse

Nous sommes encore restés ensemble pendant deux mois, mais des problèmes sont arrivés, car il ne s'entendait pas bien avec Sai. Peu avaient cette chance. Il se bagarrait toujours avec elle, comme la majorité des gens. Comme j'aimais Sai, je prenais toujours son parti. Tout ceci a conduit John à se séparer de moi. J'ai eu beaucoup de chagrin, pendant un bon moment. Je l'aimais bien et il était très généreux. Mais pour être tout à fait honnête, je n'ai pas eu du chagrin pendant très longtemps, parce que je savais que Johan n'était pas loin.

Johan et moi, étions en contact depuis deux mois, après son retour à Pattaya. Il avait contacté Dave pour savoir où j'étais, et il me cherchait dans tous les Gogos et les bars de la ville. Comme Dave savait, que j'étais avec John et que je voulais rester avec lui, il répondait qu'il ne savait pas où l'on pouvait me trouver. Un après-midi, j'ai vu Johan à Soi Buakhow, nous ne nous sommes pas parlé. J'étais gênée de ne pas l'avoir contacté depuis longtemps. J'ai demandé à Sai de lui dire qu'il me manquait et que je voulais savoir l'adresse de son hôtel. Je ne savais pas quoi dire. Je savais que Johan avait décidé, de rester encore pendant six semaines. Dès que j'ai eu l'adresse de son hôtel, je lui ai fait une petite visite surprise. Il était ravi de me voir, et nous avons décidé de rester ensemble jusqu'à son retour en Suède. Il m'a souvent demandé, d'aller passer des vacances en Suède. Je lui disais que j'y réfléchirais.

Jürgen d'Allemagne

Peu de temps après le départ de Johan, j'ai rencontré Jürgen. Nous avons passé deux semaines ensemble, et tout allait bien entre nous. Au deuxième voyage de Jürgen à Pattaya, il m'a dit que je pourrais gagner beaucoup d'argent dans son pays, et qu'il pourrait s'arranger pour que j'aille travailler en Allemagne. Il m'a promis de m'épouser, si je repartais avec lui à Cologne.

Je n'avais pas d'autres projets en Thaïlande, que de continuer à travailler à Pattaya, donc j'ai accepté. Il ne me fallut pas longtemps pour décider que l'Allemagne serait ma nouvelle maison. Jürgen a rempli les papiers pour le Visa, à l'Ambassade d'Allemagne à Bangkok.

Quand le moment est venu d'aller à l'Ambassade, Dave est venu avec moi, pour m'aider à remplir encore d'autres documents. C'était beaucoup plus compliqué, que je l'avais pensé. Nous avons pris le bus de six heures du matin, au départ de Pattaya, pour être parmi les premiers. Mais il y avait déjà la queue quand nous sommes arrivés, et nous avons dû attendre dans la file. L'attente dura toute la journée. Après avoir passé des heures dans la queue, nous avons dû laisser notre place, par ce que nous n'avions pas le double de la copie d'un des documents. Je pense qu'il aurait été beaucoup plus efficace, - une des caractéristiques pour lesquelles les Allemands sont bien connus, de faire la copie pour nous. Je m'attendais à ce geste de courtoisie après avoir vu faire les Suisses. Dans ce cas précis, ils ont simplement refusé. Dave a du sortir de l'Ambassade, et chercher un magasin qui faisait des copies, quelques rues plus loin. A son retour, nous avons dû reprendre un nouveau numéro, et recommencer. C'est seulement à la fin de la journée, que nous avons terminé, cet ennuyeux, long et exaspérant exercice.

Tout d'abord, nous avons mangé un morceau, pour se fortifier, avant le trajet de retour de deux heures et demie. J'ai été surprise, quand Dave m'a demandé de payer ma part. Il était furieux

A 13 ans… la vie commence

d'avoir perdu sa journée pour des papiers, et encore plus du manque de coopération du personnel de l'Ambassade. Pour moi, ce n'était pas la même chose, j'utilisais l'argent de Jürgen. Une fois l'anxiété de soumettre les documents passée, je pouvais, à nouveau, me consacrer à mon travail à Pattaya. Je pensais aussi beaucoup à ce qu'allait être ma vie en Allemagne.

J'appelais Jürgen, en PCV le lendemain, pour lui expliquer que je m'étais occupée des papiers avec son Ambassade à Bangkok. Il était très excité. Par la suite, j'ai compris pourquoi il était si heureux. Il fallut environ, deux semaines, pour que mon visa arrive. Quand je l'ai eu en main, la pression est retombée, et je pouvais à nouveau être relax. J'allais vraiment partir en Europe – à nouveau. Je savais que ce voyage allait m'apporter de bien meilleures expériences que le précédent.

Une nouvelle fois, il me fallait prendre un billet d'avion et m'organiser, pour quitter la Thaïlande. Il fallait que je renvoie ma sœur de quinze ans à Ubon. Comme la première, fois elle ne voulait pas quitter Pattaya – la pâle réplique thaïlandaise de Las Vegas, Hollywood, la Nouvelle Orléans, et Atlantic City, tout cela, en un lot pour touristes, du bonheur vingt quatre heures sur vingt quatre. Mais Sai était inflexible : elle voulait rester à Pattaya avec ses amis. J'avais peur qu'elle ne s'en aille et se retrouve livrée à elle-même. Elle avait travaillé par deux fois, la première pendant quelques mois, comme responsable d'une boutique de photos autocollantes, dans un centre commercial, et la deuxième comme serveuse dans un restaurant de nuit, près de notre appartement. Elle utilisait ses revenus comme argent de poche. J'ai toujours pris soin de régler toutes les factures. J'avais peur qu'elle s'en aille aussi, pour vivre ma vie et coucher avec des touristes pour de l'argent. *J'avais fait, tout ce que je pouvais jusqu'à maintenant, pour lui éviter de vivre MA vie. C'était ma grande peur et un cauchemar fréquent.*

Sai refusa de retourner à Ubon, préférant rester avec ses amies, dans un appartement, pour continuer à travailler comme serveuse. J'avais peur qu'elle ne reste pas longtemps serveuse. Il y a tellement peu d'argent à gagner, en Thaïlande, avec un travail normal. De plus les employeurs thaïs sont connus pour être désagréables et injustes. C'et la principale raison, qui fait que les Thaïs, veulent travailler avec des compagnies étrangères, et aussi que les filles qui ont travaillé dans des bordels, partent à Pattaya ou Patpong pour coucher avec des étrangers. J'avais peur qu'elle décide de ne pas travailler autant d'heures pour si peu d'argent. J'avais surtout peur, qu'elle commence à faire, ce que j'avais fait, et qu'elle se mette, à coucher avec des touristes, pour vraiment gagner de l'argent. Mais je devais partir en Allemagne, et je l'ai donc laissée à Pattaya, seule.

Sai qui construit son château de sable sur la plage de Pattaya. Âgée de quatorze ans.

Une lettre à Sai de la part de quelqu'un qui t'aime.

Ce que ma sœur représente pour moi
Si, ce que mes sœurs font, les rend heureuses,
elles doivent le faire.
Je prendrais, à ma charge toute la partie malheureuse de leur vie.
Qu'elles ne prennent que la partie heureuse.
J'ai deux sœurs, mais aucune ne pense jamais à rester avec moi.
Ma petite sœur, Joy, est ce que tu sais, qui tu es en ce moment ?
Tu es comme un verre fendu,
qui attend de se briser au moindre choc.
Les voies mènent à des destinations différentes.
Certaines sont mauvaises et d'autres sont bonnes.
Quelques unes sont même coupées. Cul de sac.
Je ne peux pas savoir où les routes vont me mener,
avant de les avoir empruntées.
Et toi quelle route prendras-tu ?
La route que tu as choisie en ce moment,
Ne sait pas où elle va, ni comment elle va se terminer.
En fait, chaque femme a sa propre vie,
marchant dans différentes directions
Joy, tu as ta sœur, mais tu ne l'as jamais aimée.
Joy tu n'as jamais pu comprendre mes sentiments.
Parce que tu ne t'es jamais aimée toi-même.
Tu n'aimeras jamais une de tes sœurs, même pas moi.
Tu as de grands yeux ronds
Quand tu étais petite,
Pour moi, ils étaient beaux et je les aimais beaucoup.
Mais maintenant, tes grands beaux yeux,
n'ont plus de douceur en eux,
Ce ne sont pas ceux d'une personne douce.
Les plantes viennent du sol,
Tes yeux reflètent la haine et les pressions que tu as subies
Ces yeux sont sans joie depuis longtemps
Quand je regarde tes yeux,
je vois beaucoup de peine et de tristesse
Peut-être, as-tu besoin de l'amour et
de la compréhension, de quelqu'un
Mais je suis sûre que ce quelqu'un n'est pas moi.

262

Maintenant, tu as quinze ans, et même bientôt seize.
Joy, Nong Lak, « ma petite sœur aimée »
Si un jour, tu te sens seule, et que tu as besoin de quelqu'un,
Je te demande de regarder dans le miroir,
De te mettre en face du miroir et de te regarder,
C'est de cette personne dont tu as besoin.
Tu vas bientôt vivre comme une enfant, mais adolescente.
L'âge du chemin de tous les dangers,
Cette période tu le verras, est très dangereuse
J'ai le souvenir, d'une enfant assise sur mes genoux,
j'avais l'habitude de l'étreindre et de l'embrasser.
Cette enfant, c'est déjà une autre personne.
Pour moi, tu es la seule, la plus importante
Tu es la plus proche de moi,
Joy te rappelles-tu, quand nous ramassions
les coquillages dans les rizières
en cherchant les poissons et les grenouilles ?
Et quand nous nagions dans les ruisseaux
en faisant la course avec les buffles !
J'étais, celle qui emmenait tout le monde à l'école, tous les jours.
Maintenant, nous sommes trois, avec Joy Nong, Ying, et moi.
La vie que nous avons eue comme enfants,
était le meilleur moment nous n'en aurons pas d'autres.
Ne crois-tu pas Joy ?
Si je pouvais arrêter le temps,
ou faire tourner les pendules à l'envers,
J'aimerai revenir à cette époque,
Le temps où nous allions dans les rizières,
les mains sales, pleines de boue,
buvant l'eau des mares, au milieu des champs
cherchant les champignons.
Prenant la sève des arbres, pour en faire des bougies,
une fois rentrées à la maison
Tout ceci, était bien mieux, pour moi que de mettre une mini-jupe
De chausser des hauts talons, pour aller dans les discos,
Pour y rencontrer des hommes pour la nuit.
Parce que tout cela ne me rend pas ma personnalité.
Oh, comme j'aimerai être encore une enfant.

A 13 ans... la vie commence

Un grand flou.

Les années ont passé vite. On dirait que mes anniversaires, de quatorze à dix neuf ans sont passés dans mon sommeil, dans la nuit. J'ai souvent du mal à me rappeler ces années. C'est comme « *un grand flou* ». J'étais dehors toute la nuit, chaque nuit, et je ne voyais souvent que le coucher du soleil, parfois le lever. Dans Patpong, le clignotement constant, des aveuglantes lumières stroboscopiques, et les hurlements de la musique synthétique, me laissaient éreintée dans le vide de leur vacarme. Pendant cinq ans, j'ai vécu comme une chouette, voyant rarement le soleil. Ma vie n'était pas différente, de celle des autres danseuses, si ce n'est qu'au début de ma « carrière », j'étais plus jeune que beaucoup d'entre elles. En grandissant, je suis devenue plus « en phase », émotionnellement et psychologiquement, avec les autres danseuses. J'étais un peu plus en confiance quand j'abordais mes clients, et je me sentais moins bafouée quand ils me rejetaient. J'ai vu d'autres filles de quatorze ans, attaquer sans peur, et ensuite s'enfuir de ce travail

J'espérais que d'envoyer de l'argent à Sai tous les mois d'Allemagne, l'empêcherait de suivre mon chemin. Je m'attendais aussi, à une nouvelle vie agréable, en me préparant à partir. Une fois de plus j'ai fait mes dernières prières à l'aéroport en Thaïlande. Je pensais, que faire mes prières en Thaïlande, c'était différent, que de les faire dans un pays étranger. Encore une fois, les esprits ne sont pas les même à travers le monde. Je ne pensais pas que les esprits auraient entendus mes prières, ou répondu à mes appels d'Allemagne. Je profitais de ma dernière chance « d'être dans le coin ». Et, exactement comme quand j'étais partie en Suisse, j'ai prié pour mon père.

Je suis finalement arrivée en Allemagne. Une fois de plus j'avais fait un long voyage, depuis mon pays. J'étais là-bas, pour une raison, et une seule, faire de l'argent. J'avais été très honnête, dès le début, et je n'avais jamais trompé Jürgen. Jürgen était honnête aussi avec moi, du moins c'est ce que je pensais. Il voulait que je travaille pour gagner de l'argent. Nous étions donc en parfaite harmonie. J'allais travailler dans un salon de massage, en Allemagne et l'argent allait couler à flot, parce que les clients, seraient sûrs d'avoir à faire à une très jeune fille, (ce que je n'étais plus). Pour cette raison, ils faisaient la queue pour avoir mes soins. Je leur disais que j'avais seize ans, alors que j'en avais dix neuf, ce qui me rapportait des plus gros pourboires. Comme les clients allemands pensaient, que j'avais seize ans, ils ne regardaient pas les autres filles. On devait partager mes revenus, avec Jürgen à 50/50, et il devait payer le loyer, la nourriture, les frais, sur sa part. Tout au moins, c'était le contrat verbal, que j'avais souscrit avec lui.

Notre mésentente, intervint, quand j'ai appris que Jürgen s'attendait à ce que je couche avec lui, aussi. En supplément de coucher avec les clients du salon de massage, et de lui donner 50% de mes gains, il voulait aussi des gâteries sexuelles de ma part. J'étais d'accord pour un partage à 50/50 de ce que je gagnais, parce qu'en Allemagne, je pouvais gagner cinq fois plus, que ce que j'aurai pu faire à Pattaya. Je n'avais pas non plus d'obligation financière, sauf vis-à-vis de ma famille. Mais s'il voulait me faire l'amour, il faudrait qu'il paie. Encore une fois, « le sexe n'était pas gratuit ». C'était mon seul gagne pain. Nous avons eu une sérieuse dispute, qui appelait à une solution immédiate.

J'ai dit à Jürgen que s'il voulait 50% de mon salaire, il lui fallait oublier l'idée de coucher avec moi. Il était blessé, il avait l'impression que je ne remplissais pas ma partie du contrat. En ce qui le concernait, il avait droit à la moitié de mes gains, et le sexe gratuit en plus. Pour moi, il demandait plus que 50% de sa part. « Le sexe a une étiquette de prix, et ce n'est pas donné ». Je n'arrivais pas à comprendre pour quoi il en voulait tant.

Peu de temps après que j'ai commencé à gagner de l'argent, Jurgen m'a demandé, de payer mon billet d'avion vers l'Allemagne. Je ne pouvais pas croire, qu'il exigeait maintenant, que je paye pour mon vol. Notre marché devenait de plus en plus laid. Il avait payé le ticket, de façon à pouvoir toucher 50% de mes revenus et de la B... en plus ! Quand il a commencé à récupérer l'argent du ticket, sur mes gains, j'ai compris qu'il me fallait trouver un moyen de partir.

L'Allemagne était trop froide pour mon sang thaï, bien que, j'aie déjà expérimenté le climat frisquet de la Suisse, et c'était en Août...Maintenant, Jurgen voulait partir en Espagne. Comme je ne parlais pas l'espagnol, je me demandais comment j'allais communiquer. Je pensais que Jürgen ne parlait pas l'espagnol, non plus. J'hésitais quant au voyage, mais il valait mieux partir, que de lui donner la moitié de mes gains ici. De plus, le temps devait être meilleur. Quand nous étions en Espagne, j'étais vraiment furieuse avec Jürgen. J'ai aussi été furieuse en Allemagne, mais notre situation frôlait « le point de non retour ». Je me rappelais de Johan, nous nous connaissions depuis un certain temps maintenant, et il m'avait toujours très bien traitée. Je voulais le revoir, et de plus, je voulais quitter Jurgen. J'ai appelé Johan en Suède, de mon hôtel en Espagne. Je me moquais du prix de la communication, Jürgen allait payer.

J'ai dit à Johan, que Jürgen voulait m'utiliser pour se faire de l'argent. A mes yeux, il ne pouvait y avoir qu'un sens, pour le courant d'argent, et c'était des farangs vers moi, pas le contraire. L'argent les quitte et vient vers moi, pas dans l'autre sens. Johan tenait vraiment beaucoup à moi, et il se faisait du souci pour moi. Bien qu'étant en Espagne avec Jürgen, Johan est venu me voir pendant une semaine. Jürgen était en colère, mais il ne pouvait rien y faire. Il n'avait aucun droit sur moi en Espagne, ni comme il allait bientôt le découvrir, nulle part ailleurs, non plus.

L'Espagne et L'Allemagne, aussi.

D'Allemagne, et ma courte carrière de « masseuse », j'avais été jusqu'en Espagne, pour trouver une meilleure température, et arrêter les paiements à Jürgen. L'Espagne était un changement bienvenu. Maintenant, j'avais vécu en Suisse et en Allemagne, et j'y avais connu le temps froid de l'Europe. En Espagne, j'appréciais la chaleur. Quand Jürgen appris, que Johan venait en Espagne pour me voir, il m'enferma sur le balcon jusqu'à trois heures du matin. Il était très en colère, de ne pas pouvoir « encaisser », tout ce qu'il avait misé sur sa petite « vache à lait brune ».

L'Espagne ensoleillée.

Un sourire pour Johan.

Pendant notre séjour en Espagne, Jürgen n'avait pas assez d'argent pour payer la note d'hôtel, et il me dit d'aller gagner de l'argent, au dehors. Comme de toute façon, j'étais allée en Europe, pour faire de l'argent de « cette façon », il n'y avait pas de différence pour lui entre l'Allemagne et l'Espagne, pour exercer mon métier. Il disait toujours, que j'avais une vie facile, car j'étais capable de faire beaucoup d'argent, avec si peu d'efforts. Il n'a jamais pu comprendre, combien il était difficile, de gagner chaque Baht. Il ne connaissait rien, des sacrifices que j'avais dû faire, il ne s'en souciait pas non plus.

J'étais vraiment très contente quand Johan est arrivé en Espagne. Je suis allée tout de suite à son hôtel, pour le voir. On allait avoir une semaine ensemble, et j'allais profiter de tous les instants. Je lui ai dit que je pensais avoir du mal, à solutionner mon problème en Allemagne, sans retourner en Thaïlande d'abord. Nous avons alors examiné les différentes possibilités. Nous avons aussi parlé des bons moments, et des fous rires que nous avions partagés en Thaïlande. C'était mon deuxième voyage en Europe et je voulais vraiment que ça marche. La dernière chose dont j'avais envie, c'était de retourner en Thaïlande pour y retrouver la misère économique et sociale. Je ne voulais pas non plus, reprendre ma vie de fille de bar, mal payée, en comparaison des standards Européens. De plus la compétition, avec les jolies et jeunes Thaïes, qui venaient sur le marché, serait plus dure, car j'avais dix neuf ans – j'étais encore très compétitive, mais...

Après avoir passé quelques jours ensemble, Johan prit une décision subite, il voulait me ramener avec lui en Suède. Bien entendu, c'est ce que j'avais toujours prévu. J'avais bien l'intention, de passer ma vie, avec quelqu'un, avec qui je pourrais partager une affection mutuelle. Je savais aussi, qu'il fallait que je me libère, de la situation désastreuse avec Jürgen. Je n'avais jamais pensé au climat de la Suède, et j'allais bientôt apprendre le vrai sens du mot « Froid ». A la fin de la semaine, Johan repartit en Suède et moi, je retournai à l'hôtel avec Jürgen.

Jürgen a beaucoup crié, au sujet de ma décision de partir. Il dit qu'il m'aimait, et que je rompais notre contrat. Je lui ai répondu que je n'étais ni son employée, ni sa maîtresse. Il voulait les deux et il n'avait plus rien. J'ai appris, par la suite, qu'il avait déjà amené en Allemagne, une fille des Philippines, pour les mêmes raisons. Le score était maintenant de 0 à 2.

Dès que nous sommes arrivés en Allemagne, au retour d'Espagne, j'ai pris un avion pour la Suède. Quand je suis partie, Jürgen m'a dit, « *Tu as tellement de chance de m'avoir, que tu va bien vite revenir* ». Je l'ai revu quelques années plus tard à Pattaya.

Il m'a demandé, si je voulais revenir avec lui, aux mêmes conditions que précédemment. Sans la moindre hésitation, j'ai répondu par la négative, de façon ferme. Pendant un court moment de ma vie, je venais d'atteindre le paradis. J'étais très fière de mon refus.

A mon arrivée à Stockholm, j'ai appris que le vendeur de billet allemand, aurait du demander à voir mon Visa pour la Suède,

A 13 ans... la vie commence

avant de me faire un billet. Les Européens, peuvent voyager librement en Europe, sans visa, mais les Thaïs ne le peuvent pas. J'avais été jusqu'en Espagne sans problème. Les Espagnols sont habitués à recevoir des touristes du monde entier, donc ils m'ont laissé entrer sans me poser de questions. Mais à mon arrivée en Suède, les autorités d'Immigrations, bien que polies, m'ont refusé l'entrée. J'étais dans l'aéroport de Suède, mais je ne pouvais pas entrer dans le pays. Johan m'attendait dans le hall d'arrivée, après l'Immigration. Il a été autorisé à rentrer pour parler aux autorités, mais comme je n'avais pas de Visa, je ne pouvais pas rentrer en Suède.

Les officiers d'Immigration m'ont informé, qu'il fallait que je retourne en Allemagne pour demander un visa au Consulat de Suède. Ils m'ont indiqué que c'était une simple formalité, et que ce ne serait pas difficile, à partir du moment où Johan était mon garant. Johan m'a dit qu'il allait acheter un ticket aller-retour, Suède/Allemagne/Suède, pour nous. Il ne faudrait pas plus d'un jour, pour que le Visa soit fait. J'étais vraiment en colère, au sujet de cet « état de faits ». Je me tenais à quelques centimètres de l'entrée de la Suède, et donc, de pouvoir commencer une vraiment nouvelle vie avec Johan. Mais avant et contre mon choix, il fallait faire demi tour et revenir – en Allemagne.

Avant de quitter l'aéroport de Cologne, je suis vite allée à l'appartement de Jürgen, pour récupérer quelques vêtements, C'est une habitude fréquente, chez les filles de bar, de laisser quelques affaires chez leurs anciens petits copains, quand elles les quittent. Comme ça elles auront toujours un prétexte, pour retourner les voir... L'explication courante c'est qu'elles étaient simplement en voyage, mais que, leur retour était prévu. Mais pour moi, cette fois, il n'y avait pas d'intention de retour. Au pire, je préférais retourner en Thaïlande, plutôt que de vivre avec Jürgen et de partager la moitié de mes gains avec lui.

J'ai pris un taxi de l'appartement de Jürgen à l'hôtel que Johan avait choisi pour la nuit, et nous sommes allés au Consulat de Suède à Hambourg, pour demander un visa touristique. Ils ont accepté ma demande très poliment. Les Européens sont très polis avec les jolies, jeunes filles thaïes. En Thaïlande, pour avoir le même genre de traitement, il faudrait que je sois dans un hôtel cinq étoiles. En

A 13 ans… la vie commence

Thaïlande, les touristes peuvent faire l'objet d'une grande courtoisie, mais elle ne vient pas du fond du cœur des Thaïs. Les fonctionnaires thaïs, ne sont pas concernés non plus, par le fait que leurs clients, puissent accomplir leur but ou non. Ils sont seulement intéressés, par l'argent qu'ils peuvent recevoir, quand ils rendent un service. Les Européens, eux, donnent un bon service parce qu'ils veulent vraiment aider.

Le jour suivant, Johan et moi, volions vers la Suède. Je n'étais pas seulement excitée, de commencer une nouvelle vie avec lui, mais j'avais aussi quitté l'Allemagne et Jurgen. Après l'atterrissage, je me suis approchée de l'Immigration et je leur ai fièrement montré mon visa Suédois. Les officiers d'immigration m'ont accueilli gracieusement en Suède. « Varsagod ».

A 13 ans... la vie commence

Enfin la Suède.

Chapitre 15

Rien n'aurait pu me rendre plus heureuse. Je venais d'arriver en Suède, un pays riche d'Europe, et j'étais avec un homme jeune et beau, qui s'intéressait vraiment à moi. Mais j'étais à peine sortie de l'aéroport, que le froid vif me saisit. Ce n'était même pas encore l'hiver, mais le vent glacial et mordant me glaça jusqu'aux os. Je ne savais pas qu'on pouvait avoir aussi froid quelque part sur la planète. Je savais déjà que je n'allais probablement, plus jamais quitter la douce chaleur de ma nouvelle maison.

En arrivant à l'appartement de Johan, j'ai couru à l'intérieur, et je l'ai laissé s'occuper de ramener les bagages depuis la voiture. J'avais trop froid pour penser à autre chose que de me réfugier dans la chaleur de son living room. Les « Som tams », une salade très épicée, à base de papaye verte, très prisée des gens d'Isaan, me manquaient déjà. Nous pensons que c'est vital pour nous

Sai a des problèmes.

C'est peu de temps après, que j'aie commence ma nouvelle vie avec Johan, qu'une amie de Sai m'a contacté. Sai n'avait pas voulu retourner à Ubon quand je suis partie en Allemagne, et j'avais eu bien raison de m'inquiéter de la laisser à Pattaya avec ses amies. J'avais peur qu'elle fasse quelque chose d'illégal. A Pattaya, il suffit de demander pour avoir des problèmes. Elle avait commencé à prendre du Yabah, une amphétamine courante en Thaïlande. Maintenant, elle était en prison. Grâce à une de ses amies, elle était rentrée en contact avec moi et réclamait mon aide. J'ai envoyé le montant d'une « caution » non remboursable, qui n'était rien de plus qu'un pot de vin pour la police. Dès réception, son affaire fût réglée et elle était libre de partir. Le coût était de 5 000 Bahts (125 US$). J'aurai du payer deux fois plus, si j'avais attendu, qu'elle soit en

271

A 13 ans… la vie commence

prison. Grâce au paiement que j'avais fait, je pouvais dormir la nuit. Pattaya est plein de gens qui vivent sur le fil du rasoir. L'attirance pour cette vie excitante, était trop importante, pour qu'une fille de quinze ans puisse y résister, bien plus encore sans adulte pour s'en occuper.

Une vie de loisir.

Comme j'avais un visa touristique, je ne pouvais pas travailler. Je vivais donc « une vie de loisir ». Je faisais le peu de ménage que nécessite l'entretien de deux personnes, ce qui me laissait beaucoup de temps pour regarder la télévision et aller faire de la gymnastique. J'ai aussi rendu visite aux parents de Johan, plusieurs fois. Mais je m'ennuyais, de rester seul à la maison. J'ai demandé à Johan, s'il pouvait obtenir un visa Suédois, pour mon amie Bee

Bee: un "poisson dans l'eau".

Plusieurs mois avant mon voyage en Allemagne, j'ai fait la rencontre de Bee, une des amies de classe de Ying. La première fois qu'elle est venue me rendre visite à Pattaya, elle a voulu savoir comment les filles faisaient pour posséder autant de belles choses, des motos, des bijoux en or, de jolis vêtements. Mais par-dessus tout, elle voulait savoir comment elles faisaient, pour avoir autant d'argent. Je lui ai dit la vérité. *« Elles couchent avec des touristes »*. Elle dit : *« c'est tout »*. Elle s'y est ensuite donnée, heureuse, comme un poisson dans l'eau. Elle était beaucoup plus intéressée, que la majorité des filles qui viennent à Pattaya pour la première fois. Mais en général, il ne faut pas attendre longtemps, pour que les filles comprennent l'intérêt du travail, quand elles voient tout l'argent qui est accessible. La meilleure motivation est que, on est pas obligée de travailler de longues heures, sous la férule d'un patron thaï, pour une maigre compensation. Peu de temps après elle emménageait à Bangkok, pour commencer le travail.

Très rapidement, Johan a réussi à lui obtenir un visa, pour qu'elle puisse me rendre visite, l'Immigration suédoise est assez libérale. Non seulement, ils m'avaient donné un visa touristique de trois mois, mais quand j'ai commencé à m'ennuyer, ils ont autorisé une de mes amies à venir et à rester avec moi. J'étais heureuse d'avoir quelqu'un, avec qui je pouvais partager mon dialecte, et ma nourriture favorite. Bee et moi avons profité de la température plus fraîche et nous avons beaucoup apprécié, de pouvoir faire du tourisme, dans la campagne avoisinante. Comme j'avais eu la chance de faire le tour de la ville de Stockholm, je servais de guide touristique à Bee. J'avais du mal à croire, que j'étais un guide dans un pays européen, et que j'emmenai mon amie dans les meilleures boutiques. Je me sentais comme dans un rêve ! Nous étions là, deux pauvres jeunes filles, de la classe la plus basse en Thaïlande, en train de faire du tourisme en Suède, reconnues par les Suédois comme leur « égal » (plus ou moins). Peut être que notre apparence avait quelque chose à voir la dedans, surtout quand il s'agissait du regard des hommes. Ce genre de chose ne pourrait pas arriver à Bangkok, ni même dans aucune région de Thaïlande. Je peux voyager au Laos et être identifiée comme égale, dans le sens ethnique du terme, mais je resterai, seulement, une femme. En Suède j'étais « égale » avec les hommes et avec les femmes.

Un jour, où Bee et moi visitions les monuments de la ville, nous avons pris un taxi avec un conducteur Marocain. Il nous a demandé d'où nous venions. Je lui ai répondu « *Thaïlande* ».Il nous a proposé d'aller chez lui, pour rencontrer son copain et faire l'amour. J'ai dit « *Pas du tout* ». Il avait l'impression que toutes les filles thaïes, travaillaient comme strip-teaseuse, et que toutes les strip-teaseuses étaient des prostituées. Il avait tout à fait tort. Je n'étais plus une fille de bar. Mais Bee, m'a posé la question en Thaï, « *Combien je peux demander à son copain pour une passe ? »*. J'étais un peu surprise, mais je luis ai répondu de demander l'équivalent en Couronnes Danoises de 300 US$. Bizarrement, il a accepté. C'était 12 000 Bahts pour une passe – douze fois le prix normal de la Thaïlande. Bee a tout de suite accepté.

Bee était venue en Suède, dans l'intention de trouver un mari. Mais ce n'est qu'à son retour en Thaïlande, alors qu'elle était en vacances à Phuket, qu'elle a rencontré un super Danois, qui l'a ramené chez lui au Danemark. Peut-être que le proverbe *« On va chercher bien loin ce qu'on a à sa porte »,* est vrai.
Le retour en Thaïlande pour un nouveau visa.

A 13 ans... la vie commence

Après trois mois en Suède, je suis revenue en Thaïlande, pour obtenir un nouveau visa. Je suis aussi allée à Ubon, pendant cinq semaines, voir ma mère. Pour une fille, qui a vécu loin de son village, pendant un grand moment, c'est très difficile, de retourner à ses racines, particulièrement quand il s'agit d'une campagne de province rurale et primitive. Cinq semaines après mon retour, j'ai réalisé que j'avais besoin de la fête, de la musique, de la vie nocturne et de l'agitation de Pattaya. J'y suis très vite allée, et j'y suis restée deux mois de plus.

A Pattaya, je me suis installée dans l'hôtel d'un ami de Johan. J'ai passé pas mal de temps à apprendre à Paul, à parler, lire et écrire le Thaï. Ma mère est venue me voir et elle a même « *travaillé* », à l'hôtel pendant un mois. Elle avait envie de s'occuper en travaillant à l'hôtel temporairement, mais elle n'avait aucune envie de s'investir à Pattaya, de vivre dans cette ville de loisirs, ni même d'y travailler de façon permanente pour gagner sa vie. Elle attendait seulement avec impatience que je reparte en Suède, pour qu'elle puisse bénéficier des bienfaits de ma nouvelle vie.

J'allais régulièrement au restaurant du Royal Garden, pour manger et parler avec de vieilles copines. Je passais le temps en attendant que mon nouveau visa suédois soit prêt. Je vivais une vie calme et à la maison, comparé à mon passage précédent ici, où j'étais une pute bien payée. Mais quelque fois quand même je sortais le soir avec Paul. Je n'étais pas venue à Pattaya pour rencontrer des hommes. Après cinq années de travail, j'avais un homme à moi qui était heureux de s'occuper de moi de façon affective et physique, mais plus important que tout financièrement.

J'avais plus de temps à passer avec ma mère, que je n'en avais jamais eu, dans les cinq années précédentes. Elle ne connaissait rien aux visas, ni à la paperasserie nécessaire, mais elle savait que mon départ de Thaïlande, voulait dire plus d'argent pour elle. Elle avait toujours su que je m'occuperai d'elle et de mes sœurs.

J'ai fait venir Ying à Pattaya. C'était la première fois pour elle, et je voulais qu'elle voie où j'avais vécu tant d'années. Elle avait toujours voulu voir Pattaya. C'était mon unique sœur de sang. Elle était aussi à dix huit mois de son examen de fin d'école. J'avais travaillé pour qu'elle puisse finir ses études et qu'elle ait l'éducation que je n'ai jamais eue. Personne ne m'a donné la même chance. J'étais vraiment très fière d'elle. J'ai toujours espéré qu'elle soit fière de moi de la même manière. Elle ne savait pas vraiment, quoi penser de Pattaya. C'était très loin du village de campagne qu'elle appelait sa maison. Elle aimait la facilité pour aller aux cinémas, et l'accès dans les nombreux centres commerciaux avec air conditionné, qui n'existent pas dans les villages et seulement peu de villageois ont la chance de connaître. Il y avait profusion de notre nourriture Isaan dans la ville de Pattaya. Elle aimait aussi la douce brise tropicale et le bruit de la mer quand elle vient mourir sur la grève. En dehors de ces menus plaisirs, il n'y a pas grand-chose à faire à Pattaya, quand on ne cherche pas un revenu la nuit.

Mon retour en Suède et les nouveaux problèmes de Sai.

L'Ambassade de Suède m'a informé que mon visa était prêt. J'allais donc bientôt partir en Suède à nouveau. J'ai fait mes bagages et je me suis préparée pour le vol. Cette fois, je n'avais pas un appartement rempli de meubles et d'appareils électroniques, à déménager. Cette fois, j'étais prête à partir en Suède « comme la flèche ».

Il n'y avait pas longtemps que j'étais arrivée en Suède, quand j'ai reçu un coup de téléphone à propos de Sai. J'ai appris qu'elle était en prison pour avoir pris du Yabah. Une fois de plus on me demandait de payer pour la faire sortir de prison. J'étais perdue. Je pensais qu'elle ne consommait plus de Yabah et qu'elle réussi à équilibrer sa vie. Je me trompais sur toute la ligne. Je réalisais que tant qu'elle serait à Pattaya, ce serait la porte ouverte à tous les problèmes, pour elle. Cette fois je pensais envoyer l'argent à ma mère, pour payer le bakchich qui assurerait sa libération, bien que je n'aie aucune garantie qu'il la libère comme il s'agissait d'une récidive. C'était un crève-cœur que d'imaginer ma petite sœur, retenue dans une maison de correction. Je pensais que si je payais encore une fois, un nouveau pot de vin, elle pourrait peut être retourné vivre avec son copain, un drogué et un délinquant, peut être même un criminel. Je ne savais pas quoi faire et je ne voyais pas d'autre solution. J'ai envoyé l'argent à ma mère, de l'argent pour que ma sœur de seize ans soit libérée de prison.

Ma mère n'a jamais payée pour ma sœur, elle a gardé l'argent pour elle, et l'a dépensé en des futilités, pour avoir la Face dans le village. Elle laissait Sai, moisir dans sa prison pendant six mois, sans le moindre problème.

A sa libération, Sai savait, qu'elle ne voulait plus jamais mettre les pieds dans le centre de détention pour mineurs, froid et dur. Il fallait qu'elle retourne à Ubon. Ma mère n'allait pas la laisser à Pattaya, sans chaperon. Je souhaitais qu'elle ressemble plus à Ying, une bonne étudiante dans son avant dernière année de scolarité. Elle nous aurait rendu, à ma mère et à moi, la vie plus facile. Peut être que si on lui avait caché, qu'elle avait été adoptée, elle aurait plus ressemblé à Ying, je ne le saurai jamais.

Sai n'a jamais fini ses études. Si elle avait été jusqu'au bout, elle aurait pu prétendre à un travail acceptable. Elle aurait pu travailler dans une grosse société, qui lui aurait assuré une bonne couverture sociale, quatre jours de repos par mois, et d'autres avantages. Elle avait abandonné l'école proche du but et ensuite elle a commencé très rapidement à avoir des problèmes. Elle avait laissé passer une chance en or. J'avais, quant à moi investi beaucoup de temps et d'argent à essayer de lui faire une vie agréable, j'avais payé pour son éducation, et je l'avais aidée à se créer un futur prometteur. Tout a été perdu quand elle a abandonné l'école et qu'elle a commencé à prendre du Yabah. J'étais très en colère et en même temps abattue, je sentais que tous mes efforts avaient été vains.

A nouveau la danse.

Tout allait bien pour moi en Suède. Grâce à la générosité de Johan, j'envoyais de l'argent à la maison tous les mois, ce qui ravissait ma mère. Je ne pouvais cependant pas passer ma vie dans l'appartement à ne rien faire. J'ai donc rapidement trouvé un travail dans ma spécialité : danseuse exotique. Je gagnais beaucoup plus d'argent, que je ne l'aurai jamais fait en Thaïlande. J'ai vite appris, aussi que je n'étais pas la seule danseuse thaïe, mais j'étais la plus petite, la plus jeune, et de ce fait j'attirais plus l'attention.

Ma première journée de travail, fut pour moi, l'occasion de montrer mes charmes sur la scène. Une belle démonstration, que j'avais eu le temps de mettre au point, pendant ma période, comme danseuse vedette à Pattaya. Je dansais, de la même façon que dans les Gogos en Thaïlande, de cette façon qui m'avait amené tant de clients. A ma grande surprise, les autres danseuses, comme les clients, se moquaient de moi, pendant que je me ridiculisais. J'avais l'habitude d'être l'une des plus aguicheuses sur la piste. Et d'un coup je devenais le sujet des moqueries. Il fallait que je change ce qu'il n'allait pas. Je n'allais pas saborder cette possibilité de gagner tant d'argent en Couronnes Suédoises (SEK).

Les strip-teaseuses en Thaïlande, dansent un peu comme des gymnastes, et gardent le bas, la plupart du temps. Les Suédoises n'aiment pas que des petites Asiatiques, travaillent dans leur club. Elle se la joue « cochon » dans l'espoir de nous décourager. Elles pensent, que nous sommes toutes venues en Europe, dans le seul but de continuer notre ancien métier. Nous sommes en général, de bien meilleures danseuses exotiques qu'elles, avec notre peau bronzée et nos corps fins, ce que leurs Européens d'hommes préfèrent. Mon premier jours de travail, une fille m'a pris mon soutien gorge, les choses partaient mal. Plus tard, on ne m'a pas informé, que mon nom figurait dans l'emploi du temps des programmes. J'ai perdu 600 SEK parce que je ne suis pas venue travailler, n'étant pas au courant. Quelques unes des filles voulaient juste me rendre la vie difficile, et elles y réussissaient.

Un jour, je courais comme une folle dans les vestiaires du club. Le manager est arrivé, et il m'a dit de me dépêcher d'aller sur la scène. Il voulait savoir que je faisais dans les vestiaires au lieu d'être sur la piste. Je lui ai répondu que je cherchais mon costume, que j'ai finalement trouvé dans la poubelle. Une danseuse Suédoise avait jeté mes vêtements. Elle n'appréciait pas, qu'une petite danseuse asiatique, lui ait volé la vedette, et les regards des clients, dont elle se sentait, à juste titre, propriétaire. Il a fallut, pas mal de temps aux autres danseuses, pour comprendre que j'étais sincère, et que je voulais danser pour gagner ma vie. Il y a même certaines des filles qui sont devenues mes copines.

Le Chat et la Souris.

Je ne pouvais pas parler le suédois, sauf les quelques mots que m'avait appris Johan. J'avais besoin de communiquer avec les clients en Anglais. Je leur mentais en disant que j'allais tout leur faire, pour les encourager à prendre la salle particulière, pour y avoir la danse privée. Après ils payaient, et je recevais un bon pourcentage, pour aller dans la pièce avec eux. Je revenais alors sur ma promesse. Je ne faisais que ce que toutes les autres filles du club faisaient. Une version strip-tease du « chat et de la souris » ? Dans le bar, je disais au client : « *Allons dans la salle privée et je te lècherais bien* ». Une fois dans la salle privée, je lui expliquais que j'avais dit : « *Je t'aime bien* » ou « *je vais te lécher les doigts et les pointes de sein, seulement* ». Beaucoup de ces hommes étaient très en colère, comme on pourrait s'y attendre. Mais bizarrement, certains ne l'étaient pas. S'ils s'énervaient, le videur leur demandait de quitter le club. S'ils devenaient trop nerveux, on les reconduisait sans ménagement à la porte.

Normalement on dansait toute la nuit, avec une coupure à minuit. J'aimais bien aller au 7-11 (magasin de proximité) pour acheter de la nourriture, des sandwiches, des pattes de poulet au barbecue, des nouilles, des boissons et tout ce qu'il fallait. Nous avions besoin pour tenir le coup, car danser et tromper les clients était très fatiguant. En principe, les filles occidentales, ne proposaient pas d'aller faire les courses, en général, c'étaient les Asiatiques de l'Est et les Sud-Américaines, qui s'y collaient. Une nuit après avoir reçu quelques couronnes, de chacune des filles, j'ai ramené toute la commande et je l'ai posée sur la table. L'une des Suédoise a demandé combien sa commande coûtait. Comme toutes les autres filles, elle mangeait tous les soirs la même chose, et savait donc très bien pour combien elle en avait. Cette fois, spécialement, j'avais oublié le ticket de caisse. Elle et d'autres Occidentales, ont dit : « *Comment allons nous faire pour savoir, quelle est notre monnaie ?* » J'ai tout de suite retourné mes poches et jeté l'argent sur la table avec la nourriture, et je leur ai dit de se débrouiller avec la monnaie. Les Suédoises ne m'aimaient pas autant que les Suédois.

A 13 ans... la vie commence

Une autre fois, un Suédois m'a très mal parlé des filles thaïes. *« Ce sont toutes de putes. Elles ne veulent que de l'argent. Elles sont toutes menteuses et voleuses »*. Il avait raison concernant mon passé, mais je ne m'en suis pas occupée, j'ai réussi à cacher mes émotions, bien que ma colère grandissait. *Mes sœurs, au moins elles, n'étaient pas du tout, des putes.* Je lui ai dit que s'il venait dans la pièce privée, je lui ferais *« une pipe »* pour le meilleur prix possible : 1 500 SEK (150 US$). C'était en général, le prix que demandait le club, pour la pièce privée, et ça ne comprenait qu'une danse en privé, qui permettait au client de voir la fille faire un strip-tease, normal, rien que pour lui. Quand nous sommes arrivés dans l'autre pièce, je lui ai fait un joli sourire et je suis repartie. J'ai dit au videur qu'il m'avait fessée. Il a du quitter le club immédiatement. Les hommes n'ont pas le droit de toucher les femmes dans le club. Je savais que ce n'était pas bien, mais parler mal des femmes thaïes à une Thaïe, est stupide. Il a eu ce qu'il méritait.

Au club, j'excitais les hommes intentionnellement, et je les trompais sur la qualité du moment qu'ils pourraient passer avec moi, dans la salle privée, tout en étant très bien payée, pour orchestrer cette déception. J'aimais beaucoup ce travail. Je pouvais leur faire ce que beaucoup de touristes sexuels, avaient fait à tant de filles en Thaïlande, mais en plus j'étais payée. Tous les hommes qui viennent dans ces clubs ne sont pas idiots. Certains viennent simplement pour voir des filles sexy en spectacle, avoir le plaisir d'être excités, tout en étant d'accord de payer pour avoir ce plaisir. Un des consommateurs, m'a regardé danser pendant un bon moment, et il est venu me parler pendant ma coupure entre deux danses. Finalement, il m'a demandé d'aller dans la pièce privée, pour une danse. Après une assez longue danse et encore plus de paroles, il m'a donné 10 000 SEK (1 000 US$). Quatre jours plus tard, pendant mon jour de repos, il est revenu. Quand je suis arrivée le jour suivant, j'ai découvert qu'il avait laissé 500 US$ de pourboire pour moi. *En fait, il avait laissé un pourboire de 5 000 SEK (500 US$), simplement pour me montrer qu'il avait apprécié.* C'était très bien de gagner une bonne somme sans avoir à travailler. Je me suis sentie tellement spéciale, un sentiment que je n'avais jamais éprouvé auparavant. C'était pour moi l'extase totale, je gagnais beaucoup d'argent *« sans avoir à vendre mon corps »*, au sens propre du terme. Il y a des strip-teaseuses, en Suède, qui se font escortes leurs jours de repos, elles gagnent jusqu'à 2 000 SEK (200 US$), simplement pour un dîner organisé, sans la moindre faveur sexuelle. Le reste se négocie ensuite. Mais je n'étais plus dans ce genre de travail.

Travailler en Suède, m'a permis de mettre un bon paquet d'argent de côté, tout en préparant un voyage pour ma mère en Europe. J'ai tout organisé pour que Ying aille dans un collège à Korat, j'ai aussi acheté un peu de terrain, commencé à construire une nouvelle maison dans mon village, et en général, bien amélioré la vie de ma famille et la mienne. Pratiquement tout s'est bien passé. Le seul problème que j'ai connu en dehors du froid, a été avec Sai, à qui j'ai tant donné. Elle a eu un nouveau copain sans aucune qualité et elle est tombée enceinte. Elle est devenue mère à dix sept ans. J'ai été d'accord pour l'aider, une dernière fois, en finançant, pour elle, une petite boutique de vêtements dans la galerie marchande du Lotus d'Ubon.

A la réflexion.

J'ai une amie qui vit en Allemagne, elle a grandi dans les mêmes conditions que moi, et elle a vendu sa virginité à seize ans. Elle travaillait dans les coins de prédilection des touristes sexuels, jusqu'à ce qu'elle rencontre un Allemand très gentil qui l'a ramenée chez lui. Nous partageons nos sentiments sur notre passé et notre implacable honte. Nous avions vraiment, beaucoup, besoin d'argent, et nous nous soumettions à tous les désirs obscènes, que les touristes Farangs pervertis pouvaient se payer. Le public ne sait que peu de choses, au sujet de la vie des filles de bar, une fois qu'elles ont quitté le métier, il faut reconnaître qu'ils ont peu de raison de s'y intéresser. Mais pour ceux qui ont étudié, notre condition, il est connu que nous devons suivre des traitements psychiatriques de longue durée, si nous voulons surmonter les souffrances émotionnelles, et vivre une vie la plus proche possible de la normale. Tristement, peu de filles savent, qu'une aide psychologique existe. Mais pour celles qui savent, elles n'ont ni l'envie ni les moyens, de s'offrir un tel luxe.

Quand je visite la famille de Johan, je me rends compte de façon évidente, que j'ai manqué quelque chose dans ma jeunesse : une famille qui s'inquiète de mon bien-être. Je me rends compte que j'ai eu beaucoup de chance de venir en Suède. Je vis une vie, qui je me rends compte, est un rêve impossible, pour la plupart des filles qui sont nées, comme moi dans les campagnes thaïes.

Ma vie en Suède est relativement facile, sûre et confortable, pas bien loin du Paradis, bien que beaucoup plus froide.

Cela fait maintenant un certain temps que je suis en Suède, et que je danse dans le club. Je gagne, plus que j'aurai pu imaginer. Je suis sur scène, à travailler dans une profession que j'aime, et où je suis le centre de l'attention. De plus, je ne vends pas ma dignité pour entretenir ma famille. C'est la chance d'une vie, et c'est moi qui l'ai eue. Mais je sens bien que ce n'est pas assez, je veux plus, plus d'argent et plus de la vie. Je veux travailler dans une ville qui bouge, où la température est meilleure, où les habitants parlent anglais, et l'argent coule à flot comme ici. Mon sang Isaan a l'habitude des climats chauds, 365 jours par an. La température à midi, un beau jour d'été en Suède, est aussi froide qu'au jour le plus froid à Pattaya ou à Bangkok. Je ne vois qu'une solution à mon problème, Las Vegas. J'ai lu des brochures sur Las Vegas après avoir parlé avec des filles du club. Ses habitants parlent Anglais, la température est bonne et la ville est remplie je gens excitants et de néons colorés annonçant des attractions sans fin. Mais encore plus important, l'argent ne fait pas que couler, il déferle.

Je sais que je ne peux pas avoir facilement un visa pour aller en Amérique. J'ai longtemps pensé aux différentes options. L'une d'entre elles est d'épouser un Américain. Il y a des centaines de milliers de Thaïs en Amérique. S'ils ont trouvé un moyen d'y aller, je vais moi aussi le trouver ! Les USA sont beaucoup plus près de la Suède, que la Suède ne l'est de la Thaïlande, et j'ai bien trouvé un moyen de venir ici. Il doit donc y avoir un moyen.

Les rêves de Las Vegas, ou même de plus grand encore.

Il s'est écoulé pas mal de temps depuis que j'ai écris le dernier paragraphe. Depuis, j'ai beaucoup hésité, sur l'idée de partir à Las Vegas. Je suis restée en Suède, où je continue à économiser. Je ne sais

A 13 ans… la vie commence

pas encore, si je vais partir pour Las Vegas, l'apogée de la carrière d'une danseuse.

Je suis incroyablement heureuse et j'ai eu tellement de chance, d'avoir eu la possibilité de venir en Suède. J'ai gagné beaucoup d'argent, j'ai entretenu ma famille, et fait des économies pour l'avenir. Mon séjour en Suède à amélioré ma qualité de vie, et celle de ma famille, maintenant et pour de nombreuses années. Je dois bien reconnaître que je n'ai pas fait beaucoup d'efforts pour apprendre le Suédois, parce que c'est une langue difficile. Je n'en ai jamais éprouvé le besoin, parce que mon « argument de vente » ne nécessite pas les mots. Je communique très bien dans toutes les langues, au travail comme à la séduction, surtout, que la communication, n'a pas besoin des mots. En plus, le climat froid est un grand défi pour quelqu'un de Thaïlande, et je ne m'en sors pas mieux que les autres. J'ai l'intention de rester encore quelques temps ici et ensuite de faire mes bagages, pour aller vers de nouvelles aventures. Je suis programmée, pour un endroit où le soleil brille, plus de six mois par an. Las Vegas ?

Quand j'avais treize ans, et que je suis montée dans le bus pour Bangkok, je n'avais aucune idée de ce qui allait m'arriver. Après avoir vécu une vie, « très difficile », pendant sept ans, avoir survécu et absorbé la vie d'une jeune fille prostituée, je sais qu'il n'y a pas d'obstacle insurmontable, pour m'empêcher d'atteindre mes rêves. J'ai eu la chance de pouvoir m'élever au dessus d'une vie sans avenir, dans l'une des plus pauvres régions de Thaïlande, pour arriver jusqu'à voyager et résider en Europe. Tout bien considéré, Las Vegas, n'est pas une idée folle, vu du bout de ma lorgnette.

J'ai lu que les danseuses à Las Vegas, paient en fait le club 40 à 60 US$ par jour pour avoir le privilège d'y danser, et grâce à ça recevoir les gros pourboires des clients. Je n'arrive pas à imaginer devoir payer, pour travailler dans un club. Les Gogos bars à Pattaya, ont souvent du mal à trouver suffisamment de filles pour remplir la piste. Mais si à Las Vegas, les pourboires sont si gros que les filles, sont d'accord pour payer pour le privilège de danser, qui suis-je pour aller contre cette idée ? Je n'ai rien contre m'investir dans ce projet.

A 13 ans... la vie commence

Depuis que j'ai treize ans, ma vie a tourné autour des lumières très vives, une petite piste, une musique de rock assourdissante, et des nuits si tardives qu'elles voyaient souvent le soleil se lever. Ces nuits étaient remplies de vieux hommes exécrables, les dents jaunies par la nicotine, et l'haleine chargée d'alcool. L'idée de ne plus jamais avoir, à coucher avec des hommes aussi dégoûtants et dépravés, trouve un écho à Las Vegas. Comme la Suède, cette ville offre beaucoup d'argent sans que j'aie à vendre mon corps. C'est vraiment quelque chose qui serait ma fierté, mais qui me permettrait, aussi, d'envoyer de l'argent à ma famille. Mais je me pose encore la question de savoir si je veux utiliser mon corps pour le sexe, ou seulement danser, pour gagner de l'argent à ce moment de ma vie ? *Peut-être que, j'ai un avenir encore meilleur qui m'attend ?*

Une petite période sabbatique.

Finalement, j'ai arrêté de travailler dans le club de strip-tease et je me suis mise à apprendre le Suédois. J'ai aussi pris de bonnes résolutions pour changer le cours de ma vie.

Le fait d'écrire ce livre et de me souvenir de ma vie, m'a motivé pour arrêter de danser. Je fais des projets, pour que ma prochaine carrière, soit beaucoup plus respectable. Retourner à l'école a été mon premier pas. Bien que le salaire d'une strip-teaseuse, soit confortable, surtout en rapport du peu d'éducation, que la majorité des danseuses ont, je sais que je suis capable de faire mieux. *J'ai prouvé que je pouvais avoir tout ce que je voulais et tout ce dont j'avais besoin, sans même avoir à nouveau, à coucher avec des touristes sexuels.*

Durant les quatre premiers mois de 2002, j'ai envoyé 500 000 Bahts (12 500 US$) à ma mère. Sur cette somme, il y avait 200 000 Bahts (5 000 US$) pour qu'elle achète du terrain en mon nom, et 300 000 Bahts (7 500 US$) pour mon compte d'épargne, et pour les dépenses courantes de ma mère. Je me suis rendu compte que ma mère a dépensé la totalité des 300 000 Bahts en à peine quatre mois, et elle en veut encore. Le montant de 1 875 US$ par mois, représente plus de dix huit fois, le revenu moyen de 100 US$ des familles rurales, dans mon village.

A 13 ans… la vie commence

Ma mère était très en colère, quand j'ai arrêté de travailler au club, et elle m'a demandé plus d'argent. Pendant nos communications téléphoniques, elle me parlait des maisons des parents, des autres filles du village, qui travaillent dans les bars, en disant que ces filles envoyaient bien plus d'argent à leurs parents que je ne le fais. Je savais qu'elle mentait. Il y a des parents, qui disent que leur fille, qui travaille, à Pattaya, Bangkok, en Europe ou aux USA, leur envoie 2 000 US$ par mois, mais ce n'est pas vrai. En fait elle comparait les revenus, que leurs filles gagnent, grâce à la prostitution, sans jamais l'admettre. Ce qui est aussi vrai, c'est que ces mensonges sont des exemples typiques, pour essayer de voir qui a la meilleure « Face ».

Ying a eu une moto, de jolis vêtements, un téléphone portable, une inscription à l'université, et encore beaucoup plus, mais elle n'est jamais satisfaite. Elle prend le chemin de ma mère, dans son besoin insatiable de produits de consommation. Elle vit comme si elle était la fille d'une famille de bourgeois. Elle ne demande qu'à s'approprier les bénéfices de mes gains, sans s'inquiéter de savoir d'où ils viennent. Elle fait aussi beaucoup d'efforts, pour qu'on ne la croie pas issue, d'un pauvre village. Elle ne veut pas qu'on devine ses liens avec notre famille, *Et* ce qui est encore plus important, ces liens avec moi et le métier de mes débuts. Elle ne parle plus notre dialecte Isaan, s'il y a des hommes autour, qui pourraient nous prendre pour des « campagnardes ». Elle se moque de ce que les femmes peuvent penser d'elle. Je compare souvent la vie de Ying à dix sept ans, avec la mienne au même âge. Elle ne pourrait pas comprendre la vie que j'ai subie, pour lui permettre d'avoir la vie qu'elle a aujourd'hui. Elle n'a pas la moindre notion de la chance qu'elle a, et elle ne s'en inquiète même pas.

Les Farangs m'ont souvent dit, pendant de nombreuses années, que ma famille me « saignait à blanc ». Les Suédois avec qui j'ai partagé mon histoire, ont confirmé cette affirmation. Comme résultat, j'ai décidé de ne plus envoyer à ma famille, que 5 000 Bahts par mois. C'est le montant que mes deux sœurs gagneraient si elles avaient un emploi dans le village. Je leur fait un cadeau de 5 000 Bahts (120 US$) tous les mois, et elles n'auront pas besoin de travailler pour l'avoir. Personne ne m'a jamais donné ce genre d'argent, pour ne rien faire. Ma mère, suite à ma décision, a elle aussi prise une nouvelle direction. Une fois de plus, après lui avoir envoyé de l'argent, pendant sept longues années, je ne suis plus la bienvenue dans « *sa maison' ». « Sa maison ? Mais c'est Ma maison », Je l'ai achetée et meublée avec les gains de plusieurs années de sacrifices physiques et émotionnels. Des sacrifices que je vais continuer à payer jusqu'à la fin de mes jours.*

Ma mère ne veut plus me voir, à moins que je n'arrive avec 200 000 Bahts (5 000 US$). J'étais le vilain petit canard de la famille, jusqu'à ce que j'envoie de l'argent. Je n'avais pas réalisé, que j'étais encore le petit canard noir, même après avoir envoyé beaucoup d'argent pendant de nombreuses années. Pendant toutes ces années ma mère m'a fait croire que j'étais la bienvenue dans ma famille et que je m'étais rachetée de la mort de mon père. *Quand j'ai décidé de réduire mes dons elle m'a traité comme avant, de paria.*

L'ingratitude de ma mère est une réponse courante chez les mères Isaan, pour leurs filles, qui après des années de sacrifices de leur jeunesse, pour leurs familles, décident de limiter les envois d'argent qu'elles font chez elles. Il se peut aussi qu'elles décident d'abandonner la prostitution, dans ce cas leur généreuse donation s'arrête. Les parents, mais plus spécialement les mères, continueront à vivre dans les maisons que leur fille a fournit, alors que ces mêmes filles, devront souvent chercher refuge, dans des huttes en bois recouvertes de paille. Il leur faudra aussi s'occuper d'élever un enfant ou plusieurs, sur les 70 Bahts journaliers, gagnés à l'usine, à faire des chaussures, des vêtements ou des accessoires. Les quelques millions de Bahts, qu'elles on gagné en vendant leur corps, ont été depuis longtemps gaspillés, par leurs parents et la famille étendue. Une fois qu'il n'y a plus d'argent, il n'y a plus de famille et plus d'amis, ceux la même qui ont bénéficié pendant des années de cet argent qu'elles envoyaient. Ces jeunes femmes sont souvent, malades d'avoir abusé de leur corps, elles sont aussi bien souvent seules. Quarante pour cent d'entre elles retournent en Isaan avec le VIH. Leurs enfants ne sont souvent pas reconnus, s'ils sont nés à l'étranger, ils n'ont pas de statut légal et ils se voient aussi refuser l'éducation. Ces femmes qui gagnent beaucoup d'argent (souvent au Japon) et reviennent à la maison, ont beaucoup de difficultés à se réinsérer dans une vie de village.

Certaines ne peuvent pas y arriver et deviennent alcooliques, d'autres se suicident. *Comme moi, leur seule envie était de devenir « une bonne fille » pour leur mère. Nous n'avons rien fait d'autre, que de suivre les règles de notre culture, qui nous disent de tout faire pour le bien être de notre famille – TOUT.*

La dernière récompense « d'une bonne fille »

**Photographe : Sanitsuda Ekachai,
Remerciements pour la photo au Bangkok Post.**

Une hutte avec le toit en paille, c'est tout ce qui reste à la femme ci-contre. Elle y vit et s'occupe de son mari grabataire et de ses quatre enfants. C'est ce souvenir, qu'elle aura éternellement pour, se rappeler qu'elle rêvait d'un autre avenir, quand elle se sacrifiait. Cette hutte, juste de l'autre côté de la rue, de l'élégante maison, du style qu'on trouve à Bangkok, à deux étages, dans un beau jardin, close sur quatre côtés, du même style, que celle qu'elle a acheté et meublé, et où sa mère habite actuellement.

A 13 ans… la vie commence

Le seul trésor qui lui reste de ses années de sacrifices au Japon.

**Photographe : Sanitsuda Ekachai,
Remerciements pour la photo au Bangkok Post.**

**Une travailleuse du sexe à la retraite, avec sa fille de 13 ans,
Une Thaï - Japonaise**
Cette jeune femme, qui a voyagé jusqu'au Japon quand elle avait dix huit ans, à gagné des millions de Bahts comme prostituée, même après avoir payé ses trafiquants. Après toutes ces années à servir les hommes, elle est retournée chez elle à Chiang-Rai, avec un bébé, et un

trophée (un mari Japonais), qui l'a abandonné deux ans plus tard. Sans le sou elle s'est remariée et a donné naissance à trois autres enfants.

Maison comme on en trouve à Bangkok

**Photographe : Sanitsuda Ekachai,
Remerciements pour la photo au Bangkok Post.**

Cette maison ressemble beaucoup à celle dont elle a été chassée. Quand cette « bonne fille », n'a plus pût envoyer d'argent à sa mère, après avoir arrêté la prostitution, et abandonnée par son mari japonais, elle en fut bannie. Son histoire tragique, qu'elle ait été désavouée par sa mère, quand l'argent ne venait plus, est très courante. C'est aussi la mienne.

Il m'a fallu beaucoup d'années, mais j'ai enfin compris que le Farang qui me disait : « *Ta mère te traite, comme tu traites tes clients ; comme un ATM qui marche* », avait raison depuis le début.

A 13 ans… la vie commence

Pendant les sept dernières années, je n'ai été rien d'autre, qu'un puits d'argent sans fin, pour elle et pour mes sœurs. Je pourrais être financièrement, bien plus à l'aise maintenant, si ma famille avait appliqué un peu plus de maturité budgétaire, au lieu de dépenser mon argent sans réfléchir.

Je pense à l'Espagne à nouveau.

Nous sommes en Mai et la température en Suède se réchauffe, il fait plus de 4°C à midi. La Suède est devenue très bienveillante et j'espère avoir un passeport suédois l'an prochain. Il y a peu d'étrangers, peut être cent par an, qui obtiennent un passeport thaï, et seulement quelques uns parmi ceux la sont des Occidentaux. C'est encore une des différences, parmi toutes celles qui existent entre nos pays. Mais par contre les USA et l'Europe permettent à beaucoup d'étrangers, de devenir citoyens de leurs pays respectifs. Les pays asiatiques, n'ouvrent pas leurs frontières aussi facilement, pour nationaliser des étrangers.

Quand j'aurai mon passeport suédois, je serai capable de travailler en Espagne, un autre membre de l'Europe. La Suède m'a vraiment bien accueillie et j'apprécie beaucoup leur politique d'immigration, leur système de santé, et leur système d'éducation. Néanmoins, un visa, une bonne couverture sociale, et une école de langue ne peuvent pas me protéger du froid, sans pardon. L'Espagne offre beaucoup d'avantages, dont les deux plus importants pour moi, sont le climat agréable et Majorque : une ville touristique, comme Pattaya, où les noctambules fleurissent. Les Espagnols aiment faire la fête, toute la nuit, toutes les nuits. Les Espagnols et moi avons, vraiment des choses en commun. Il n'est pas impossible que je puisse aussi obtenir un visa espagnol.

Un autre avantage de l'Espagne, c'est que les touristes y dépensent beaucoup d'argent, surtout dans les clubs de strip-tease. Je pourrai très facilement m'adapter au mode de vie Espagnol. Je pourrai danser là bas comme je dansais en Thaïlande, ce que je ne peux pas faire en Suède, et je n'aurai pas besoin de changer de personnalité. Je pense souvent à l'argent facile, l'appât de l'argent des touristes est presque irrésistible. Mais je suis bien consciente, qu'un tel choix serait un pas en arrière, en considérant mon but à long terme. Il est beaucoup plus d'important pour moi que tout l'argent que je pourrai gagner, ou quoi que ce soit d'autre que je pourrai accomplir. Si je voulais, je pourrai très facilement être une prostituée en Suède et je gagnerai beaucoup d'argent, mais je m'éloignerai de mon but. En vérité, je ne sais pas où je vais et mon futur m'inquiète. Je sais ce que je veux faire de ma vie, mais atteindre ces buts sans danser est mon plus gros combat.

Je suis dans une industrie constituée de jeunes filles sexies, et je gagne plus d'argent que je n'en ai jamais rêvé. Depuis toujours, je sais que la vie peut m'apporter plus. Ici en Suède, les filles viennent d'Europe de l'Est, d'Amérique du Sud, de Thaïlande et des Philippines, tous les pays les plus pauvres du monde. En Thaïlande, elles viennent du Nord et du Nord-est. Vue d'ici, la Thaïlande n'est qu'un microcosme sur la scène internationale du sexe. Ces filles, dont je suis, viennent de ghettos équivalents dans le monde.

Johan est en crise.

Johan vient de perdre son travail. Un informaticien performant, toujours demandé, la perte de son emploi a été un grand choc. Il passe tous ses moments éveillés à chercher un travail, sans résultat. Comme il se doit dans cette situation, il est devenu très irritable, difficile à vivre, et pire encore, il est très dépressif. Il a l'habitude de vivre la vie confortable d'un jeune cadre, avec un salaire qui lui permet de s'acheter tout ce qu'il veut. Il a épongé toutes ses économies et ne peux plus subvenir à nos besoins.

Je n'ai jamais été à l'aise, qu'il soit le seul à payer pour tous nos besoins, surtout qu'il a toujours été très généreux. Au-delà de mes besoins pour le nécessaire, je veux vraiment l'aider à surmonter cette crise. Je suis retournée danser, en me consolant, car danser en Europe ce n'est pas comme danser en Thaïlande. *En Suède je vends seulement du rêve sexuel, je ne vends plus du sexe.*
Peu de temps après.

Johan a pris une grosse colère, parce que je continue à envoyer une partie importante de mes gains à ma famille, même

A 13 ans… la vie commence

encore récemment. Bien que j'aie décidé d'envoyer moins d'argent, il me semble que j'ai pris cette décision trop tard. Son mécontentement sur ce sujet, couplé à la perte de son emploi, nous a conduits à la séparation. J'ai perdu le meilleur amoureux que je n'ai jamais eu, à cause des demandes d'argent, que ma mère m'a continuellement fait subir. Ma volonté d'alimenter, son insatiable appétit pour l'argent, et son besoin féroce de « Face », est une erreur que je dois assumer toute seule.

Johan a sous loué son appartement, et déménagé chez ses parents, parce qu'il ne peut plus payer son loyer. Quant à moi, j'ai déménagé dans une petite maison dans la banlieue de Stockholm, qui appartient à la directrice thaïe du club. Elle est arrivée en Suède, il y a douze ans, pour les mêmes raisons que moi. Elle voulait juste mettre de l'argent de côté, améliorer sa vie, et celle de sa famille. Maintenant, elle est propriétaire de deux maisons, et dirige un club qui rapporte. Un jour, je voudrais bien, avoir le même succès.

Lon en crise.

SMS de Johan à Dave : avant son départ pour l'Espagne.
Lon a commence à parler de suicide. Son comportement est souvent maniaco-dépressif, bien qu'elle n'ait pas été diagnostiquée comme telle. Elle passe d'un bonheur extatique, aux idées de suicide. Elle a essayé d'ouvrir la portière de la voiture sur l'autoroute. Une autre fois, je l'ai trouvée sur le rebord de la fenêtre de mon appartement au cinquième étage ? Je n'ai pas trouvé ça drôle.
Il n'y a pas longtemps, elle est allée voir une amie, à cent cinquante kilomètres de Stockholm. J'étais sorti avec un ami, et je me trouvais au bar d'un hôtel quand elle a appelé. Elle paniquait, parce qu'elle pensait que je ne m'occupais pas d'elle. Elle a dit à son amie qu'elle sortait faire un tour et elle a disparu. Son amie, s'est fait des soucis et elle a appelé la police. J'ai reçu un appel de la police tôt le matin, après qu'ils l'aient récupérée chez une femme. Apparemment elle a marché sans but, en jetant tout ce qu'elle avait, y compris ses bijoux en or et de l'argent. Une femme l'a trouvée, ramenée chez elle et à prévenu la police. La femme leur a expliqué, que Lon voulait se jeter dans l'eau glacée de la rivière. Lon a donné mon adresse à la police.

A 13 ans... la vie commence

Plus tard, de Lon.

Johan est parti en Espagne, pour aider un de ses amis, dans son nouveau business. Depuis son départ, je me sens seule, et il me manque énormément. Je suis très déprimée et j'ai commencé à fumer. Je fais deux équipes au club et je travail seize heures par jour, c'est ma nouvelle vie. Je rentre à la maison, pour dormir un peu, et je repars au club pour danser. Comme je ne vis plus avec Johan, je n'ai aucune envie de rentrer à la maison. Je fais souvent des petites sommes au travail quand il y a peu de clients.

Je ne peux plus m'occuper de moi, je suis en plein état de dysfonctionnement. J'ai le cœur brisé depuis que Johan m'a quittée pour travailler en Espagne. Je me sens abandonnée, bien que je sache que ça n'a jamais été son intention. Je viens de rentrer à l'Hôpital Universitaire de Karolinska, à Solna, Stockholm, et je vais y rester pour quelques semaines. J'ai beaucoup de médicaments à prendre pendant plusieurs mois, même quand je serai sortie de l'hôpital. Je suis incapable de travailler. J'ai été diagnostiquée ; schizophrène et dépression clinique.

Je viens de prendre la décision de rentrer en Thaïlande fin août 2003. Il n'y a plus de raison que je reste en Suède : Johan est parti et je ne peux plus travailler. J'espère que retourner dans mon pays, apaisera mon cœur et nourrira mon âme. Il faut que je recommence à vivre. Jamais auparavant, je n'ai eu une vie si heureuse pour que du jour au lendemain tout bascule.

Le gouvernement suédois, s'est occupé de moi pendant deux mois, et va continuer jusqu'à ce que je sois suffisamment remise pour pouvoir rentrer seule chez moi. Je n'aurai jamais reçu le même traitement dans mon propre pays, et je n'ai pas encore la résidence suédoise permanente. Je serai toujours reconnaissante à la Suède, de m'avoir permis de retrouver ma dignité, en me donnant la chance de gagner et de mettre de coté de l'argent, sans avoir à me vendre. Je leur suis aussi reconnaissante de l'aide médicale et psychiatrique que j'ai reçue de leur service de santé et de leurs services sociaux, ainsi que de l'aide économique qu'ils m'ont apporté et qui s'est poursuivie pendant mon premier mois en Thaïlande. A ma grande surprise, un chèque est arrivé sur mon compte, après que je sois rentrée chez moi. Le généreux système social Suédois, m'a permis de recevoir les soins médicaux et une pension d'incapacité de 1 000 US$ par mois, tant que je suis en Suède. Mais maintenant, je suis dans la catégorie des schizophrènes et dépressifs cliniques.

Je suis tombée malade, physiquement, et j'ai pris beaucoup de poids, à cause des dizaines de médicaments qu'on m'a prescrit pour réduire les symptômes. C'est le moment de rentrer à la maison, Johan est parti et je ne peux pas rester seule. J'ai besoin d'aide pour les activités les plus simples.

Chapitre 16

Ma Maison? Mon Foyer?
Le retour en Thaïlande.

Je suis revenue en Thaïlande le 29 Août 2003. Je m'étais arrangée pour que mon frère, qui vivait à Bangkok, soit à l'aéroport pour me récupérer. Il n'y était pas. C'est sa façon habituelle de se comporter, et je n'aurais pas dû espérer autre chose. Les hommes des villages ne savent pas prendre leurs responsabilités. Si j'avais ramené quelque chose pour lui, et qu'il le prévoit, il aurait été à l'aéroport à l'heure. Toujours sous forte médication, j'ai pu rejoindre un hôtel toute seule et je l'ai appelé. Je n'ai pas eu à attendre longtemps, avant qu'il ne me demande de payer le voyage aller retour à Ubon, pour lui et sa femme, pour rendre visite à ma mère. Les onze heures de voyage entre la Suède et la Thaïlande, m'avaient repositionnée, une fois de plus, comme « l'ATM en marche », pour ma famille. Rien n'avait vraiment changé ! J'étais revenue et j'allais être à nouveau la première source de revenu qu'ils aient connu depuis sept ans. Le sauveur financier.

Je n'avais pas envoyé d'argent à ma mère depuis plusieurs mois, à cause de ma maladie et de mon hospitalisation. Dès mon arrivée, j'ai appris qu'elle avait emprunté 30 000 Bahts (750 US$), qu'elle attendait que je rembourse à sa place, avec des intérêts de 5 à 10 % par mois depuis trois mois. Mes sœurs n'ont jamais participé au bien être de ma mère et, à quarante trois ans maintenant, il ne lui viendrait pas à l'esprit de travailler. Elle a pris l'habitude de recevoir automatiquement l'argent dont elle a besoin pour mener une vie confortable, de moi et seulement de moi.

Septembre 2003.
Le terrain perdu.

A 13 ans... la vie commence

Ma mère m'a dit aujourd'hui, qu'elle avait donné un terrain, à mon frère, un terrain qui m'avait été promis par mon grand père, à condition que je prenne soin de ma grand-mère après qu'il soit mort. J'avais tenu mon engagement, j'étais même allée bien au-delà de ma promesse initiale, jusqu'à sa mort. Mais cela ne faisait pas de différence pour ma mère. Rien n'a changé, même avec tout ce que j'ai fait pour elle et la famille. Elle m'a dit qu'elle avait donné les terrains à mon frère parce qu'il a des enfants, ils auront besoin du riz qu'ils feront pousser sur ce terrain plus que moi.

Malgré les médicaments, un tourment sans interruption.

Je suis hantée par mon passé, que ce soit dans mon sommeil ou quand je suis éveillée. Je continue à penser au suicide, à sauter du haut de grands immeubles, et à être attaquée par des très gros chiens. Je suis devenue insomniaque chronique. Quand je peux dormir, des cauchemars répétitifs et dramatiques, me réveillent toute la nuit. Pendant mes siestes, je parle de mon passé en dormant. Alors que j'étais encore en Suède, j'ai commencé à être somnambule. De longues marches au beau milieu de la nuit, jusqu'à ce que la police me récupère et me ramène à la maison.

Je ne peux pas effacer mon passé de ma mémoire. Je prends une véritable pharmacie de psychotropes et aussi d'autres médicaments pour pouvoir vivre d'un jour à l'autre. Ce n'est pas vivre. Je suis un zombie. Parmi toutes ces drogues, je prends du Haldol, une antipsychotique pour le traitement des hallucinations et des visions, de l'Imovane, pour trouver le sommeil, de la Chlorpomazine, un antipsychotique pour le traitement des hallucinations et des visions, de la Perphenazine, un autre encore contre les hallucinations, du Fluoxetine, du Prozac, un antidépresseur, de l'Anta, un antiacide, et du Povanic une enzyme pour la digestion. On peut se demander pourquoi quand on est psychotique, on a besoin d'antiacide et d'enzyme. La raison est que toutes ces drogues me rendent vraiment malade, et que je passe mes journées à vomir et à avoir des nausées. Les enzymes sont des aides à la digestion, et les antiacides n'ont pas besoin d'explication. Les antipsychotiques qui sont censés éliminer mes hallucinations, produisent l'effet inverse. *Les contres indications qui mentionnent qu'Haldol, peut causer des comportements psychotiques et des hallucinations ne décrivent que l'un des effets secondaires de ce médicament. En d'autre termes Haldol, peut causer les mêmes réactions psychotiques que celles qu'il est censé soigner.* La litanie des effets secondaires de ces drogues se lit comme une liste de course pour organiser un désastre avec un D capital. Sur un web site de Haldol on trouve plus de cent contre indications. D'autres médicaments psychotropes, sont aussi débilitants et même dangereuses. Je suis physiquement malade la plupart du temps

Certains des effets secondaires que je ressens personnellement, sont comme un guide, des choses à ne pas faire.

- Insomnie
- Léthargie
- Hallucinations
- Auto mutilation
- Perte de libido
- Agitation interne
- Paranoïa intense
- Constipation sévère
- Attaques de panique
- Tremblements des mains
- Haine de mes semblables
- Cauchemars et angoisses
- Sensation d'être un zombie
- Episodes maniaco-dépressifs
- Changements d'humeur profonds
- Obsession et pensées suicidaires
- Agression verbale et colère subite
- Prise de poids soudaine et excessive
- Envie de sauter d'une voiture à pleine vitesse
- Esprit vagabond, incapable de contrôler ses pensées
- Peur que des docteurs m'internent dans pavillon psychiatrique

A 13 ans... la vie commence

Octobre 2003
Mon premier travail.

Mon premier travail à Pattaya était dans un restaurant anglais. J'étais d'accord pour travailler six jours par semaines, huit heures par jours pour 4 500 Bahts (112 US$) par mois, plus les pourboires.

Dès la première semaine, le patron a augmenté mon temps de travail de base à dix heures par jour et la semaine suivante, il est passé à douze heures par jour. Il me donnait 17 Bahts (43 cts) de l'heure pour les heures supplémentaires, au-delà de soixante heures par mois. Mes heures de base ne faisaient qu'augmenter. Je refusais avec force, les heures supplémentaires et je fus rapidement congédiée. Le propriétaire ne m'a pas payé, les jours où j'avais travaillé. C'est une des nombreuses raisons, qui fait que tant des « filles normales », changent de carrière après leur arrivée à Pattaya. *Au moins dans les métiers de la chair, les accords pour le paiement des services ne sont pas rompus, ce qui nous évite les maux de tête des discussions sur l'argent.*

Les rencontres avec Andy.

Au même moment je me suis rendue compte que j'avais vraiment envie d'avoir un nouveau petit ami. J'étais à Pattaya depuis plus d'un mois, et je n'avais pas eu de fiancé depuis plusieurs mois, depuis que Johan était parti pour l'Espagne. Je pensais qu'un nouvel amoureux m'aiderait à oublier Johan. Je me suis inscrite dans une agence. Le personnel n'a pas tenu compte, des préférences que j'avais indiquées, sur le formulaire standard d'inscription, concernant l'âge, le poids, la couleur des cheveux, la religion, les centres d'intérêt. En guise, ils m'ont fait rencontrer Andy, un Anglais de quarante neuf ans, dégingandé, de deux mètres de haut, dont la scolarité a du s'arrêter avant la fin du secondaire. Il ignore tout ce qui ne le concerne pas : peintre en bâtiment. Il n'a pas de charisme, il se dispute avec tout le monde, et il n'a pas non plus la moindre idée de ce que veut dire : Savoir vivre. Il ne sait pas non plus communiquer avec les autres, et ce, pas seulement parce qu'il bégaye, mais aussi parce qu'il a suivi un enseignement de rattrapage pour les légers handicapés mentaux.

A 13 ans… la vie commence

Ceci explique sont incapacité à se faire de nouveaux amis, et surtout pour trouver seul une femme pour partager sa vie.

La raison principale, qui fait que les touristes sexuels Farangs, viennent en Thaïlande, est qu'ils n'ont pas la possibilité de développer des relations normales, avec les femmes dans leur propre pays. Ils se sentent moins agressés et intimidés par les femmes thaïes. Le fait qu'Andy, soit incapable, de trouver seul, une pauvre villageoise, sans l'aide d'une agence de rencontre, explique sans ambiguïté ses peurs quant aux relations avec le sexe opposé. Le peu d'estime personnel, ainsi que ses sentiments d'insuffisance, dont il fait preuve, sont visibles à la première rencontre. Au lieu de m'aider à oublier Johan, cette nouvelle relation me faisait encore plus sentir son absence.

Tout en voyant Andy, j'ai trouvé un autre emploi de serveuse, au Chantilly restaurant à la plage de Jomtien, un lieu de villégiature plus haut de gamme, au Sud de Pattaya. J'aimais bien mon travail et, l'environnement était bien supérieur au genre d'établissements dans lesquels j'avais travaillé jusque là.

Les soirs, Andy venait au Chantilly, pour me voir, bien que je lui aie demandé de ne pas le faire. Le pire, c'est que quand il arrivait, il était saoul et odieux, me mettant très mal à l'aise et risquant de mettre en péril mon emploi. J'ai eu besoin de prendre deux jours de repos car j'étais malade. Le propriétaire a pris ce prétexte pour me demander de ne plus revenir. Je pense que la vraie raison, était qu'Andy posait des problèmes et aussi qu'il m'occupait trop, par rapport aux autres clients. A cause d'Andy j'avais perdu mon emploi.

Un nouveau changement de travail.

J'ai pris un autre boulot, comme caissière dans un petit restaurant de pizzas à emporter. J'aimais bien le travail, mais je ne m'entendais pas bien avec le reste du personnel, surtout une cuisinière et son copain, un livreur à moto.

Lui, comme les autres livreurs, demandaient en permanence, de l'argent pour l'essence, pris sur la caisse. Ils voulaient jusqu'à 100 Bahts par jour, et je savais qu'ils n'avaient besoin que de 20 Bahts pour leurs machines. J'ai refusé, et ils se sont mis en colère ! La cuisinière surtout m'était hostile, car je ne donnais pas ce surplus d'argent à Dom, son copain. On allait bientôt en venir aux mains. Dom n'avait qu'une envie, prendre part, au combat. Je savais qu'il allait falloir que je m'en aille. Je n'avais plus envie d'aller travailler, parce que j'en avais assez des disputes permanentes. J'ai dit au patron que son personnel le volait. Sa réponse ne fut pas du tout celle que j'attendais. Il m'a dit qu'il n'avait rien à faire des vols, parce que l'affaire se portait bien.

Cinq jours après mon départ de la pizzeria, j'étais toujours en colère de la façon dont Dom m'avait menacée. Je ne tolère pas qu'un Thaï me manque de respect, je savais comment remettre les pendules à l'heure. J'ai appelé le restaurant, et j'ai fait une commande à livrer. La fille qui me remplaçait a répondu au téléphone, elle ne connaissait pas ma voix, et le restaurant ne connaissait pas mon adresse. J'ai commandé une pizza, et j'ai attendu que Dom la livre. J'avais prévu de rester dans le fond de mon appartement, et de lui demander de rentrer pour se faire payer. Je voulais le poignarder avec un couteau, juste assez pour le blesser et lui permettre de s'enfuir. J'étais à peu près sûre, qu'aucun tribunal, ne m'accuserait, car j'étais une femme seule dans son appartement. Dave a essayé de me dissuader de le faire, mais je ne voulais rien entendre ! Quand le livreur est arrivé, Dave l'attendait à l'entrée de mon immeuble, pour m'éviter des ennuis, et faire une bêtise. Ce n'était pas le bon livreur qui s'est présenté. Je sais que Bouddha a envoyé Dave et un autre livreur, pour m'empêcher de commettre une mauvaise action.

Encore un nouveau travail.

Il ne m'a pas fallu longtemps avant de trouver un nouvel emploi, comme serveuse caissière au Golden Gate, Bar et Grill. Un jour mon employeur précédent (le propriétaire de la pizzeria) est venu dans le bar et m'a vue. Il m'a demandé comment j'allais et si j'aimais mon nouveau travail. Il m'a dit qu'il avait fermé la « Pizza à emporter », jusqu'à ce qu'il trouve de nouveaux employés, parce leurs vols, avaient quand même dépassé les limites du supportable. Je me suis demandé jusqu'où allait le « supportable », avant qu'un patron prenne des actions contre ses employés. Et encore son action n'était pas de les licencier, ou de les dénoncer la police, mais de fermer la boutique. La seule raison c'est que c'était un Farang qui était le propriétaire, et il n'aurait jamais dû faire marcher l'affaire lui-même. Il peut en être le propriétaire, mais il n'a pas la possibilité légale de travailler sur le point de vente.

Andy me coûte encore une fois mon travail.

Andy est rapidement devenu l'homme le plus compliqué que j'ai jamais rencontré. J'ai perdu mon emploi au Chantilly, parce qu'il arrivait au restaurant ivre. J'ai perdu ensuite mon travail au Golden Gate Bar, parce qu'il s'est pratiquement battu avec le propriétaire. Une bagarre dans laquelle j'ai du m'emparer d'un couteau, je me suis accidentellement coupé et j'ai du aller me faire mettre des points à l'hôpital. Après l'hôpital, je suis allée au poste de police. La police a obligé mon patron à régler mes soins, et « le prix de ma douleur ». Il était très en colère, car il rejetait la faute sur Andy et moi. *Il n'avait pas tort !* Mais il n'avait pas vraiment le choix, il fallait payer ! C'était encore un de ces Farangs, qui menait son affaire, derrière la caisse, ce qui est interdit en Thaïlande.

C'est vrai qu'Andy n'est pas facile, mais je suis en train de devenir *Son* pire cauchemar. Je reste avec lui pour plusieurs raisons, même si j'ai rapidement compris que nous avions à partager les notes de restaurant, ainsi que tous les frais communs, et ce pendant qu'*il* me fait « la cour ». Je pense que malgré tout, il comble en moi, le besoin d'aider mon prochain. Je trouve en lui quelqu'un dont la situation est pire que la mienne. Beaucoup d'entre nous, dans les métiers du sexe, ont de fortes tendances à être des sauveteurs, car nous avons déjà sauvé nos familles. Vu sous un angle moins altruiste, ce rapport me donne une sensation de pouvoir. Je pense qu'Andy est un homme que je peux contrôler. Je peux faire tout ce que je veux, m'exprimer autant que je veux, le maltraiter si j'en ai envie, il sera toujours là. Il a besoin de moi et il sait qu'il n'y a personne d'autre pour l'aider. Il a encore plus besoin de notre relation que moi.

En étant très honnête, j'ai vingt trois ans, trois ans de plus que la majorité des danseuses de Gogos. J'ai pris plus de sept kilos, ce qui est beaucoup de poids sur ma petite taille de 1,55 mètre. Je fume un paquet de cigarettes par jour et je prends beaucoup de médicaments psychotropes. Je ne suis plus la beauté sexy que j'étais, il y a à peine un an. J'ai vraiment besoin de quelqu'un qui m'aime. Andy doit m'aimer parce qu'il s'accommode de mes colères et de mon mauvais caractère. Nous sommes faits l'un pour l'autre.

De plus, qui d'autre voudrait de moi ? Mais le plus important c'est que quand je regarde Andy je vois : « **VISA BRITANNIQUE** » écrit partout sur lui, EN LETTRES CAPITALES.

Mon chien, Beach.

Alors que je marchais, il y a peu, sur la route du bord de mer, j'ai vu un jeune chiot femelle, de deux mois au plus. Elle était en plein bonheur, elle avait trouvé un morceau de poulet grillé sur le sol. Alors qu'elle s'apprêtait à mordre à belles dents dans son trésor, pour nourrir son appétit féroce, qui n'avait pas du souvent être rassasié, au long de sa courte vie, un chien plus gros s'en empara avant elle. A ce moment, je ne vis plus un chiot mais une petite fille démunie. Ce petit chien, c'était moi il y a dix ans, quant à treize ans, j'étais seule dans les rues de Bangkok. Aucun de nous deux n'avait un toit, de la nourriture, ou quelqu'un pour nous aider. Il était hors de question qu'il arrive à ce chiot, ce qui m'était arrivé, j'allais tout faire pour y remédier. J'ai lentement avancé jusqu'à elle, je me suis penchée, et je l'ai prise dans les mains. J'ai été surprise qu'elle ne tente pas de s'enfuir. Le peu d'amour et d'affection que je lui prodiguais, apportait chez elle une réponse positive. Si seulement j'avais eu sa chance actuelle, il y a dix ans. Elle me lécha le visage, et émit de doux jappements. Je l'ai ramenée à la maison et je l'ai appelée Beach.

Beach a appris très vite la différence de bruit entre les motos qui passaient dans ma rue. Elle reconnaissait le bruit de la mienne. Quand je rentrais, elle accourait pour m'accueillir. Elle était tout excitée quand j'arrivais, et j'avais souvent beaucoup de mal à ne pas la renverser. Elle n'était pas là pour attendre du thon, du poulet, ou du bœuf, elle m'attendait, moi et elle voulait que je la prenne dans mes bras et que je lui apporte mon amour.

A 13 ans… la vie commence

Il y avait quelques mois que j'avais trouvé Beach, quand un jour au retour de mon travail, je l'ai trouvée, malade. Immédiatement, je l'ai emmenée chez le vétérinaire. Il lui a fait une piqûre, mais le traitement avait trop attendu, pour pouvoir la sauver. Elle mourut dans mes bras, j'étais assise derrière Dave sur sa moto, alors qu'il nous reconduisait à la maison.

Je n'ai pas eu d'enfant, mais Beach était pour moi le plus proche de cet état que je n'ai pas connu. Elle était partie pour toujours. Je ne verrai plus jamais sa queue battre, je ne sentirai plus jamais sa chaleur, ni son amour. Elle fut la seule qui m'aima sincèrement, en dehors de mon père, sans jamais rien attendre en retour. *A ce moment de ma vie, elle avait été tout ce que j'ai vraiment aimé.* Juk, Dave et moi, l'avons enterrée, près d'une mare, dans le terrain vague derrière mon immeuble.

Janvier 2004
Une fois de plus, trop de pilules.

Un matin, tôt, vers sept heures, je me suis levée à la fin d'une autre de ces nuits, avec beaucoup de pilules pour dormir et pas assez de sommeil. Les pilules m'avaient laissé un genre de gueule de bois. J'aurai dû me rappeler, qu'il ne fallait pas dépasser la dose prescrite, mais j'avais continué à les prendre, jusqu'à ce que je m'endorme. En titubant pour aller à la cuisine, je suis tombée en passant à travers la table en verre. Je ne savais plus quoi faire alors, j'ai appelé Dave. Peu m'importait qu'il fasse à peine jour, je ne m'occupe pas de l'état des autres, quand j'ai besoin de quelque chose. Dave est arrivé et il a vu le sang répandu, dans ma pièce et sur les draps. Il voulait m'emmener à l'hôpital, mais j'ai refusé. Alors il m'a soigné et m'a mis des pansements sur les blessures à la tête et aux mains. Les blessures se sont bien soignées et les cicatrices ne se voient plus. Grâce à Dieu, il a fait un bon travail. Je suis encore jolie !

Février 2004
Je pense à Johan.

Comme la relation que j'entretiens, en ce moment, avec Andy est malsaine et destructrice, je pense de plus en plus à Johan. Il était

A 13 ans... la vie commence

merveilleux avec moi et tolérait mon caractère de bébé gâté. Je n'ai pas assez apporté d'attention à ses besoins, tout au moins pas comme j'aurai du. C'est pourquoi, la relation injurieuse, que j'ai avec Andy est tout ce que je mérite.

A JOHAN
C'est comme un cauchemar devenu réalité
Hier, je t'ai perdu
J'ai de très bons souvenirs de bonheur avec toi
Je ne peux pas oublier ces souvenirs
Je sais que je ne pourrai plus jamais être avec toi
Tu ne sais pas à quel point j'ai mal
Je veux que tu saches que j'aurai toujours besoin de toi
Je sais que c'est trop tard
Je l'ai toujours compris
Je voudrais que tout recommence comme avant
Je voudrais que tu saches que jamais
tu ne mourras dans mon cœur
Le ciel et la mer sont aussi éloignés que nous le sommes.
Je ne sais pas quand on se reverra
Mais je ferai tout pour qu'on se revoie
Maintenant la seule chose que je peux faire, c'est prier le ciel et les étoiles, pour que je sois toujours ton amie quand tu es triste
Et pour qu'ils prennent soin de toi quand je ne suis pas là.
De celle qui ne pourra jamais t'oublier.

Février 2004
Gay et Juk.

Je connaissais Juk depuis un certain temps, quand elle et son amie Gay ont emménagé avec moi. Gay avait, en venant à Pattaya, l'idée de faire un travail qui ne soit pas un travail normal. Heureusement pour elle, bien qu'elle n'en soit pas consciente à son arrivée, elle n'avait pas les qualités physiques nécessaires, pour gagner beaucoup d'argent dans ma profession. Elle était très active, et avait très envie de rencontrer un petit copain Farang, elle était aussi petite et de forte constitution. Elle ne trouva jamais de petit copain étranger, mais un travail au 7/11 magasin de proximité. Elle avait fini

A 13 ans… la vie commence

la troisième, comme Juk, mais elle n'avait que vingt trois ans, alors que Juk en avait vingt huit. Le 7/11, ne voulait pas embaucher Juk à cause de son âge. A vingt huit ans elle était déjà trop vieille. Comme elle ne pouvait pas travailler au 7/11, Juk continua à chercher un travail. Elle trouva un travail bien moins bon dans uns salle de billard haut de gamme. Pour gravir les plus bas échelons d'un emploi décent, il ne faut pas seulement avoir fini un certain niveau d'études, qui à cause des frais sont interdits à de nombreuses filles, mais il faut en plus être jeune, moins de vingt cinq ans. Il y a beaucoup d'emplois qui ont un âge maximum obligatoire.

Juk

Quelques fois je pense à Juk, elle a cinq ans de plus que moi, et elle est aussi de l'Isaan. A quinze ans, quand elle a fini le secondaire, elle a commencé à travailler dans une fabrique de chaussures. Elle gagnait 95 Bahts (3.80 US$) par journée de huit heures de travail, six jours par semaine. Trois ans plus tard, elle a changé de travail et est rentrée dans une fabrique de vêtements, où elle gagnait 145 Bahts (5.80 US$) par jour, pour huit heures de travail, six jours par semaine. Le dimanche, son seul jour de repos, et après son travail journalier, elle allait à l'école. Elle a ainsi accompli 70% du travail nécessaire pour obtenir un diplôme de fin d'études universitaires.

Deux ans plus tard à vingt ans, lors de la crise économique asiatique, le baht a chuté à 40 Bahts pour 1 dollar. Elle a à nouveau changé d'emploi pour aller chez Seagate, une compagnie d'électronique, où elle gagnait 163 Bahts (4 US$) par jour, six jours par semaines. Quand Seagate a fermé sept de ses neuf usines, pour pallier l'élévation des coûts de main d'œuvre thaïe, et faire fabriquer à l'extérieur, elle s'est dirigée vers « Advanced Technologies », où elle assemblait des thermostats, pour 150 Bahts (3.75 US$) par jour, six jours par semaine. Elle a finalement décidé de quitter l'industrie électronique, pour venir s'installer à Pattaya avec son amie Gay.

Juk travaille maintenant comme serveuse et « markee » (celle qui s'occupe d'une table de billard) à MegaBreak, un club de billard haut de gamme, tenu par un Australien à Pattaya. Elle gagne 5 000

A 13 ans… la vie commence

Bahts (125 US$) par mois, pour six jours de travail, huit heures par jour, et en plus elle gagne de 2 à 3 000 Bahts par mois de pourboires. C'est un très bon revenu pour une fille qui ne travaille pas dans les métiers du sexe. Le revers de la médaille c'est qu'elle a dû travailler trente jours sans s'arrêter, lors de son premier mois de travail, avant d'avoir un jour de repos.

J'écris à propos de Juk car, bien que nous n'ayons que quelques années d'écart, je compare sa vie à la mienne. Elle vient aussi d'un milieu pauvre, bien que contrairement à moi, elle a encore la chance d'avoir ses deux parents. Une autre différence c'est que sa mère, a été celle qui a fait vivre la famille, toute sa vie. Elle mesure un mètre quarante huit, pèse quarante trois kilos, toute habillée, et elle est mignonne. Elle n'est jamais allée en Europe, en fait elle n'est jamais allée nulle part sauf à Singapour, où elle a travaillé, comme aide-cuisinière pendant deux semaines. Elle a très peu d'expérience du monde des hommes. On dirait que rien ne lui manque jamais, car elle a besoin de peu de choses. Elle semble toujours heureuse, elle est satisfaite. Elle a des amis qui s'occupent bien d'elle, et ses relations semblent durer longtemps. Elle est en bonne santé, mentale et physique. Elle n'a pas besoin de médicaments psychotropes, ni de pilules pour dormir, ou d'autres traitements que moi, je dois prendre pour tenter de maintenir une stabilité émotionnelle. Elle vit la vie « normale », d'une jeune femme, qui n'est pas dans les métiers du sexe, une vie que j'aimerai avoir.

Juk a fait la bêtise une fois de dire à Ying, « *Tu as vraiment un beau corps, et tu pourrais gagner beaucoup d'argent à travailler dans un Gogo* ». Elle ne savait rien de mon passé. Elle ne savait pas non plus que j'avais vécu comme je l'ai fait, pour éviter que mes sœurs aient à subir le même genre de travail. Je ne lui ai pas parlé pendant au moins deux mois. Elle n'a jamais connu les raisons de mon silence.

La sœur de Juk, Yen, est devenue une danseuse de Gogo, comme moi. Elle ne travaille plus car elle n'en a plus besoin. Elle vit de l'argent que lui envoient des Farangs, l'un est Anglais, il travaille à Oman, et l'autre est un Américain. Comment deux filles, issues d'une famille aimante, qui n'ont pas les mêmes opportunités, peuvent elles aller sur des chemins aussi différents ?

Deux sœurs, deux destins vraiment différents.

Qu'est ce qui peut faire, que deux sœurs, qui ont été élevées dans la même maison, sous la supervision des mêmes adultes, ont des personnalités aussi différentes et des existences aussi contrastées ? Les expériences de l'enfance, aussi différentes que le jour de la nuit, peuvent être une des raisons. Bien que je ne puisse, pas m'expliquer pourquoi Juk et sa sœur sont si différentes, je peux expliquer les raisons familiales, qui nous ont conduits, Ying et moi, dans des directions opposées. Ying, bien que battue, de temps en temps, ne l'était jamais avec la même fréquence, la même force, où le même vice, que quand le bâton s'abattait en laissant des marques sur mon corps tendre. Ying n'a jamais vécu, vingt quatre heures sur vingt quatre, jours après jours, dans la crainte d'être constamment battue, comme moi.

Aussi loin que je peux m'en souvenir, les adultes dans ma famille, m'ont battue avec un bâton, pour la moindre peccadille. En fait ils n'avaient même pas besoin de provocation. J'étais brutalisée, par ceux qui étaient censé prendre soin des petits sans défense, qui étaient nés par eux et mis entre leurs mains pour qu'ils s'en occupent. Les coups pouvaient venir de n'importe qui – sauf de mon père, à n'importe quel moment. Je vivais dans la peur d'être poursuivie dans notre maison d'une pièce, d'être rattrapée et battue. Il n'y avait nulle part où aller, nulle part où se cacher. Je détestais ceux qui me faisaient mal en permanence. La seule façon dont je pouvais me protéger, c'était de partir. Je savais, qu'il n'y avait aucune raison, que je sois battue tout le temps. Bien que je n'en connaisse pas la raison, j'ai toujours senti, que ma famille avait honte de moi. Mais j'étais une « bonne fille », bien qu'un peu espiègle, un trait commun à beaucoup d'enfants qui veulent explorer la vie dans sa globalité.

Ce que j'ai toujours voulu, quand j'étais à l'école primaire, c'est pouvoir aller en classe et faire des choses agréables pour mes sœurs, que j'adorais. J'avais un bon cœur, qui au fil des ans s'est rempli de haine, pour ceux qui m'ont fait tant de mal. C'est seulement

A 13 ans… la vie commence

grâce à Bouddha, qu'un petit coin de mon cœur reste encore entrouvert à l'amour, et que je peux me souvenir qu'un être humain de qualité est enterré tout au fond, et qu'il porte mes traits. Je sais que je vaux la peine d'être sauvée. Mais à la mort de mon père je me suis sentie responsable. Partout où j'allais, un nuage noir de culpabilité, me poursuivais. Je savais, que ma famille souffrirait encore plus, de la l'humiliation que de la pauvreté. Ma culture a posé en moi, les graines, qui m'obligeaient à fournir les finances que mon père ne pouvait plus apporter. Et j'ai toujours tenu mes engagements. Je savais que j'étais d'accord pour sacrifier mon existence, pou mourir physiquement, émotionnellement et spirituellement, de façon à compenser sa mort aux yeux de ma famille.

Ying, de son côté, n'a jamais eu aucune raison de ressentir la responsabilité, ni le blâme que j'ai dû affronter. Pour cette raison, elle n'a du faire face à aucun frein, pour mettre en valeur ses dons artistiques, et ses capacités à l'école. Elle a réussi dans ces domaines, et elle a souvent été reconnue comme très capable. J'aurai pu moi aussi, mais je n'ai jamais eu cette chance. Elle était reconnue comme, une « Bonne fille », intelligente et très aimée. Elle n'avait aucun besoin de prouver, elle avait déjà démontré. Elle a pu vivre sa vie, presque comme il est prévu qu'un enfant le fasse, alors qu'il se trouve dans les confins d'une famille ignorante et sans argent, dans un pauvre village du Nord-est de la Thaïlande. *Elle a pu avoir cette vie seulement parce que j'ai sacrifié la mienne.*

Chapitre 17

Un mariage raté

Mars 2004
J'épouse Andy

Nous nous sommes mariés avec Andy à Pattaya le 6 Mars 2004. Presque immédiatement après, nous avons fait la demande pour mon visa, mais je n'ai pas eu de rendez-vous avant trois mois, en juin, pour une interview à l'Ambassade de Grande-Bretagne à Bangkok.

Mai 2004
Andy et moi à Pattaya

Nous ne sommes mariés que depuis deux mois, Andy et moi, et notre couple va pire qu'avant. L'autre jour, je lui ai demandé de me ramener de l'eau de la cuisine. J'aurai pu, facilement, me lever pour y aller moi-même, mais j'avais pris l'habitude de lui demander de tout faire pour moi. Je le testais, pour voir jusqu'où il pouvait aller, avant d'en avoir assez. Il m'a fallu très peu de temps pour trouver le point de rupture. Il est revenu avec l'eau et me l'a renversée sur la tête. J'étais furieuse, et je lui ai dit que je voulais divorcer. Je suis partie de la maison comme une furie, et je suis allée chez une amie, pour la nuit. Je pensais pouvoir faire pression sur Andy, et lui faire comprendre, que je voulais que les choses se fassent comme j'en avais envie. Si, il ne voulait pas faire selon mes désirs, je voulais qu'il comprenne qu'il allait repartir célibataire en Angleterre. Il repartirait, délesté aussi de 30 000 bahts, et du peu de bijoux en or qu'il avait donné à ma mère comme « Brideprice ». Ma crise de colère l'avait intimidé et il a rappelé presque tout de suite en demandant de l'excuser.

A 13 ans… la vie commence

Je suis retournée à son appartement le soir suivant, très heureuse de les avoir, lui et notre relation sous mon contrôle.

Juin 2004

Chez Dave hier, j'ai dit à Andy qu'il n'avait pas été un bon père et qu'il ne s'était pas occupé de ses enfants. N'a-t-il pas choisi de venir en Thaïlande avec ses économies, plutôt que d'utiliser l'argent pour ses enfants ? Il était furieux ! Il m'a dit que si je pensais qu'il ne s'était pas occupé de ses enfants, je n'avais qu'à prendre son téléphone pour appeler son ex-femme ou son ex-compagne, toutes les deux en Angleterre. J'ai pris son mobile et je l'ai jeté à travers la pièce, j'ai vu l'appareil s'éclater contre le mur et retomber en mille morceaux. J'étais sûre d'avoir raison, et c'était la seule chose qui comptait. Que j'aie raison ou tort n'a pas d'importance, je pensais qu'il ne s'était pas occupé de ses enfants. En fait j'avais tort, mais je ne me suis jamais excusée.

Pour la plus part de celles, comme moi, qui ont survécu aux métiers du sexe, nos colères sont sans bornes. Nous avons tellement réfréné nos passions, durant notre jeunesse, que quand se présente la possibilité de faire exploser notre colère, nous sommes comme des animaux libérés de leurs cages et notre énergie explose. En règle générale, nous sautons sur toutes les possibilités de nous défouler, spécialement quand nous savons, que nous sommes dans une situation, ou il n'y a rien à perdre. J'ai toujours pensé que perdre Andy, ne serait pas la pire des pertes. J'ai toujours pensé, aussi, que je ne le perdrai jamais, pas plus que le visa qui va avec, parce que jamais il ne quittera.

La première interview pour le Visa

Pour mon premier entretien, c'est une anglaise très bien élevée, qui m'a interrogé. Elle ne parlait pas seulement un anglais bien plus châtié que celui des hommes qui fréquentent les bars, mais de plus, elle avait un très fort accent style Oxford. Je n'ai pas appris l'anglais en regardant la BBC, mais plutôt en parlant et écoutant pour la plupart des Américains en Thaïlande. Ils n'étaient ni Anglais, ni bien élevés. Comme j'avais des problèmes pour la comprendre, j'ai demandé à ce qu'une femme thaïe, continue l'entretien. Je pensais que nous aurions une conversation plus personnelle, selon notre langue et notre culture.

Ils ont très rapidement accédé à ma demande. Je pensais que j'étais maintenant sur mon terrain et que mes dons de persuasion allaient enfin pouvoir ressortir. Quand la nouvelle conseillère est arrivée, j'ai compris que j'avais peut être mis à côté. Elle avait la même classe que la précédente. Elle avait l'habitude d'interviewer des filles de bars, comme moi, qui pour pouvoir obtenir un visa britannique, épousaient des Anglais naïfs, qui voulaient des femmes, affichant la moitié de leur âge. Elle me parlait un Thaï sophistiqué, comme si j'avais un diplôme universitaire. Elle devait parfaitement savoir, que j'avais du mal à suivre son charabia légal. C'était sa façon à elle, de me maintenir à ma place, et de me rappeler sa position élevée. Elle savait aussi qu'elle me rendait plus difficile, ainsi qu'aux autres filles de bar, l'accès au visa britannique. *Mais elle ne savait pas bien qui j'étais, et ce dont j'étais capable.*

Je suis intelligente c'est sûr, mais mes capacités et mon éducation se sont plus frottés à la survie dans la rue, qu'aux subtilités d'un entretien d'Ambassade pour obtenir un visa. Je peux me sortir des mauvais pas, mais je ne peux pas parler le Thaï à son niveau de sophistication. J'ai seulement fini les classes primaires. J'étais assise, là en pensant : « *0 à 2, ils n'ont pas d'Isaan qui travaillent dans cette ambassade ?* ». Non seulement, je n'étais pas à la hauteur pour obtenir mon visa, mais on nous a aussi demandé de revenir deux semaines plus tard, avec une preuve d'emploi pour Andy. Il n'avait pas d'emploi, mais la compagnie pour laquelle il travaillait avant de venir en Thaïlande, lui avait promis un travail à son retour en Angleterre. Il a pris contact avec son directeur précédent qui lui a faxé, l'offre pour permettre la vérification à l'Ambassade.

Juillet 2004

Nous sommes retournés à l'Ambassade d'Angleterre, vers la mi-juillet, avec les documents demandés. Mais on nous a vite appris qu'Andy devait rentrer immédiatement en Angleterre pour faxer ses relevés de banque. Il fallait donc la confirmation de ses avoirs financiers, avant que le visa ne me soit délivré. D'Angleterre, il m'envoya toute la paperasse nécessaire. Encore deux semaines et j'étais de retour à l'Ambassade, un voyage qui, je l'espérais, allait inverser la descente aux enfers dans laquelle je me trouvais à l'époque. Les documents en main, Dave et moi avons attendu dans la queue devant l'Ambassade, pendant plus de deux heures. Quand nous sommes finalement arrivés au guichet, les documents financiers ont été immédiatement acceptés, j'ai eu un entretien rapide et ma demande de visa a été acceptée. Andy et moi avons commencé à faire des plans, pour mon départ vers l'Angleterre.

A qui est ce bijou en or ?

Peu de temps avant mon départ pour l'Angleterre, je suis allée voir mon frère à Bangkok une dernière fois. La première chose que j'ai remarquée, c'est qu'il portait le bijou en or que ma mère avait demandé que j'achète pour elle, à mon arrivée de Suède, à peine onze mois auparavant. Ma mère, a cavalièrement donné à mon frère, tellement de choses que je lui avais donné à elle. Elle ne m'a jamais rien donné à moi, sauf les 300 bahts, que j'ai reçu pour partir quand j'avais *seulement treize ans.* Il doit vraiment y avoir quelque chose qui ne va pas chez moi, pour que je continue à lui donner, que je la laisse me manipuler et m'intimider ? *Et puis je me suis rappelée. Bien sur, je suis la fille aînée et je suis Isaan. Je suis la fille d'une Isaan et je suis le pur produit de ma culture !*

L'homme est la rizière, la femme est le riz
Proverbe thaï

Ma mère - rien n'a changé !

La dernière fois que ma famille est venue me voir dans mon appartement de Pattaya, avant mon départ pour l'Europe, une fois de plus, ma mère a mendié le remboursement des frais de voyage pour elle et son petit fils (le fils de mon frère), d'Ubon à Pattaya. Pendant leur séjour, j'ai vu mon neveu de deux ans frapper sans arrêt, sa sœur de quatre ans. Ce comportement agressif et méchant, n'attirait aucune réprimande de ma mère, ni de mon frère. C'est moi qui ai pris les choses en main. Plus jamais mon neveu ne frappera sa sœur, tout du moins en ma présence. C'est à cause de ça que la majorité des mâles thaïs sont comme ils sont. Ils n'ont pas, ou peu de respect et d'attention pour les femmes. Ma mère élève mon neveu comme si c'était un nourrisson, alors qu'elle laisse ma nièce se baigner et s'habiller toute seule.

Finalement le départ vers l'Angleterre.

A ce moment précis, je n'ai pas la moindre idée de ce que me réserve l'avenir. Est-ce que je vais pouvoir trouver un travail normal, et commencer une vie anglaise normale ? Vais-je gagner 5 £ de l'heure, dans un magasin, ou m'occuper des personnes âgées dans une maison de retraite, ou encore retourner à ma vie de danseuse ? Je sais seulement qu'Andy est ma porte de sortie de Thaïlande, et de ma vie de fille de bar. J'ai appris qu'en Angleterre il y a des clubs, où je peux danser devant des hommes, en étant encore habillée. Ce serait vraiment une première pour moi ! On gagne moins d'argent qu'en faisant un strip-tease, mais Andy ne me laissera jamais refaire danser nue. Danser habillée en Angleterre, de toute façon, payera beaucoup mieux que de travailler comme caissière en Thaïlande. *Tout paye mieux que de travailler en Thaïlande.*

Fin Juillet 2004

J'ai quitté Pattaya une fois de plus, avec l'espoir de vivre en Europe, mais cette fois dans un pays qui parle Anglais. Dave et Juk m'ont mis dans un taxi pour aller à l'aéroport. J'ai prié pour mon père et pour ma famille à l'aéroport de Bangkok. Je suis montée dans l'avion et je me suis préparée à ma nouvelle vie en Angleterre. Au moins c'était un pays dont je parlais la langue, pas comme la Suisse, l'Allemagne, l'Espagne ou la Suède.

L'Angleterre.

Mon arrivée en Angleterre s'est assez bien passée. J'ai traversé très rapidement la douane et les services d'immigration de l'aéroport de Manchester. Andy était parti pour l'Angleterre plus tôt dans le mois, et il attendait avec impatience mon arrivée. Il n'avait pas fait l'amour depuis des semaines, et je m'attendais à ce que ce soit la première chose qu'il ait en tête. Sa silhouette, longue et dégingandée, m'attendait après la douane, où des hordes d'Anglais attendaient les êtres chers. Quand je l'ai vu, j'ai crains que ce ne soit que la continuation de ce que nous avions vécu en Thaïlande.

En Angleterre, la vie avec Andy n'a pas démarré sur les chapeaux de roues. Il gagnait moins de 1 000 £ (1 880 US$) par mois, louait un appartement, n'avait pas de téléphone à la maison, possédait une vieille Volkswagen, et pratiquement rien d'autre, en dehors des vêtements dans son placard. J'étais au courant qu'il n'avait pas beaucoup, mais je m'attendais quand même à un peu plus. Je voulais plus que ce que je ne voyais. Il faut dire la vérité, je ne suis jamais contente ! Ce qui peut paraître suffisant à certains ne l'est pas du tout pour moi. *J'en veux toujours plus, plus, plus !!!*

A peine quelques jours après mon arrivée, j'ai eu besoin de mes médicaments, et j'en avais besoin tout de suite, mais Andy trouvait toujours des excuses pour ne pas m'aider à les acheter. *« Les pharmacies sont fermées »* ou *« C'est Dimanche, tu ne peux pas voir un docteur le Dimanche »* ou encore *« C'est lundi et aujourd'hui, je travaille »*. Si vous avez déjà eu besoin de médicaments, et que votre mari refuse de faire le moindre effort pour vous aider, ne prenez pas la peine de vous disputer à ce sujet ! *Prenez un nouveau mari !!!* J'ai finalement réussi à trouver un docteur, une pharmacie, et j'ai pu acheter mes médicaments, toute seule.

Août 2004

Je n'étais pas en Angleterre depuis plus de deux semaines, quand je me suis trouvée un travail de femme de ménage au Collège de Stoke on Trent. Le salaire était de 4.85 £ (9.50US$) de l'heure à temps complet. Ce salaire, me permettait d'économiser, en fonction de l'arrangement financier, que nous avions conclu initialement avec Andy. Nous étions tombés d'accord, sur le fait que je devais payer pour la nourriture et il devait payer pour tout le reste. Ce n'était pas comme quand je gagnais beaucoup d'argent, comme danseuse en Suède, mais c'était assez pour le moment. Doucement mais sûrement, je savais que je pouvais améliorer ma vie en Angleterre. Je ne pouvais pas ouvrir un compte en banque, parce que je n'avais pas de quittance de loyer, ou une facture d'eau ou d'électricité à mon nom. Donc mon chèque de salaire était viré automatiquement sur le compte en banque d'Andy. Il est vite devenu évident, que la nourriture que je devais régler, comprenait tout ce qui pouvait s'acheter au marché. Andy avait aussi des paiements mensuels, à faire, pour sa carte de crédit et des remboursements de prêts bancaires. Il m'a dit qu'il allait utiliser plus que l'argent de la nourriture seule, pour payer ces dettes. Il me donnait l'argent de poche minimum pour manger au travail et boire une tasse de café. Il me disait que le reste devait servir à payer pour la télévision, la voiture, le loyer, etc.…Ce n'était vraiment pas notre arrangement, et je n'étais vraiment pas d'accord, sur ce changement dans nos accords financiers.

Les divagations d'une personne cliniquement schizophrène et dépressive, sous et hors méditation.
Texto à Dave
6 Août 2004

Hello Dave
Comment vas-tu? J'ai envie de me suicider ici à cause d'Andy. Je n'ai jamais rencontré quelqu'un comme lui. Johan me manque beaucoup maintenant. Je parle à Tony, à Londres, mon ancien copain, d'il y a plusieurs années, presque tous les jours. Andy ne me donne que 3 £ par jour. Ce n'est pas assez pour acheter de la nourriture thaïe, je ne peux m'acheter qu'une banane. Tony m'a dit de venir et de rester avec lui dès que possible, si jamais j'ai besoin de partir.

Plusieurs fois Andy n'a pas pu s'arrêter de travailler pour m'emmener chez le docteur, donc il a fallu que je me débrouille toute seule. De toute façon, j'aime bien mon travail, grâce à ça je me sens très bien. Mais quand je suis payée, je dois donner à Andy, 20 £ de plus par semaine. Je n'ai jamais dû donner d'argent à un homme avant. Quelquefois je ne sais pas ce que je fais ici avec lui.

Septembre 2004

En plus de payer, beaucoup plus, que je n'avais prévu sur mon maigre salaire, je suis aussi la cuisinière et la femme de ménage

A 13 ans… la vie commence

d'Andy. Je rentre du travail, à la maison, à neuf heures du soir, pour trouver la maison en chantier, ses assiettes, vestiges d'un en cas dans l'évier, et lui en train de regarder la télévision, qui me demande ce que je vais cuisiner pour le repas du soir. Entre ce genre de conduite et les changements par lesquels il est passé depuis son retour dans son pays, où je pense il se sent tout à fait chez lui, j'en ai vraiment assez. Je lui ai dit que je voulais partir. La dernière chose qu'un homme souhaite voir partir, c'est son objet sexuel, doublé de sa cuisinière et de sa femme de ménage, sans compter le revenu additionnel. Il n'arrête pas de me répéter qu'il a dépensé beaucoup d'argent pour me faire venir en Angleterre. Le visa et le ticket combiné lui ont coûté environ 1 000 US$, amis il se plaint qu'il y a eu d'autres frais, quand nous sommes restés ensemble et qu'il m'a entretenu pendant que nous étions en Thaïlande.

2 Octobre 2004.

Je n'ai pas pris mes médicaments, et dans mon état, je trouve qu'il n'arrête pas de ronronner. J'en ai eu tellement assez de l'entendre, que j'ai balancé une bouteille de vin, à travers la pièce, sur la télévision, mais je ne l'ai pas cassée. Sa réponse fut d'appeler la police, de leur dire que j'étais violente et que je l'avais frappé il y a deux semaines. C'est vrai je l'avais frappé mais il m'avait aussi frappé. Il a dit aux Bobbies « La dernière fois elle m'a frappé ». Les officiers ont fait un procès verbal, et ils m'ont demandé de passer les voir, un jour prochain. Je voyais leurs regards et je lisais dans leurs pensées. « Il mesure plus de deux mètres, elle moins d'un mètre cinquante et c'est lui qui nous appelle ?? »

Après encore quelques jours de vie commune, à lui refuser de faire l'amour, il m'a dit d'aller dormir dans l'autre chambre, où il n'y a ni matelas ni couverture. Je n'avais qu'un oreiller et une serviette pour me tenir chaud. J'ai vécu comme ça pendant quelques jours. Pendant cette période il m'a interdit d'utiliser sa Télé, sa chaîne Hi-fi, ou quoi que ce soit qui soit à lui. Je n'allais pas continuer à rester avec un homme qui me refuse une couverture pour me tenir chaud. C'était la goutte d'eau qui fait déborder le vase.
D'autres appels à Dave.
Le 5 Octobre 2004

A 13 ans… la vie commence

Après qu'Andy m'ait donné 250 £, pour partir de chez lui et prendre mon propre appartement, j'ai brusquement changé d'avis sur mon départ, avec l'argent en main. Je voulais rester dans sa maison, tout en gardant l'argent, et je voulais qu'il paie toutes les notes. En ce qui me concernait, en quittant sa maison, je me serais retrouvée sans le sou, sauf les 250 £ (480 US$), ce qui aurait été le seul pécule entre moi et la rue. Ce n'était pas assez pour un appartement, un peu d'argent de côté, et la nourriture, jusqu'à mon prochain chèque de salaire. Je voulais rester dans « notre » maison, et c'est ce que j'ai fait, quelques jours de plus, jusqu'à ce que notre relation devienne impossible. Je savais qu'il fallait que je cherche un autre logement, et ce même si je devais manger des nouilles matins et soirs.

Andy a écrit à Dave au sujet de la mauvaise qualité de notre relation, pensant que Dave allait me recommander de me calmer. Andy et moi avons appelé Dave, (nous lui avons aussi envoyé des texto), depuis notre arrivée en Angleterre. Dès le jour de mon arrivée, notre relation était en dérapage. Je voulais une relation qui fonctionne, mais je ne voulais pas de ma vie avec Andy. Heureusement, de mes débuts à Pattaya, il y avait Tony à Londres, avec une invitation ouverte pour que je reste avec lui.

Le déménagement

Pendant les quelques heures qui me restaient, entre le travail du matin, l'école l'après midi, et le travail du soir, j'ai trouvé une chambre d'étudiant, dans une résidence, à 40 £ (75 US$) par semaine. Chaque résidant à sa propre chambre, mais le plus important pour moi, dans cette nouvelle situation, c'est que c'est ma chambre – à moi toute seule ! Je n'aurai jamais à en donner l'entrée à Andy.

Je n'ai pas pris mes médicaments, récemment, et j'ai l'impression de perdre la tête. Je crois avoir entendu un ami d'Andy parler à la radio, d'une Thaïe, qui a abandonné son mari anglais et qui n'est plus en règle avec les obligations de son visa. J'ai peur qu'Andy envoie des gens pour me faire du mal. J'envoie des texto à Dave, qui me recommande de prendre mes médicaments. Il me rappelle que je n'ai pas de radio. Il est embêté, parce qu'il dit que je n'ai plus les idées claires, et que les histoires que je lui raconte, ne peuvent pas arriver. Il dit que j'ai de plus en plus d'hallucinations.

Andy continue de m'appeler pendant la journée, il vient dans la résidence pour me voir – *ou tout au moins c'est ce que je crois qu'il fait.* Je lui ai dit et répéter que je ne vais pas retourner avec lui. Je préférerais quitter l'Angleterre et retourner à la pauvreté thaïe plutôt que de passer une minute de plus avec lui.

J'ai toujours pensé que les hommes, que je rencontrais dans les bars étaient mauvais, mais ceux des agences matrimoniales sont encore pires. Ils sont comme les hommes des bars, mais ils se voudraient différents. Les Suisses, Allemands, Espagnols, et Anglais que j'ai rencontré en Europe, n'ont rien à voir avec ces ressortissants des mêmes pays quand ils sont à Pattaya dans des voyages organisés autour du sexe. Pattaya attire la pire engeance d'Occidentaux, que je n'ai jamais rencontrés. Les filles de bar, se font une mauvaise impression, des étrangers, et les touristes sexuels ont eux aussi une fausse idée des filles thaïes en pensant qu'elles sont toutes des filles de bars dépravées, comme moi. Nous pensons qu'ils sont tous vieux, gros, ivres, débraillés et handicapés, physiques ou mentaux. Nous pensons aussi que ce sont loin d'être les plus intelligents sur la planète. Les considérer comme « moyen » serait un compliment. Certain d'entre eux, sont tellement affaiblis physiquement, qu'ils sont incapables de s'occuper d'eux-mêmes, et ils cherchent une femme thaïe pour faire la nounou. En ce qui concerne les affaiblis émotionnels, Andy est le parfait exemple.

Jour après jour, j'ai peur d'être réveillée, par les services de l'immigration, à ma porte, m'indiquant que je ne respecte pas les obligations de mon visa, en ayant quitté le domicile d'Andy.

Bien que cela me tracasse et que j'en perde parfois le sommeil, je préfère me faire du souci, que de passer une nouvelle journée avec lui. Mes amis m'avaient dit que ce n'était pas le bon, et que j'avais tout intérêt à chercher ailleurs, mais j'avais pitié de lui. Et puis il y avait ce « visa britannique », qu'il portait avec tant de fierté. Il savait ce que je cherchais, et que j'étais prête à m'accommoder de beaucoup, pour l'avoir. Mes amis m'avaient aussi dit qu'il faisait l'idiot, pour ne pas avoir à payer sa part, mais je lui trouvais des excuses, en disant qu'il ne comprenait pas la langue. Je ne savais pas à quel point je me trompais.

8 Novembre 2004
Trois semaines à l'Hôpital Harplands.

Cela faisait trois mois, que je travaillais comme femme de ménage, au Collège de Stoke on Trent, et je ne prenais plus mes médicaments. Plusieurs semaines ont passé, et j'hallucinais beaucoup, comme dans toute psychose les hallucinations semblent réelles pour celui qui les a. Une collègue de travail a finalement appelé l'hôpital, ils ont envoyé une ambulance, et j'ai été immédiatement hospitalisée. *J'y suis allée de mon plein gré.*

15 Novembre 2004

Je suis à l'hôpital depuis une semaine maintenant. Andy m'appelle, il veut parler, il est dans une situation désespérée. Il a demandé à Dave d'obtenir mon dossier médical en Suède, pour que les médecins anglais puissent m'aider. Dave est d'accord pour être l'intermédiaire, mais il ne donnerait jamais des dossiers personnels à Andy, même s'il en avait connaissance. Andy envoie à Dave trois ou quatre texto par jour, pour les problèmes que je lui cause. Hier j'ai dit à Andy que je voulais revenir avec lui, mais quand il est arrivé à l'hôpital, pour me voir, je lui ai dit que je ne voulais plus jamais vivre avec lui et je l'ai battu. Andy a dit à Dave que j'allais avoir un avocat par l'Assistance Juridique, pour passer au tribunal. Le but de cette audience, était de déterminer, si j'allais ou non, quitter l'hôpital lundi. L'avocat prendrait ma défense, en disant qu'Andy est violent, compte tenu de mes informations. Mais je n'ai pas dit à l'avocat, comment j'ai crée les situations qui ont poussé Andy à être violent. Je peux vraiment être méchante quand je ne prends plus mes médicaments, et même quand je les prends. Les psychiatres m'ont supprimé les médicaments antipsychotiques, et ne me donnent plus que des somnifères.

18 Novembre 2004

A 13 ans... la vie commence

J'avais passé une semaine à l'hôpital quand l'assistante sociale, a parlé à Andy au téléphone, lui demandant des informations sur l'état de ses finances, et s'il avait des biens immobiliers en Thaïlande. Dans son besoin de se présenter comme un homme de bien, il a dit qu'il avait des propriétés à l'étranger. Il a réalisé ensuite que ce mensonge, faisait croire à l'hôpital qu'il avait de quoi payer pour mes soins. Il s'est mis à avoir peur que l'hôpital ne lui envoie la facture. A ce moment là, je n'avais pas payé assez d'assurance sociale pour bénéficier de la couverture maladie en Angleterre.

22 Novembre 2004

L'hôpital a tenu son tribunal pour savoir ce qu'il fallait faire de moi, et de moi et d'Andy. Les psychiatres et les assistantes sociales, nous ont parlé l'un après l'autre. Le procureur a demandé à Andy s'il était capable de m'aider financièrement, il a dit que non. Il a dit qu'il était tout à fait d'accord, pour que nous revivions ensemble et pour payer les notes et le loyer, si je payais pour la nourriture.

Andy a parlé aux docteurs de Dave, et il a dit que c'était comme le père que je n'ai jamais eu. Il leur a dit que Dave m'avait aidé dans le passé, il leur a aussi dit que j'avais un compte dans une banque thaï, sur lequel j'avais une carte ATM. Le procureur a demandé si Andy avait commencé une procédure de divorce. Andy n'avait rien fait, il attendait de savoir ce que je voulais faire de notre relation. Il craignait que mon hospitalisation, m'ait mise dans une position difficile, vis-à-vis de ma capacité à rester en Angleterre. Il pensait que j'avais creusé mon propre trou – il avait raison. Il craignait aussi d'être celui qui allait payer pour m'en faire sortir.

26 Novembre 2004

J'ai appelé Andy, la nuit dernière de l'hôpital, et je lui ai dit que je voulais le voir. Il est venu me voir, mais je me suis tenue à distance, par sécurité. J'étais plus agréable avec lui cette fois, que la fois précédente. Je lui ai dit que je ne l'aimais pas, mais que je me souciais de lui. J'ai beaucoup pleuré, sur ma situation, hospitalisée dans un pavillon psychiatrique en Angleterre. C'était un retour à ma situation en Suède sauf que cette fois, je n'étais plus sous antipsychotiques.

28 Novembre 2004

Aujourd'hui, j'ai quitté l'hôpital, aux bons soins d'Andy.

29 Novembre 2004

Je suis sortie de l'hôpital et je me sens mieux grâce à mes nouveaux médicaments. Mes amis de Thaïlande me manquent. J'ai demandé à Dave et Juk, de venir me voir en Angleterre, mais sans succès. Ils n'ont aucune envie de venir ici. L'Angleterre est vraiment un bon pays. Ce n'est pas un pays agréable, mais j'ai bénéficié de l'aide du gouvernement pour le système médical, et ils m'ont octroyé des chèques d'invalidité. Ils m'ont aussi fait prendre des cours gratuits d'Anglais, et je ne suis même pas citoyenne de ce pays. Un étranger, chez moi, ne bénéficierait jamais de ces avantages.

31 Décembre 2004
A la maison avec Andy.

Je suis avec Andy depuis un mois maintenant. J'ai reçu mon chèque de maladie de 400 £ (750 US$). Andy avait besoin de 200 £ (400 US$) pour payer les notes, dont beaucoup ont été faites avant mon arrivée en Angleterre. Je suis à nouveau dans la même situation, qu'avant mon déménagement. Je lui ai donné la moitié du loyer, parce qu'il me l'a demandé. Si je ne l'avais pas fait, il aurait des choses pour me faire mal. Je n'aime pas lui donner mon argent, mais je veux tellement rester en Angleterre, et je ne peux pas vivre seule, à cause de mon état de santé. Je n'ai pas de maison, nulle part où aller, pas de famille ici. Mes sœurs ne m'écrivent jamais, elles ne téléphonent pas non plus. Je ne sais pas ce que je vais devenir. Je partirai si j'avais un autre endroit où aller, où on s'occuperait de moi en Angleterre. Je pourrais aller chez Tony, il propose toujours de prendre soin de moi, mais je n'y vais pas de peur d'avoir des problèmes avec mon visa et de le perdre. C'est ma seule possibilité de rester loin de Thaïlande pour toujours.

A 13 ans... la vie commence

1° Janvier 2005

Après seulement quelques semaines dans la maison d'Andy, je pense à nouveau à déménager, et à me reprendre une chambre. J'ai aussi, déjà, pris des contacts avec un nouvel homme, Andy, de son côté a pris des contacts avec une nouvelle femme.

3 Janvier 2005

Il ne m'a pas fallu longtemps pour comprendre que je ne peux pas vivre avec lui. J'ai trop mal, physiquement et moralement. En Angleterre, les hommes ne donnent pas d'argent à leur petite amie, comme en Thaïlande. Ils n'achètent même pas de cigarettes à leur fiancée et dans mon cas à leur femme ! J'ai essayé de rencontrer deux hommes, ils étaient pareils. Les Anglais sont gentils, mais, ils ne payent pour rien sauf le premier repas qu'ils partagent avec leur nouvelle conquête. Je pourrai me trouver un nouvel homme, mais j'en ai assez d'essayer. Après tout ce que j'ai traversé, je pense que si je suis une épouse pour la vie, je n'aurai plus jamais mal.

4 Janvier 2005

Hier, Andy a perdu son travail de chauffeur pour une société de travaux publics, mais aujourd'hui, il l'a récupéré. Ce court passage, touchant son emploi et la sécurité relative de nos finances, m'a rendu encore plus dépressive que d'habitude. Cet après midi, j'étais très mal. Johan me manque, encore plus quand je suis en bas, car il savait me redonner le moral. Je voulais que Dave lui demande de prendre contact avec moi. S'il m'appelait, je sais que je me sentirais mieux tout de suite. La seule chose dont j'avais besoin, c'était d'entendre sa voix. S'il appelait, je me mettrais sûrement à pleurer. Mais s'il ne voulait plus être mon ami, j'en pleurerais tous les jours. Je l'aime vraiment. Je montre encore la photo de Johan à toutes mes amies au Collège où je travaille. Il me manque de plus en plus, chaque jour. Quand je pleure au travail, une de mes amies, me dit qu'elle est sûre, qu'il m'aime encore. Je veux y croire aussi ! Je me demande toujours, si, quand Dave lui envoie un Email « *Est-ce qu'il demande de mes nouvelles ? Est qu'il a une nouvelle petite amie ? »*. Et alors, j'ai de la

A 13 ans… la vie commence

peine pour Andy. Je n'aurai jamais du quitter la Suède pour retourner en Thaïlande. *Je n'aurai jamais du rencontrer Andy.*

5 Janvier 2005

Je dois m'excuser, auprès de Dave et de Johan, de tous les ennuis que je leur ai procurés, et de tous les soucis que je leur ai fait partager. Je sais que, plus jamais, je ne rencontrerai des hommes comme eux. Ils m'ont toujours aidé à aider ma famille. Je n'oublierai jamais ça. J'aimerai pouvoir m'occuper de moi-même, et de mes sœurs, toute seule, mais je n'ai plus assez d'argent, ni la force morale et physique, pour le faire encore. J'espère que dans le futur, je pourrais encore aider mes sœurs. Andy essaye, depuis un bon moment, de récupérer de l'argent, auprès des services sociaux, pour s'occuper de moi, pendant ma maladie. Il essaie aussi d'obtenir une HLM, pour les mêmes raisons. Andy a bien l'habitude de toutes ces paperasses, avec les organismes. J'espère qu'il va bientôt réussir.

Il y a peu de temps, Andy m'a dit, qu'il ne voyait pas d'inconvénient à ce que je danse à nouveau. Mais auparavant, il m'a toujours dit qu'il n'y avait pas de club de strip-tease dans notre ville. Je vais essayer de trouver un endroit pour danser. Le montant, qu'une jolie Thaïe de 1,50 m de haut, peut gagner en Angleterre, est très important. Mais j'ai peur qu'Andy demande la moitié de mes gains. Je suis toujours comme ça !

Andy n'est pas très heureux de la tournure que prend notre relation. Il est vraiment stressé et peiné, de toute cette situation avec moi. Finalement, il en a assez de moi, et veux continuer à vivre seul. Mais il est face à un dilemme. Il veut faire les choses bien avec moi. Il veut que je reste en Angleterre, et il veut en même temps obtenir le divorce. C'est là que les choses deviennent compliquées vis-à-vis de mon visa.

8 Janvier 2005

Andy a demandé à mon biographe, d'écrire une version « nouvelle » de ce livre, pour que nous puissions la faire entrer dans un concours du magazine « Take a break » (La Pause). Le gros lot est de 500 £ (950 US$). Il pense que l'on pourrait gagner, et nous avons vraiment besoin de cet argent, maintenant. Cette demande a été rejetée, car cela aurait vraiment pris beaucoup de temps. En plus, Andy n'avait rien à voir là-dedans.

Plus tard, Andy a appelé Dave pour lui emprunter 500 £ (950 US$), pour payer un expert afin d'obtenir une hypothèque sur la maison. Andy a promis à Dave, qu'il le rembourserait, dès qu'il toucherait l'argent de l'hypothèque. Andy n'a pas de scrupules à demander de l'aide, aux autres, pour n'importe quoi. Il se sent « autorisé » à le faire. Il a toujours la main tendue pour demander.

12 Janvier 2005

Andy a encore appelé Dave pour demander un prêt. Il vient à nouveau de perdre son emploi. Il ne cherche plus de l'argent pour un expert, mais maintenant, il faut simplement qu'il paie les notes qui sont en attente.

13 Janvier 2005

J'ai appelé Dave, deux fois aujourd'hui, pour parler avec lui de mon retour en Thaïlande. J'ai bien dû pleurer, une demi-heure avec lui et Juk. J'en ai assez de l'Angleterre, et de ne pas avoir d'amis ici. Les choses ne se sont pas passées comme je l'espérais. J'ai demandé à Dave s'il voulait bien m'ouvrir une petite boutique à Ubon, que je ferai tourner, ou encore, une pour Juk et moi sur Pattaya. Je suis si malheureuse, que je suis prête à échanger l'Angleterre, pour une petite boutique dans un village dans la province d'Ubon, ce qui est extrêmement triste. Je n'aurai jamais pensé que je voudrais quitter l'Angleterre ou n'importe quel pays Européen, pour retourner en Thaïlande. Dave et Juk m'ont convaincu de ne pas quitter l'Angleterre. Dave m'a même dit, que je devrais essayer de danser à nouveau, que ça me remontera le moral. Cette idée a rendu Andy furieux ! Dave m'a dit aussi, que si j'étais aussi déprimée, il fallait peut-être que je pense à retourner à l'hôpital. Je lui ai dit que j'y étais allée hier et que le docteur avait dit que j'avais « *juste un mauvais jour et que ça irait mieux dans un ou deux jours.* ». Le docteur avait tort ! Je me demande bien ce qu'il dirait maintenant. Je ne peux pas

A 13 ans… la vie commence

surmonter ce sentiment profond, de solitude et de peine. Je me sens vide à l'intérieur. Ce mal est plus que je ne peux supporter !

Plus tard le même jour.

Andy a appelé Dave pour lui dire que j'avais fait une overdose. Il criait, « *Lon est étendue par terre ! Elle a fait une overdose de somnifère et de médicaments. L'ambulance est en chemin !* »

14 Janvier 2005

Ils n'ont pas pu me faire un lavage d'estomac, car il aurait fallu le faire dans l'heure suivant la prise excessive de médicaments. J'en avais pris vraiment beaucoup. Les docteurs ont peur que, mes reins et mon cœur, aient souffert de la dose, mais mon corps est costaud. Ma tension est de 84 et j'ai une perfusion, pour essayer de ramener les choses à un niveau normal.

Je me suis réveillée, bien plus stable. Ma tension est proche de la normale. Les docteurs attendent encore les résultats des analyses de sang. La nuit dernière, j'ai menti à Andy – encore ! Je lui ai dit que Dave avait proposé, de me donner 50 000 bahts, pour rentrer en Thaïlande et ouvrir une petite boutique. Je voulais qu'Andy soit jaloux. Je voulais savoir s'il me laisserait garder mon argent et ne m'en demanderait pas autant qu'avant.

Il est près de sept heures du soir, je suis autorisée à quitter l'hôpital. Ma tension et mes pulsations, sont revenues à un niveau normal. Je rentre à la maison avec Andy, je suis dans un meilleur état d'esprit.

17 Janvier 2005

J'ai appelé Dave, pour lui dire que j'avais rencontré un homme, qui voulait faire la connaissance de Ying, dès qu'il a vu sa photo. Je voulais qu'il crée pour elle une adresse Email, pour que cet homme puisse la contacter. J'essaie toujours d'améliorer la vie de mes sœurs. Dans ce cas c'est pour trouver à Ying un petit copain étranger, qui pourrait se transformer en mari. Ma famille me manque aussi beaucoup et j'ai vraiment besoin de leur présence.

22 Janvier 2005

J'ai envoyé un texto à Dave, pour lui dire de demander à Andy, de mieux s'occuper de moi. Je suis malade et je ne peux pas prendre soin de ma santé. J'aurai besoin de quelqu'un toute ma vie. Et pour le moment, j'ai décidé que ce serait Andy.

23 Janvier 2005

Je me sens bien aujourd'hui, mais Dave et Juk me manquent. Tous les jours je découvre des choses sur Andy, j'apprends à le connaître. Je peux l'accepter et vivre avec lui – pour le moment.

26 Janvier 2005

J'aime Andy. Je me suis mise à l'aimer parce qu'il me fait de la peine. Je ne comprends pas pourquoi les gens lui font toujours du mal. Il ne sait pas comment faire du mal. Je veux rester ma vie entière avec lui. Je sais que ce n'est pas un mauvais homme, mais il ne comprend pas les choses et je ne sais pas comment je peux tout faire ici. Mais pour tout ce qu'il fait, il essaie de faire pour le mieux.

27 Janvier 2005

Andy me pardonne toujours, il a besoin de quelqu'un qui soit tout ce qu'il recherche. Je ressens la même chose et c'est pour ça que je l'aime. Je veux le grand Amour, c'est ce que je recherche.
Maintenant, je pense que je l'ai trouvé. Je sais pourquoi les autres ne l'aiment pas, mais je suis avec lui pour longtemps maintenant. Savez-vous ce que je vois ? Je me vois quand je le regarde – quelqu'un que personne n'aime ! Je ne peux pas le laisser, car pour lui ce sera encore pire. Et moi, je ne me sentirais pas bien de lui faire du mal.

5 Février 2005

A 13 ans… la vie commence

Andy sait, que Dave n'a jamais apprécié notre relation. C'est ce qui lui a donné l'idée d'envoyer un texto à Dave, vantant les avantages, que je pouvais avoir en restant ici. *« Bien que nous n'ayons pas beaucoup d'argent, comparé à la Thaïlande, Lon a une vie meilleure en Angleterre, avec des médecins de qualité gratuitement, et une meilleure couverture sociale. Quand Lon aura la résidence permanente, l'année prochaine, elle pourra demander beaucoup d'argent pour sa maladie. Donc avec le temps, les choses vont aller mieux pour elle, grâce à moi, et je m'assurerais qu'elle reçoive toute l'aide médicale dont elle a besoin. »* Il faut bien savoir, quand même, que tout l'aide gouvernementale que je pourrai recevoir, grâce à lui, lui profitera aussi, comme c'est déjà le cas !

9 Mars 2005
Le conseiller conjugal.

Nous allons voir un conseiller conjugal, pour essayer d'y voir plus clair. Notre relation est comme le « grand huit », tout va bien quand nous rigolons beaucoup, et tout va mal quand ça me coûte trop. Les rires sont de moins en moins fréquents récemment.

11 Mars 2005

Je pense que j'ai mené notre mariage à sa fin. Je ne me suis pas bien occupé d'Andy depuis un moment. Mon infirmière m'a trouvé un refuge pour femme où je pourrai rester pendant quelques jours. Son idée est, qu'une séparation ne peut que nous faire du bien. Elle a bien remarqué que le niveau montait entre nous. La vraie raison de notre conflit, c'est que je veux vivre une vie de célibataire. J'aime sortir et rencontrer d'autres hommes – et je le fais. Andy a trouvé une liste d'hommes dans mon portefeuille, que j'avais récupéré dans les petites annonces du cœur.

Andy pense maintenant qu'il aurait une meilleure vie sans moi. Il pense qu'aucun homme, ne voudrait avoir une relation, dans le temps avec moi, parce que je traite mal les hommes. Il pense aussi que je n'ai pas d'estime pour moi. Je ne suis pas d'accord.

17 Mars 2005

A 13 ans... la vie commence

Andy a appelé un avocat ce matin. Il l'a fait en face de moi, pour me prouver, qu'il était sérieux au sujet de notre séparation. Il a pris rendez vous pour la semaine prochaine, pour discuter de la mise en place d'une procédure de divorce. Il a l'impression que je l'ai utilisé et il n'est pas très heureux de ça. Peu de temps après l'avoir écouté, je suis partie de la maison, comme une flèche. Mon amie est venue me prendre en voiture. Nous sommes allées voir un avocat, d'aide juridique du gouvernement, pour savoir ce qui m'attendait. Andy, - une fois de plus, en avait assez de moi !

19 mars 2005

J'ai décidé de jouer un jeu avec Andy. Nous nous sommes réconciliés, en surface pour moi, lui disant que nous pouvions essayer encore une fois de rester ensemble. J'ai même fait semblant d'aimer ses enfants – *Beurk* ! J'ai fait du cinéma depuis que j'ai quatorze ans, et ça c'est un rôle facile. Il était tellement heureux. Il est maintenant sûr que nous pouvons prouver à Dave qu'il a tort et que nous pouvons faire quelque chose ensemble. Il voulait que Dave nous envoie ses félicitations pour notre réconciliation. Dave n'a jamais cru que ça allait marcher, ce n'était pas ses affaires. J'ai immédiatement envoyé un texto à Dave, pour lui dire que les choses n'étaient pas aussi roses. Je lui ai dit que j'étais seulement en train de jouer à la fille calme pour le moment, afin d'avoir une vie plus heureuse avec Andy. Je lui ai dit aussi que j'étais toujours en train de chercher un moyen pour vivre en Angleterre, sans Andy, tout en conservant mon statut au niveau de mon visa. Mon visa c'est la seule chose qui compte. Ce n'est pas que pour moi, mais aussi pour mes sœurs, quand je vais pouvoir les faire venir ici.

21 Mars 2005

Aujourd'hui est un grand jour ! Je viens de recevoir ma pension de 62 £ (118 US$) par mois. La pension d'incapacité qu'Andy a demandée pour moi est enfin arrivée.

24 Mars 2005

A 13 ans… la vie commence

Je n'aurai peut-être, pas du être aussi gentille avec Andy, maintenant il va à nouveau me coûter de l'argent. Il me demande 110 £ (190 US$) parce que je suis encore avec lui. La seule chose qu'il demande c'est de l'argent, de l'argent et encore de l'argent – un peu comme moi ! Je peux le comprendre. Dave me dit de ne pas me faire de soucis pour le visa et que l'Angleterre ne me mettra pas dehors. Mais malgré tout je me fais du souci, je ne veux plus retourner en Thaïlande – JAMAIS.

Ying à vingt et un an et moi à vingt trois ans

A 13 ans... la vie commence

Aujourd'hui, j'ai eu un entretien d'embauche dans un hôtel. Le travail me prendrait quarante-huit heures par semaine mais je ne pense pas que je l'aurai. Je continuerai à chercher. J'ai encore besoin d'Andy pour faire beaucoup de choses. Heureusement, j'apprends vite ! Si je veux rester en Angleterre, il faut que je sache comment survivre ici. Je veux aussi que mes deux sœurs viennent et qu'elles aient une belle vie. Tout le monde amène sa famille ici et je ne veux pas perdre cette chance, donc il faut que je fasse attention. C'est mon rêve. J'adore mes sœurs. Il faut absolument que je le laisse. Si je vais doucement, j'y arriverais et j'amènerai mes sœurs. Vous pouvez me croire !

27 Mars 2005

J'ai demandé à Dave de m'envoyer des vêtements de Thaïlande. Ici, ils coûtent trop cher. Il n'y a pas non plus d'aussi jolis articles qu'en Thaïlande. La Thaïlande est le meilleur endroit pour faire des affaires, et je peux trouver ma taille.

Dave m'a demandé de chercher d'urgence, une assistante sociale à Stoke on Trent, pour qu'elle m'aide à aplanir certains de mes problèmes, et aussi pour que je comprenne mieux ce que je dois faire pour mon visa. Comme je ne savais pas qui rencontrer, ou comment on pouvait m'aider, je n'ai jamais vraiment suivi cette affaire. J'ai parlé avec quatre filles thaïes ici et elles m'ont dit la même chose. Si je ne suis plus avec Andy, le gouvernement va me renvoyer. Mais si j'ai un enfant ici, ils ne pourront jamais me renvoyer, et en plus ils seront obligés de m'aider pour l'élever. Les filles Thaïes m'ont dit que les Anglais ne donnaient pas d'argent à leurs femmes. Il faut donc, que je trouve un travail, et que je m'occupe personnellement de mon visa. Et enfin, il faudra que je me trouve un endroit pour vivre, mais ce n'est pas encore le moment.

28 Mars 2005

La réponse pour le travail, pour lequel j'avais postulé la semaine dernière est arrivée ce matin. J'ai un emploi de standardiste réceptionniste. Je ne suis plus femme de ménage. Il y a bien longtemps que je n'ai pas été aussi heureuse. C'est le travail le plus honorable que je n'ai jamais eu de ma vie. Le salaire est de 5 £ (9.50 US$) de l'heure. Ce sera assez pour demander un visa pour Ying et pour subvenir à ses besoins, mais ce sera serré. Tout ce que j'ai toujours voulu faire, c'est rendre la vie plus agréable pour ma famille et en premier pour mes sœurs. Depuis que je connais l'Europe, je sais que c'est l'endroit pour mes sœurs et moi, l'endroit où nous pourrons toutes vivre dans la dignité.

1° Avril 2005

J'ai appris aujourd'hui que mon Anglais écrit, n'est pas suffisant pour mon travail de réceptionniste. J'ai été transférée pour faire un travail de barmaid. Rien n'aurait pu me rendre plus heureuse. J'ai maintenant un petit uniforme noir avec une chemise blanche et un nœud papillon. J'ai fière allure et j'aime bien plus ce travail. Il va avec ma personnalité, je suis une « femme de contact ». Après deux semaines de formation, je serais une barmaid accomplie.

Le club de danse où j'avais aussi fait une demande m'a appelé. Ils veulent que je commence le plus tôt possible. Je pense y travailler deux ou trois nuits par semaine. Maintenant, je pourrai mettre suffisamment d'argent de côté pour faire la demande du visa de Ying, pour qu'elle puisse quitter la Thaïlande. J'ai perdu le surpoids que j'avais récupéré avec les médicaments. Maintenant, je pèse 39,5kilos (87 livres) ce qui veut dire que je peux rentrer dans mes vêtements sexy et être bien. Je vais demander à Dave et Juk de m'envoyer quelques costumes de danse, pour commencer. En Thaïlande, un costume coûte 5 US$. En Angleterre, le même genre d'article coûte 21 £ (40 US$).

15 Avril 2005

Les nouveaux costumes de danse que Dave et Juk m'ont envoyé, sont encore dans les sacs…

Juin 2005

Un nouveau travail et un nouvel appartement.

A 13 ans… la vie commence

Les différences que nous avons avec Andy sont devenues irréconciliables. Nous nous disputons en permanence. Il m'a reléguée dans une autre pièce de notre maison, il refuse de payer pour ma nourriture et de faire quoi que ce soit pour m'aider. J'ai un nouveau boulot, dans une boutique de « Fish and Chips » (poisson et frites), qui appartient à une femme chinoise. Le bar ne me fournissait pas assez d'heures de travail en temps que serveuse, bien que le travail me plaise beaucoup. Il faut juste que je fasse ma place.

La semaine suivante.

Mon nouvel employeur, m'a offert une chambre dans sa maison. Je viens aussi d'apprendre, par l'Ambassade de Thaïlande, que comme il y aura bientôt un an que je suis en Angleterre, je peux faire une demande de visa, qui me permettra de rester ici. Je quitte Andy pour la dernière fois. J'ai un travail, un peu d'argent, et un endroit à moi. Je vais bientôt avoir un visa britannique, reposant sur mon travail et non pas mon mariage. Je l'ai fait ! *Je savais que je pourrais, que j'allais réussir en Europe, cette fois !* Je vais faire mes bagages immédiatement. Je ne peux plus attendre !!! Andy aura des sentiments mélangés quant à mon départ, mais principalement, il se sentira libéré.

J'ai habité en Angleterre, longtemps, sans envoyer d'argent à ma mère, Andy et moi n'en avions que très peu pour nous. Finalement, un jour, j'ai reçu un courrier de ma mère. C'était le premier depuis mon arrivée. Quand j'ai ouvert l'enveloppe, je n'ai trouvé qu'un petit morceau de papier, avec rien d'autre dessus que les informations de son compte en banque ? Pas le moindre texte

La paix que je n'ai jamais trouvée.
Peint en Angleterre.

Chapitre 18

Mes réflexions dix ans plus tard.
Juin 2005.
Sai.

Le rejet de Sai par sa mère, à sa naissance et le fait qu'elle l'apprenne des années plus tard, avait eu d'énormes conséquences sur son caractère. Plus tard quand elle a appris, d'une façon cruelle, que sa sœur âgée de dix huit ans, était une prostituée – et ceci littéralement « jeté à la face », elle en eût le cœur brisé. Cette histoire, couplée à celle de son rejet plus tôt, a détruit en elle, la dernière parcelle de respect d'elle-même qu'elle pouvait avoir. Sa souffrance, est mesurable, par l'étendue des tatouages qui couvrent entièrement son dos, et par le piercing qu'elle a, à la langue – des exemples horribles et flagrants de son comportement antisocial. Elle manifeste aussi sa colère, par le mépris des règles de société, et par sa consommation de Yabah, il y a quelques années, par son départ de l'école, par sa grossesse...Mais la tristesse et la colère qu'elle ressent, lui ont permis de, mieux comprendre ma situation, ce que Ying, ma sœur de sang, n'a jamais fait.

A l'heure actuelle, Sai qui a dix neuf ans, ne s'occupe pas de son enfant. Elle l'a confié à sa mère naturelle pour qu'elle l'élève. Pourquoi, une jeune femme confie t'elle son bébé à une autre femme, qui s'est montrée incapable d'être une mère, une femme qui a essayé de la tuer des années auparavant ? Je pense, qu'elle ne sait pas comment, aimer son propre enfant, en ce moment de sa vie, et que de plus elle n'a pas envie d'apprendre. Elle a pensé qu'elle pouvait obliger sa mère à aimer cet enfant. L'amour qu'elle n'a jamais reçu. D'un autre côté, sa mère s'occupe du bébé, parce que Sai, lui envoie de l'argent tous les mois. Elle refuse que j'achète des cadeaux à ma nièce. Elle refuse aussi que son bébé reçoive des preuves d'amour d'autres personnes. Elle déteste avoir donné naissance à cet enfant, tout comme sa mère détestait lui avoir donnée naissance à elle.

Sai a récemment perdu son emploi, à l'usine de crevettes Pran Talay, parce que son copain venait constamment la voir. Il avait lui-même déjà, perdu son emploi dans cette même usine, pour avoir répondu à ses chefs. Elle vivait dans une petite pièce, et recherchait du travail désespérément. Elle a donc fini par faire ce que toute fille innovatrice et productrice devrait faire, elle a contrefait un diplôme d'université. Elle a appris cette spécialité, quand elle était en maison de redressement, pour avoir utilisé du Yabah. Il n'ay que peu de filles Isaan qui sont capable d'aller à l'université et encore moins qui peuvent réussir le diplôme de fin d'études. Sa lutte pour survivre, n'a que peu de différence avec la mienne, il y a dix ans. Elle a pris la seule solution qu'elle connaissait. Je suis fière d'elle pour ça. Maintenant elle a un bon salaire de base : 5 500 Bahts (137 US$) par mois, pour huit heures de travail par jour, six jours par semaines avec une couverture sociale, quatre jours de congés par mois, des remboursements partiels pour ses repas à la cantine de l'usine, etc.… Tous ces bénéfices, peu d'employées en Thaïlande, en profitent, mais elle les a parce qu'elle a falsifié un diplôme. *En Thaïlande, la grande majorité des filles, n'a pas la possibilité de bénéficier des avantages, en suivant les règles et en faisant la chose prescrite. Il nous faut trouver une alternative, si nous voulons nous rapprocher d'un peu de justice.*

En Juillet 2002, Ying a réussi son diplôme de fin d'année ! Elle est la première de notre famille à avoir atteint ce niveau d'études. Il y a seulement un très faible pourcentage, des filles des pauvres villages Isaan, qui arrivent à ce niveau d'étude. Les plans que j'avais faits, à treize ans, pour l'éducation de mes sœurs, se sont matérialisés quand j'ai eu vingt et un ans.

J'ai compris et appliqué les principes économiques en Thaïlande bien mieux que les économistes du gouvernement thaï. J'ai été capable de faire sortir ma famille du gouffre dans lequel nous étions nées. Et, je l'ai fait toute seule. *Bien que je n'aie jamais vraiment mis de l'argent de côté, sur ce que j'ai gagné, j'ai sauvé mes sœurs du péril, que j'ai dû affronter. Personne ne me dira jamais, comme ils l'ont dit à Sai « Ta sœur est une prostituée » ! J'ai fait ce que j'avais l'intention de faire et j'ai réussi !*

Ying au centre, avec des amies, l'année de son diplôme.

Mes deux sœurs ont vécu avec leurs copains pendant plusieurs mois. Après avoir subi des abus, tant physiques que verbaux, Sai et Ying ont décidé de les quitter. Elles ont emménagé ensemble, comme leurs deux ex-petits amis. J'ai aidé Ying pour qu'elle rentre à l'université. Ma mère était opposée, à ce que ma sœur continue ses études, parce que ainsi, elle serait privée des revenus que Ying lui aurait envoyé sur son salaire, encore pendant au moins quatre ans.

A 13 ans… la vie commence

Peu de temps avant de partir pour l'Angleterre, j'avais rendu visite à Ying. Elle m'avait dit qu'elle pensait, que je devais continuer d'envoyer, à la maison, la même somme que j'envoyais, quand je travaillais comme danseuse, ou dans les bars. Elle avait grandi dans l'idée que c'était encore ma responsabilité de m'occuper de ma mère et d'elle. Elle pensait qu'être une fille de bar et une danseuse, c'était *la Personne que j'étais* et non pas *ce que je faisais*. Elle croyait, que je lui devais de continuer de m'occuper d'elle.

Maintenant c'est Dave qui paie pour ses frais d'université, il lui a aussi donné une moto, la même qu'il m'avait prêtée à mon retour de Suède. J'espère, qu'un jour elle comprendra quelle chance elle a eu, et qu'elle montrera un peu de gratitude, mais je n'en suis pas sûre. Son seul but dans la vie, c'est de garder la « Face » pour montrer qu'elle n'est pas une de ces pauvres filles d'Isaan. Son premier souci, pour y arriver est de maintenir toujours une impeccable apparence.

Pas d'issue.

Quand je pense à mes sept années, dans les métiers du tourisme sexuel, le mal est souvent insupportable. Je ne veux plus rien avoir à faire avec mon passé. Je voudrais désespérément que mes souvenirs soient séparés de mon esprit, mon esprit de mon corps et ce corps (que j'ai vendu pour si peu), soit séparé de ce que je suis vraiment. *Mais il n'y a pas d'issue !* Ma vie a été très difficile, depuis que j'ai décidé d'en changer le sens. Je crois en permanence que le pire va m'arriver. Je pense que tout le monde va me tromper, comme j'ai été trompée sur mon enfance, et exactement comme j'ai trompé tant d'hommes.

Ma paranoïa est un phénomène commun chez les filles de bars. Nous souffrons, pour chaque baht, que nous avons envoyé à la maison pour aider notre famille. Nous ne recevons, en retour, que peu de compréhension et même, le plus souvent, une ingratitude évidente. Nous sommes trompées par nos familles et par la société en général. Nous pensons, avec raison, que personne ne nous aime et qu'aucun ne tient à nous. Notre valeur, pour nos familles, s'exprime par l'argent que nous leur envoyons, et pour notre pays c'est par l'argent apporté par les touristes, que nous existons.

A 13 ans... la vie commence

Nous sommes malades, mentalement et physiquement. Quelle que soit la force que je mette, pour m'en sortir et être heureuse, quelque part au plus profond de moi, je pense que je n'ai pas droit au bonheur. De toutes les histoires, des jeunes filles de bars qui finalement quittent la profession, très peu ont une belle fin, et « *vécurent heureuses, pour toujours... après* ». Nos chances de succès sont très menues.

Je suis l'une des rares filles, qui a eu la chance, de partir à l'étranger, où j'étais bien mieux payé pour mon physique et mes aptitudes, pour faire un travail qui n'obligeait pas à des ébats humiliants, ou des luttes, entre les draps d'une chambre d'hôtel mal famé. Mais cela ne veut pas dire que ce fût facile. Changer de pays, de culture, de métier et gagner un salaire correct, a été une bataille journalière. J'ai été déçue de nombreuse fois, par des emplois, qu'on me proposait aujourd'hui et qui demain n'existaient plus. Tous les jours, je dois me persuader que je suis un être humain de valeur, avec en héritage des dons particuliers. Mais encore plus important, je suis forte et bien décidée à réussir.

Si on me demandait ce que je compte faire de mon avenir, je répondrais que je veux être un modèle, pour d'autres jeunes filles. Je veux qu'elles sachent, qu'elles peuvent et doivent, exister après quand elles auront laissé les métiers du sexe derrière elles.

Pour cela il faut simplement un « coup de chance ». Il leur faut juste quelqu'un, qui peut être pour la première fois, qu'elles en valent la peine. Il faut aussi qu'on leur dise, qu'elles ont de la valeur, par le simple fait qu'elles existent. Cette valeur n'est pas intrinsèque dans la culture Isaan, donc, elle ne nous est pas inculquée dans notre enfance. Chaque fille doit découvrir, par elle-même, qu'elle n'a pas besoin de vendre son corps, pour se prouver qu'elle a de la valeur – une valeur que sa famille n'apprécie même pas. Je peux l'aider à faire cette découverte.

En le leur rappelant, je m'en souviens moi-même. Qui peut avoir une meilleure position pour aider ces jeunes femmes ? Qui peut mieux connaître la vie qu'elles ont cru avoir à vivre ? Seule quelqu'un, qui a suivi notre chemin et subi notre destinée, peut comprendre les profondeurs de déchéance, que nous avons atteint.

J'ai fait un long voyage depuis que j'ai quitté mon pauvre village poussiéreux d'Ubon, jusqu'au raffinement de la culture européenne. J'ai vécu en Suède, en Suisse, en Allemagne, en Angleterre. Mais aussi j'ai vécu et survécu, à un cauchemar pendant ces vingt quatre ans. Maintenant, j'ai bien l'intention de vivre mes rêves. *Je sais finalement ce que c'est que d'avoir de la valeur, simplement parce que « je suis moi ».* Je veux aider d'autres jeunes filles de bar Isaan, à se sentir aussi bien que moi. J'ai déjà reçu l'éducation d'une vie en seulement dix ans. J'ai encore beaucoup à faire et à apprendre. Mais tout va bien car j'ai la vie devant moi. *Je n'ai que vingt quatre ans.*

A 13 ans... la vie commence

Lectures choisies.
A Siamese Tragedy : Development and Disintegration in Modern Thailand,
Walden Bello, Shea Cummingham, Li Kheng Poh, White Lotus Co., Ltd.
Can Asians Think?
Kishore Mahbubani, Times Books International
Child Prostitution in Thailand: Listening to Rahab
Siroj Sorajjakool, Haworth Press
Dark Victory Waldon Bello, Pluto Press
Guns, Girls, Gambling, Ganja: Thailand's Illegal Economy and Public Policy, Corruption and Democracy in Thailand
Pasuk Phongpaichit, Sungsidh Piriyarangsan and Nualnoi Treerat. Silkworm Books, Chiang Mai, Thailand
People of Isaan; Monsoon Country
Pira Sudham, Breakwater Books Ltd
Sex and Borders: Gender, National Identity, and Prostitution Policy in Thailand
Leslie Ann Jeffrey, Silkworm Books, Chiang Mai, Thailand
Sex Slaves: The Trafficking of Women in Asia
Louise Brown, Virago Press—Little, Brown and Company (UK)
The Child and The Tourist: The Story Behind the Escalation of Child Prostitution in Asia: Rape of the Innocent
Ron O'Grady, ECPAT
The Great Ascent: The Struggle for Economic Development in Our Time
Robert L. Heilbroner, Harpercollins College
The Price of a Child: Four Years in the Hell of Child Prostitution in Bangkok
Marie-France Botte, Jean-Paul Mari, Robert Laffont Publisher
The Thai Village Economy in the Past
Chatthip Nartsupha, Silkworm Books, Chiang Mai, Thailand 1984/1999
The Traffic in Women: Human Realities of the International Sex Trade
Siriphon Sakhrobanek, et al, Zed Books
Travels in the Skin Trade: Tourism and the Sex Industry
Jeremy Seabrook, Pluto Press

A 13 ans… la vie commence

ORGANISATIONS INTERNATIONALES

Anti-Slavery
http://www.antislavery.org
Les luttes d'aujourd'hui pour les libertés de demain.
Anti Slavery a été crée en 1839 avec comme objectif d'en finir avec l'esclavagisme dans le monde.

Amnesty International - Child Soldiers
http://www.amnesty.org.uk/childrights/soldier.htm
La campagne pour arrêter l'utilisation des enfants soldats.
Des enfants sont enrôlés de force pour se battre dans des guerres d'adultes. Des milliers d'autres sont enrôlés dans les forces armées, pour se battre dès que possible. Le recrutement d'enfants mineur de moins de dix huit ans est un problème mondial. Ils sont souvent systématiquement brutalisés et on leur vole leur enfance, car ils sont souvent forcés, ou témoins d'atrocités.
La communauté internationale est de plus en plus concernée, par le problème dévastateur des enfants soldats. Environ 300 000 enfants et jeunes gens dans le monde sont soldats. Le dixième anniversaire de la convention de Nations Unies sur les droits des enfants, en novembre, offre une bonne opportunité de mettre fin à cette pratique qui veut qu'on utilise des enfants et des jeunes gens comme soldats

End Child Prostitution in Asian Tourism
http://www.ecpat.com
ECPAT est un faisceau d'organisations et d'individus qui travaillent ensemble, pour éliminer l'exploitation commerciale sexuelle des enfants. Elle cherche à encourager la communauté mondiale, a s'assurer que de partout les enfants jouissent de leurs droits fondamentaux, libres de toute forme d'exploitation sexuelle a but commercial. L'abréviation ECPAT, signifie en anglais : Arrêter la Prostitution Enfantine, la Pornographie Enfantine, et le Trafic d'Enfant pour des Buts Sexuels. ECPAT a un statu consultatif au conseil Économique t Social des Nation Unies (ECOSOC)

Global March Against Child Labor
www.globalmarch.org
Donner à chaque enfant, une chance de vivre et de grandir, sans la crainte d'une exploitation au travail. Des millions d'enfants qui travaillent dans le monde, vivent une vie de servitude. Prenez par à l'élimination de ce fléau !

A 13 ans… la vie commence

Fondazione Umanitaria Arcobaleno
Via Clemente Maraini 22, 6900 Lugano, Switzerland
Tel.: (0041-79-211-9324 Switzerland)(0066-7-106-4468 Thailand)
http://www.fondarco.ch
FUA est une organisation avec des projets de développements. Elle entend donner aux enfants la chance de se libérer de la pauvreté, elle leur donne aussi la possibilité de s'épanouir. FUA est une organisation avec des projets d'éducation. Elle donne aux enfants une bonne éducation, et des bases intellectuelles. FUA est une organisation avec des projets médicaux. Elle fait de la prévention et du traitement. Fondazione Arcobaleno a en ce moment trois projets dans les pays asiatiques suivant : Népal, Inde et Thaïlande.

Human Rights Watch
http://www.hrw.org
Défendre les Droits Humains dans le monde.
Les enfants dans le monde souffrent d'abus impensables. Trop souvent des enfants des rues sont tués ou agressés par la police. Des enfants de sept ou huit ans sont enrôlés ou kidnappés et utilisés comme soldats dans l'armée. Quelque fois, âgés d'à peine six ans, ils sont forcés de travailler dans des conditions extrêmement difficiles, souvent comme enfants séquestrés ou bien encore forcés à se prostituer. Ils sont emprisonnés dans des conditions inhumaines.

United Nations Children's Fund: Changing the World with Children
http://www.unicef.org
Crée par l'Assemblée Générale des Nations Unies en 1946 pour aider les enfants de l'après Deuxième Guerre en Europe, UNICEF portait au début le nom suivant : Le Fond d'Urgence International pour les Enfants des Nations Unies. En 1953, UNICEF devint un organisme permanent de l'organisation des Nations Unies. Sa tâche étant d'aider les enfants qui vivaient dans la pauvreté, dans les pays en voie de développement. Son nom a été raccourci par Les Fonds des Enfants des Nations Unies. Mais il a gardé son appellation d'UNICEF, qui est encore en cours à ce jour.

A 13 ans... la vie commence

ORGANISATIONS FEMINISTES EN THAILANDE
Pour aider ces organisations, merci de les contacter directement.

Asia Pacific Forum on Women Law and Development (APWLD)
Santhitham YMCA Bldg, 3rd Floor, 11 Sermsuk Rd, Mengrairasmi,
Chiang Mai 50300 Thailand
Tel: 66-53-404-613/404-614 Fax: 66-53-404-615
Email: apwld@loxinfo.co.th
Asian Confederation of Women's Organizations
127/1 Sukhumvit 79,
Bangkok 10250 Thailand
Association for the Promotion of the Status of Women
501/1 Mu 3 Dechatungka Rd., Sikan, Don Muang,
Bangkok 10210 Thailand
Email: may-fai@linethai.co.th or apsw2002@ksc.th.com
Burmese Women Union
PO Box 42, Mae Hong Son 58000 Thailand
Tel/fax: 66-53-611-146 or 66-53-612-361
Email: caroline@ksc15.th.com
Development and Education Programme for Daughters and Communities Center (DEP)
P.O. Box 10,
Mae Sai, Chiang Rai 57130 Thailand
EMPOWER Foundation, supports women in the sex industry
57/60 Tivanond Road,
Nontburi 11000 Thailand
Tel: 02-526-8311, 02-968-8021, 02-968-8022
Fax: 02-526-3294
Foundation For Women
35/267 Charansanitwongse Road 62, Soi Wat Paorohit, Bangkoknoi,
Bangkok 10700 Thailand
E-mail: FFW@mozart.inet.co.th
Foundation of Women
P.O. Box 47 Bangkoknoi,
Bangkok 10700 Thailand
Friends-International #9a, Street 178 Phnom Penh, Cambodia Tel:
855-23-986-601
Email: info@friends-international.org

A 13 ans... la vie commence

Depuis 1994, Friends International travaille avec les enfants des rues, pour développer des projets créatifs qui aident les enfants à devenir indépendants, acteurs productifs de la société.

Friends of Women Foundation
(Grassroots Women's Network-GROWNET)
218/16 Soi Pradipat 18, Phayathai,
Bangkok 10400 Thailand
Tel: 279-0867, 278-3551
Travaille pour la protection légale des Droits de la Femme.

Gender Development and Research Institute
501/1 Mu 3Dechatungka Road, Sikan, Donmuang,
Bangkok 10210 Thailand

Global Alliance Against Trafficking Women (GAATW)
PO Box 1281, Bangkok Post Office, Bangkok 10500 Thailand
Tel: 662 8641427/28 Fax: 662 864163
E-mail: gaatw@mozart.inet.co.th URL: ww.inet.co.th/org/gaatw
191 Sivalai Condominium, Issaraphap Road, Soi 33,
Bangkok Yai, Bangkok 10600 Thailand
Tel: 66-2-864-427/8 Fax: 66-2-864-637
E-mail: gaatw@mozart.inet.co.th www.inet.co.th/org/gaatw
GAATW a été crée en réponse au besoin grandissant de former une alliance internationale pour améliorer la coordination nationale et globale des actions contre le trafic des femmes. GAATW offre des formations, des recherches et un réseau, ils publient aussi des livres. Ils ont un centre de documentation qui compte approximativement 700 titres.

Goodwill Group Foundation (see below for more information)
2nd Floor Ruam Rudee Bldg. III, 51/2 Soi Ruam Rudee,
Ploenchit Road, Lumpini, Phatumwan,
Bangkok, Thailand
Phone: 66-2-253-8493 or 66-2-255-4176

Harbor House
61 Moo 7 Baan Ta Sala
Sri Muang Chiem
Mae Sai, Chiang Rai, 51730 Thailand
Tel: 66-53-668-068
www.hhfthailand.org
Kritsana Wankham, Manager

Highland People Education and Development Foundation

A 13 ans... la vie commence

658 Moo 15, Watmai Naakhai Road, T. Robwiang, A. Muang, Chiang Rai 57000 Thailand
Tel: 66-53-714-772 Fax: 66-53-717-098
Soutien des projets alternatifs de vie pour les femmes et les communautés.
Karen Human Rights Groups
Karen Women's Organization, PO Box 5,
Mae Sot, Tak 63110 Thailand
Lanna Women Center
Faculty of Education, Chiang Mai University,
Chiang Mai 50200 Thailand
Tel: 66 05 2 221699
National Council of Women
Clearinghouse and Information Centre
Bangkok 10200 Thailand
National Council For Women of Thailand
Umbrella Organisation, Manangkasila Mansion, Lanluang Road,
Bangkok 10300 Thailand
Tel: 02 281 0081 Fax: 02 281 2189
New Life Center
P.O. Box 29,
Chiang Mai 50000 Thailand
Tel/fax: 66-53-244-569
Aide les filles à risque, pour le trafic dans l'industrie du sexe.
The Foundation for Women, Bangkok
PO Box 47 Bangkoknoi
Bangkok 10700 Thailand
Tel: 66-2-433 5149 Fax: 66-2-434 6774
Email: FFW@mozart.inet.co.th
Women Education for Advancement and Empowerment (WEAVE)
Chiang Mai University, PO Box 58,
Chiang Mai 50202 Thailand
Tel/fax: 66-53-278-945 or 66-53-260-193
Women in Development Consortium (WIDCIT)
Network for women in development
Office of the Rector, Thammasat University,
Bangkok, Thailand
Women's Information Centre and Foundation

A 13 ans… la vie commence

P.O. Box 7-47,
Bangkok 10700 Thailand
Women's Information Centre
2/3 Soi Wang Lang, Arunamarin Road,
Bangkok 10700 Thailand
Women's Studies Center
Faculty of Social Sciences, Chiangmai University,
Chiangmai 50200 Thailand
Women's Research and Development Center
Prince of Songkla University, Faculty of Management Science,
Had Yai 90112 Thailand
Goodwill Group Foundation
2nd Floor Ruam Rudee Bldg. III, 51/2 Soi Ruam Rudee, Ploenchit
Road, Lumpini, Phatumwan, Bangkok
Phone: 66-2-253-8493 or 66-2-255-4176
Goodwill Group est une école pour les femmes Thaïes désavantagées.
Nous sommes une organisation privée, non religieuse, une fondation
Thaïe, dont la mission est d'améliorer les qualités de vie des femmes
Thaïes, par la formation et ensuite l'aide à l'emploi. Nos activités vont
des classes d'anglais, à la formation à l'informatique et débouchent
sur un emploi. Nous sommes pratiquement toujours à la recherché de
professeurs volontaires, dévoués pour des contrats de trois mois.
Malheureusement nous ne sommes pas dans la position d'offrir d'aide
financière, de permis de travail ou d'aide à l'obtention de visa, à nos
volontaires non Thaï, qui travaillent déjà quelque part avec un permis
de travail Thaï. Une première expérience de l'enseignement de
l'anglais est un plus, mais n'est pas indispensable.
L'enseignement demande un engagement de dix semaines, avec trois
heures de cours par semaine. Si vous êtes volontaires, merci de nous
contacter à info@goodwillbangkok.com pour organiser une visite de
l'école et un entretien. Le groupe Goodwill est ouvert tous les jours
sauf le vendredi de 9h30 le matin à vingt heures. Nous vous invitons à
visiter notre site web www.goodwillbangkok.com et à souscrire pour
notre lettre d'information.
Le groupe Goodwill est aussi toujours en recherche de fonds, et nous
remercions toute donation, même les plus modestes. Nous pouvons
œuvrer sur un budget limité, grâce à nos nombreux volontaires
bénévoles, mais nous avons quand même besoin de fonds pour notre

organisation et nos permanents. Si vous pouvez aider, nos coordonnées bancaires sont :
Thai Farmer's Bank, Wireless Road Branch, Bangkok, Thailand, I/F/O: Goodwill Group Foundation, Account number: 7092-308418, Swift Code: KASITHBK
Les citoyens US peuvent envoyer des donations déductibles d'impôts (our Federal tax ID Number is 58-2667052) to:
Bank of America, CHIPS ID: 0032bankofamerica, I/F/O: Goodwill Group Foundation Inc
Account number: 94209 35372, Swift Code: FNBBUS33

Les auteurs

Julia Manzanares a été professeur d'anglais, comme langue étrangère, instructeur de communications interculturelles, et formatrice d'enseignant pendant les dix huit dernières années. Elle a passé douze ans à enseigner hors des USA, en Asie, dans le Sud Est Asiatique et au Moyen Orient. Elle a une maîtrise en « Psychology and Drama Therapy » de Los Angeles l'Université d'Etat de Californie, un certificat TESOL, ainsi que plusieurs diplômes en enseignement spécialisé

Derek Kent a un Bachelor of Art d'UCLA, et il a été instructeur pour les enseignants d'anglais, comme langue étrangère, au Moyen Orient et en Thaïlande depuis quinze ans. Il s'occupe maintenant, par l'intermédiaire d'un centre de soutien, d'aider les jeunes filles désavantagées de Thaïlande, à obtenir une éducation, à se former et à obtenir un emploi.

A 13 ans… la vie commence

Déjà parus en Français chez le même éditeur :

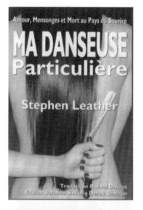

Site Web : www.bamboosinfonia.com

Annotations et références

Chapitre 2: Bangkok, Ma nouvelle maison.
[1] Trink, Bernard, Bangkok Post
Chapitre 3: Les valeurs familiales dans l'Isaan
[2].Thai.sex.net
Chapitre 5: L'éducation.
[3] Bangkok Post 05/13/03
[4] The Nation 05/15/04
[5] Bangkok Post 05/14-05/19/03
[6] The Nation 05/10/04
[7] Bangkok Post 07/01/03
[8] Bangkok Post 07/29/03
[9] Bangkok Post 05/12/03
[10] Bangkok Post 06/23/03
[11] Bangkok Post 06/29/03
Chapitre 6: Exquise beauté, charme rustique, impensable corruption.
La vérité toute nue sur la Thaïlande.
[12] Bangkok Post 08/27/03
Les valeurs sociales, un besoin de revoir l'idée.
[13] Bangkok Post 07/29/03
La Thaïlande: haut lieu mondial du sexe.
[14] Dr. Chutikul, Saisuree, Thailand's Minister for Women and Children,
[15] Ehrlich, Richard, *"Health Officials Say 1,000,000 Thai Men Bed 26,000 HIV–Infected Prostitutes Every Night,"* 1993
[16] Stickman.com, Bangkok
[17] Ehrlich, Richard, *"Health Officials Say…"* Ibid
[18] Thai Red Cross
[19] Thai Red Cross
[20] Stickman.com, Bangkok
[21] Ehrlich, Richard, Ibid
Esclavage sexuel
[22] Son, Johanna, *"Changing Attitudes: Key to Ending Child Sex Trade,"* InterPress Service, 01/23/95.

[23] U.S. State Department 2002

[24] ECPAT Intl. (End Child Prostitution in Asian Tourism), "www.hrw.org/about/projects/traffcamp/intro.html"

[25] Thaisex/Chulalongkorn University

[26] CATW Fact Book (Coalition Against Trafficking in Women), Asia Pacific Newsletter, Volume 1.2, Winter 1998

[27] Bangkok Post 05/08/05

[28] Brown, Louise, Sex Slaves, Virago Press, 2000

[29] Bangkok Post 05/27/03

[30] ABC (Australian Broadcasting Corporation) 07/05/03

[31] Brown, Louise, Sex Slaves, Ibid

[32] Thaisex.net

[33] Brown, Louise, Sex Slaves, Ibid

[34] Johnson Tim, *"Child Trafficking On Rise Due to Weak Laws,"* Kyodo News Intl., 03/09/00

[35] Jones, Arthur, *"Global Slave Trade Prospers,"* *National Catholic Reporter*, 05/25/01

[36] Son, Joanna, *"Changing Attitudes...,"* Ibid

[37] Guardian Angel, Jubilee @ St. Johns U.K

[38] *"A Samaritan's Quest to Save Children,"* InterPress Service 10/16/04

[39] ECPAT INTL., *"Child Prostitution and Trafficking Prevention Program in Northern Thailand,"* 10/07/02

[40] *Peace and Environment News,* July and August 1994

[41] CATW Fact Book, Ibid

[42] Ashizuka, Tomoko, *"Women Trafficked from Thailand to Japan"* TED Studies, 10/2000

[43] CATW Fact Book, Ibid

[44] Bangkok Post 01/28/06 (Alexandra Hudson)
L'esclavagisme dans le travail.

[45] Johnson, Tim, *"Child Trafficking on Rise Due to Weak Laws,"* Ibid.

[46] Bureau of International Labor Affairs, Washington, D.C.

[47] Bangkok Post 07/24/03

[48] Bureau of International Labor Affairs, Washington, D.C.

[49] Ekachai, Sanitsuda, *Shattered Dreams, "The Cruelty of the*

Rich," Bangkok Post, 08/07/03
[50] Bangkok Post, 05/29/03
[51] Bangkok Post, 06/04/03
[52] Washington Post, 09/10/95
Pédophiles.
[53] Bangkok Post 05/28/03 & 06/15/03
[54] Bangkok Post 05/12/03
[55] Bangkok Post 07/05/03
[56] Bangkok Post 04/05/96
[57] Bangkok Post 06/05/03
[58] SANE Newsletter 02/2003
[59] Bangkok Post 09/01/05
Chapitre 7: La création de la pauvreté en Thaïlande.
[60] Bangkok Post 05/07/03
[61] Bangkok Post 09/17/03
[62] Bangkok Post 06/24/03
[63] Bangkok Post 05/12/03
Chapitre 10: Pattaya: le paradis des touristes sexuels.
[64] CATW Fact Book, Ibid